肚大能容

——中國飲食文化散記

◆ 逯耀東 著

三民書局

緣　起

　　經典，是經久不衰的典範之作——無畏時光漫長的淘選，始終如新，每每帶給讀者不一樣的閱讀感受。閱讀經典，可以使心靈更富足，了解過往歷史，並加深思考，從中獲取知識與能量；可以追尋自我，反覆探問，發現自己最真實的樣貌。經典之作不是孤高冷絕，它始終最為貼近人心、溫暖動人。

　　隨著時代更替，在歷經諸多塵世紛擾、心境跌宕後，是時候回歸經典，找尋原初的本心了。本局秉持好書共讀、經典再現的理念，精選了牟宗三、吳怡深度哲思探討的著作；薩孟武與傳統經典對話的深刻體悟作品；白萩創造文學新風貌的詩作，以及林海音、琦君溫暖美好的懷舊文章；逯耀東、許倬雲、林富士關注社會、追問過去的研讀。以全新風貌問世，作為品味經典之作的領航，讓讀者重新閱讀這些美好。期望透過對過往文化的檢視，從中追尋歷史的真實，觸及理想的淳善，最終圓融生活的感性完美。

　　這些作品，每一本都是值得珍藏的瑰寶——它們記錄著那個時代臺灣文化發展的軌跡，以及社會變遷的遞嬗；以文字凝結了歲月時光，留住了真淳美好。

　　「品味經典」邀請您一起 品 味 經 典。

卻將萬字平戎策，換得東家種樹書
——論逯耀東

徐國能

　　逯耀東 (1933–2006) 先生在 《出門訪古早‧祇剩下蛋炒飯》一文中說：

> 有次在香港與朋友聚會，座上有位剛從美國來的青年朋友，經介紹後，寒暄了幾句，我就問：「府上還吃蛋炒飯嗎？」他聞之大驚道：「你怎麼知道？怎麼知道的！」

　　逯先生在文中沒有說明，但這位青年必是唐魯孫 (1908–1985) 先生家族的後人，唐先生在〈雞蛋炒飯〉一文中就說過他們家試新到大廚手藝，就是煨雞湯、炒青椒肉絲、再來一碗雞蛋炒飯，能夠做出腴而不爽的雞湯、嫩而入味的肉絲和潤而不膩的蛋炒飯，這位廚師便文武俱備，可以在唐家掌廚了。

　　唐魯孫和梁實秋相差五歲，可算是光復後第一代以飲食書寫享譽文壇的作家，他老人家以王孫之後遊戲人間，閱歷之博、日

常之雅，當世文人難出其右，信筆寫來都是掌故與趣味，文中不論時政，不談道理，是閒適雜文一派的掌門人。

逯耀東先生繼唐魯孫之後，也以飲食書寫著名當世。不過逯先生的文章和唐魯孫同中有異，逯耀東是歷史學家，治學雍容博肆，長於史料觀點分析，敘事穩健，判斷幽微案情又懷有一種深遠的人文意境，而他的散文作品，也蘊藉了這樣的人文趣味。

逯先生在他著名的學術著作《從平城到洛陽》一書中，花了兩章篇幅分析北魏時期的崔浩這位人物，尤其點出《崔氏食經》的歷史與文化意義。逯耀東認為：「崔浩是一個從中國文化傳統裡，薰陶出來的典型知識份子。不僅對中國文化，有宗教的熱誠，而且對動亂中沒落的門第社會，懷有濃厚的情感……」。論及中國最早的飲食著作《崔氏食經》，則說：「（崔浩）為了保存其家族中，婦女『朝夕養舅姑，四時祭祀』的飲食資料……在胡漢雜糅的社會中，使代表農業文化特質的中原飲食傳統，得以持續。」

我每讀此段文字，便想到逯耀東先生其人其文，逯先生是蘇北人，他在《出門訪古早》寫「霸王別姬」那道名菜的文章中，提到了外祖母「端過一碗民生館的過油肉給我吃」、「當年母親在世身體還健康時，有時打點白丸子給我們吃」，還說到了故鄉的狗肉製法特別，淵源悠長，「相傳出自漢代的樊噲」，這些兒時滋味或歷史風華充滿情感，和崔浩作《崔氏食經》的用心並無二致。他將飲食、生活和歷史緊緊結合在一起，古人的生活便是我們今人所謂的歷史，而我們今天所享所用，除了滋味本身，真正動人的恐怕還是記憶中的一點溫暖。因此他寫涼拌海參、寫櫻桃鰣魚、寫南酒燒鴨，或都是對已漸失傳的飲食文化懷著某種追想。

在《肚大能容》這本書裡介紹的各路菜色，更表現出逯先生

對固有文化的熱情與憧憬，他感慨元末明初的施耐庵處於戰亂後的社會，無法想像北宋汴京燈紅酒綠、夜夜笙歌的世界，寫當時最有名的「樊樓」，只能「輕輕一筆敘過」；又如《紅樓夢》裡，經劉姥姥評點的名菜「茄鯗」，逯先生也認為曹雪芹「配料凌駕主料」，並引夏曾傳「富貴之人失其天真」作為《紅樓夢》中擺出這道料理的註解。

　　如此看來，逯耀東談吃，不僅出入於歷史文獻之間，同時也能查其背景、諒其人情，每有他人所不能到之溫厚與細膩。尤堪重視者，「飲食」之為「文化」，好像成為精緻、奢華或深奧的一種玩意兒，脫離日常與群眾，成為市井小民只可遠觀而難以親炙的一盤樣品。但逯耀東文章裡的飲食文化卻非如此，他遍訪街頭、著意品嘗在地風情，尊重當地、當令之飲食現象，筆下尤多庶民美食，相較於炫富獵奇式的飲食書寫，逯耀東的文章更有一種江湖草莽之概，土生野長，偏偏又揉雜那麼多學問在其中，逯先生喜以「那漢子」自居，共冶豪爽與馴雅於一爐，我認為他的文章很像辛棄疾。

　　逯耀東之後，談飲食的作品很多，但逯先生也提出了他的憂心：

> 費孝通以所謂的科學的方法，討論民間俚俗，就失去原有詩意和美感了。不過，現在有一支討論飲食文化者，用的就是這種方法。但只能說明一種現象，卻不能析其原因。（〈多謝石家〉）

現代社會，食品是一門科學，因此用科學的方法研議發酵過程、

營養成分、保鮮方法，乃至於冷藏包裝、物流行銷，都有其可觀之處，但知識面的增長，情感面卻不免有所降低，而逯先生的文章特色，就是知識與情感的調和，醉翁之意不在酒，那些掌故鋪陳和史料引述，最後終歸要回到人情的念想和時代的溫涼中去體會，才能品出真正的好滋味。

是知「詩意」和「美感」是逯先生文章的精髓，他的文字樸素中自有凝鍊，篇什步調非常緩慢，但又始終保持著莊重的韻度，平實的敘述中，也總能創造悠遠的餘韻。飲食文化專家在大學裡上完生涯最後一堂「中國飲食史」，竟只寫了一篇〈便當〉作為退休的誌念：

> 學生像平常一樣，嬉笑著陸續走出教室……拍拍身上的粉筆灰，離開教室。再回轉頭，教室已經空了，一陣聚散的涼意剎那湧上心頭……（《那年初一‧便當》）

我讀到此處，不禁掩卷嘆息，是啊，正值盛世的年輕學生怎能體會垂老帝國暮色的餘哀呢？逯先生幾個字便帶出了滄桑。在最平凡的事物裡發現可堪回味的雋永便是詩，用最簡單藝術手法擷取生命中心動或遲疑的一剎那便是美，逯耀東的散文用極淡的筆寫極深的情，為歷史、為文化、為飲食，也為他自己留下了無窮的「詩意」和「美感」。

逯耀東先生不僅在飲食散文上擁有很高的成就，他書寫一般題材的記敘或抒情散文也十分耐讀，例如他寫錢穆在蘇州的生涯，儼然一篇小小外傳：「賓四先生心中自有山林而超越現實世界，因此他對中國文化的過去、現在和未來，沒有愁苦，充滿樂觀與希

望」，可說是對錢先生內心世界最為玲瓏的註腳；又如他寫自己臺北的書房〈糊塗有齋〉，感慨中充滿情味，「淡淡幾筆疏枝，上染桃紅點點，人在舟中，舟在中流⋯⋯」，人生到了中晚年的情境，彷彿就是如此。

　　白話散文從民國初年發展到二十一世紀，也歷經了百年摸索，有了丰姿各異、品味不同的書寫策略，逯耀東的散文不應僅限於飲食的主題上，而應該看做是融合傳統與現代、學術與藝術的文字結晶。其濃情淡筆，藉學養之力，追求大羹玄酒最淡薄卻最深醇的至味，無疑是現代散文裡最難以模仿的寫作風格。哲人日以遠，典型在夙昔，逯耀東先生一生傳奇而精采，正如他筆下的崔浩，「是一個從中國文化傳統裡，薰陶出來的典型知識分子」，他的文章，有知識分子的襟抱與無奈，是上一代文人的縮影，逯先生將一世憂國的心意寫成了學術論文和飲食散文，我在其中讀到的，是一個逝去不返，令人懷念的舊時代。

修訂三版說明

　　「味不分南北，食不論東西。」什麼都吃，無所偏廢，並深具見解的知名史學家逯耀東教授，醉心於中國飲食與社會文化的研究，更兼融治史專業，將飲食從掌故的傳述，提升至文化探討的層次，使「飲食文化」此一過去未拓墾的荒域，為人所重。

　　本書初版於二〇〇一年發行，逯教授以史學考察的嚴謹態度，以及文學書寫的生動筆調，深入淺出地將飲食的歷史、文化與社會生活的變遷結合，成為膾炙人口的飲食書寫名作；後更集結逯教授陸續發表在報端之飲饌文章，於二〇〇七年發行增訂二版，完整收存其談論飲食文化之作。

　　二〇一八年初夏，「品味經典」系列於本局秉持文化推廣、好書共讀的理念下誕生，全面重新設計、精心排校，為經典好書注入嶄新活力；並為本書配以精緻插畫，使逯教授筆下的各色菜品，化為豐盛的視覺饗宴，在閱讀文字的同時，更添餘香。經典好書值得一再品讀，正如一道道底蘊深厚的饌饌，值得一再咀嚼。

編輯部　謹識

增訂二版說明

　　本書作者逯耀東教授，自謙是「飲食文化工作者」，對於中國飲食與社會文化的關注，往往心之所嚮，有感於內，形諸於外，一篇篇美文在妙筆下源源而出，時見飄香於書報雜誌。

　　本書自二〇〇一年出版後，即深獲各界好評，歷時不久便加印二刷，而簡體字版授權北京三聯書店印行後，亦在大陸引起廣大迴響。海峽兩岸的讀者，無不冀望能再拜讀逯教授的新著。豈料天違人願，作者竟於去歲溘然辭世，留下庖廚灶腳饈饌餘香，教人回味不已。

　　茲值本書再版之際，謹增訂作者近年陸續發表的九篇新作，藉以完整收存逯教授討論飲食文化的作品，同時誠邀讀者諸君，再次細細品嘗「逯氏食譜」的美饌佳餚。

編輯部　謹識

序：肚大能容

　　《世說新語・排調》說：「王丞相枕周伯仁䣛，指其腹曰：卿此中何所有？答曰：此中空洞無物，然容卿輩數百人。」王導與周顗友好，常互相排遣。他們是魏晉中人，語多機鋒。周顗說他腹中空洞無物，卻能容納包括王導在內數百人。東晉渡江朝中人物，都納入他腹中了，真是肚大能容。肚大能容與俗語所謂宰相肚裡能撐船同義。作為一個政治人物，應有兼容並蓄的雅量，否則，只是轉瞬即逝的政客。

　　同樣地，作為一個飲食文化的工作者，也是要肚大能容的。飲食文化工作者不是美食家。所謂美食家專挑珍饈美味吃，而且不論懂或不懂，為了表現自己的舌頭比人強，還得批評幾句。飲食文化工作者不同，味不分南北，食不論東西，即使粗蔬糲食，照樣吞嚥，什麼都吃，不能偏食。而且所品嘗的不僅是現實的飲食，還要與人民的生活與習慣，歷史的源流與社會文化的變遷銜接起來成為一體。所以飲食工作者的肚量比較大些，不僅肚大能容，而且還得有個有良心的肚子，對於吃過的東西，牢記在心，

若牛嚙草，時時反芻。當然，將吃作為研究的對象，吃起來就覺得其味缺缺。不過，如能保持欣賞態度，慢慢品嘗，情味自在其中。

我自幼嘴饞，及長更甚。在沒有什麼可食時，就讀食譜望梅止渴。有時興起，也會比葫蘆畫瓢，自己下廚做幾味。不過所讀的食譜，非一般坊間所售，多是名家經驗累積，或具有地方特色風味者。因為自己是學歷史的，凡事歡喜尋根究柢，於是又開始讀古食譜。這些古食譜不僅紀錄當時的烹飪技巧，同時也反映社會與文化的變遷。因此，將食譜與自己所學聯繫起來，許多過去未留意的問題都漸漸浮現了，這才發現中國飲食文化是一個還未拓墾的領域。雖然現在已經有不少有關飲食文化的著作，但一部分還停留在掌故階段，另一部分則是考古或文字資料的詮釋，很少將開門七件事油、鹽、柴、米、醬、醋、茶的瑣碎細事，與實際生活和社會文化變遷銜接起來討論。飲食雖小道，然自有其淵源與流變，不是三言兩語說得清的。

所以，十年前我從香港中文大學，再回到臺灣大學歷史系教書，先後在系裡開了「中國飲食史」、「中國飲食與文化」、「中國飲食與文學」等課程。這是第一次將不登大雅的問題，帶進歷史教學的領域，沒有想到這門課程頗能引起學生的興趣，每次選課都在百人以上。去年最後開「中國飲食與文化」，選課的竟三百多人，普通教室容不下，在文學院大講堂上課，擠得滿滿的，更有站立在後面或坐在兩旁階級上的，非常熱鬧，這是臺大歷史系多年沒有的盛況了。過去十年，我一直想將中國飲食文化的討論，從掌故提升到文化的層次，事實上我已播下種子，只是現在真的離開了，也不知道將來結果如何。

　　我從開始對於中國飲食發生興趣，就認為是一種外務。但這些年的無心插柳，前後出版了《祇剩下蛋炒飯》、《已非舊時味》、《出門訪古早》。現在這本《肚大能容》是過去兩三年在報紙副刊發表的讀書箚記，及探訪飲食的隨筆，和過去寫的飲食文章相較，已經向社會文化領域邁步，但還不成體系，希望以後繼續在這個領域探索，將飲食與社會文化的變遷結合，以歷史的考察，文學的筆觸，寫出更有系統的飲食文化的著作來。

　　書中附了〈煙雨江南〉、〈錢賓四先生與蘇州〉與〈臉膛〉，不是飲食的文章，但都是探訪飲食過程中寫下的，也可以對飲食的探訪提供一個背景的了解。

　　各地菜餚，都有炒十錦一味，就是將不同的材料，置於鍋中或炒或燴成菜。這本書寫的雖然都是飲食，但卻很駁雜，故稱為散記。至於肚大能容，當然不限於飲食一隅，尤其適合我們現在生活的這個空間。我們生活的空間，地狹人稠，人擠人。我唯恐這樣擠來擠去，擠得心胸越來越狹窄，長此以往，一切都擠得縮小了，會出現《蜀山劍俠傳》後來寫的小人、小馬、小車、小城鎮來。拉雜寫來，以此為序。

逯耀東

序於臺北糊塗齋，民國九十年七月十二日

豆汁爆肚羊頭肉

　　豆汁、爆肚、羊頭肉是北京人的小吃。八年前，去京北草原，往返兩過北京。來去匆匆，連碗豆汁也沒喝著，心裡老惦記著。此次重臨，沒有緊要的事辦，閒散了十日。於是，走大街穿胡同溜達，不僅喝著了豆汁，還吃了爆肚與羊頭肉。

一、豆汁爆肚羊頭肉

　　我非燕人，過去也沒喝過豆汁。但豆汁卻是老北京的小食，雪印軒主〈燕京小食品雜詠〉說「糟泊居然可作粥，老漿風味論稀稠；無分男女齊來坐，適口酸鹽各一甌」。詩後自注云：「豆汁即綠豆粉漿也。其色灰綠，其味酸苦，分生熟二者，熟者挑擔沿街叫賣，佐鹹菜食之。」鹹菜是鹽水醃的芥菜頭，切成細如髮絲的鹹菜，以乾辣椒入油炸透，再將滾燙的辣油，傾於鹹菜絲上，其味盡出，並配焦圈食之。焦圈是和妥油麵，挽成細如小拇指粗的環狀，入油炸焦，其程序一如炸油條，入口焦脆。豆汁由來已

久。《今古奇觀》的〈金玉奴棒打薄情郎〉，故事即由金玉奴以豆汁救活飢寒交迫的書生莫稽開始，後改編成雜劇，就取名〈豆汁記〉，京劇的〈鴻鸞禧〉或〈金玉奴〉即由此而來。現在，北京人喝豆汁的習慣沒落了。不過，這次不遠千里而來，潛意識裡就想喝碗這種逐漸消逝的「京味兒」。

　　這次來北京，恰逢重陽過後的深秋，正是北京人貼秋膘的季節。《京都風俗志》云：「立秋日，人家亦有豐食者，謂之貼秋膘。」貼秋膘是廣東人說的進補，廣東進補吃三蛇，北京人補秋膘吃鮮羊肉。雖然北京人一年四季都吃羊肉，這個季節更盛。紅燜、清燉、包餃子、蒸包子及涮烤皆佳。《都門雜詠》詠燒羊肉云：「煨羊肥嫩數京中，醬用清湯色煮紅。日午燒來焦且爛，喜無羶味膩喉嚨。」羊肉細火文煨，午間下鍋晚上吃，再酌二鍋頭四兩，這種生活對老北京而言，真的是「亞賽王侯」了。此時來北京，該吃頓牛羊肉了。於是我們去了宣武門的牛街。

　　牛街是北京回民賣鮮牛羊肉的一條街，喜的是這條街還沒有受改革開放的感染。街面不寬，都是北京老舊的矮房子，樸實無華。鮮牛羊床子比鄰而設，其間還夾雜賣熟食的雜貨攤子。我們去時正是上燈時分，今日的門市已過，有些鮮牛羊肉床子正在清理案子，有的已懸掛起明日朝市出售的整隻肥羊。閒下來的伙計倚著門框或坐在店前吸煙閒扯，此情此景彷彿是在老舍的小說裡常見的。最後在家小吃食店門前住腳，掌櫃的在門前笑臉相迎，說店裡有爆肚吃，我二話沒說，就進了店。

　　爆肚也是北京人的大眾食品。當年東安市場西德順的爆肚王，譽滿京華。爆肚是水爆，爆時的水溫與火候，都得拿捏得恰到好處，而且不論生意多忙，都是一份一爆，且不可大鍋分盤，爆妥

上桌沾紅豆腐汁加香油，即食。爆肚王的爆肚，除了爆毛肚，還有爆肚仁、爆散丹、爆肚板、爆肚領等。尤其爆肚仁，爆出來白嫩似蝦仁，確是妙品。爆肚王除了爆品外，尚有白煮的下水，是為白滷。當年以爆肚著名的，還有天橋的爆肚石、前門外的爆肚楊。過去臺北一度也有爆肚可吃，即沙蒼的天興居。沙蒼說天興居是他家在前門外大柵欄賣爆肚的字號。我常去光顧，彼此成了朋友。後來因不善經營而歇業，沙蒼也不知去向。現在北京要吃爆肚不難，長安大街一字排開的觀光夜市，就有好幾家。但要吃到像樣可口的爆肚卻不易。

　　進得店來，店面不大，只有六、七張桌子，設備非常簡單。裡面的一張桌子，有幾個內蒙青年，正在吃涮羊肉。紫銅火鍋爐底炭火正旺，火苗向上直冒，鍋裡湯正滾著，散發出的蒸氣，使幾張歡笑的臉也變得模糊了。我們找了張靠窗臨街的桌子坐定。我憑窗外望，看到對街攤子有賣羊頭肉的，於是過去買了幾個燒餅，並稱了一斤羊頭肉。

　　羊頭肉也是地道的北京小食，雪印軒主〈燕京小食品雜詠〉云：「十月燕京冷朔風，羊頭上市味無窮。鹽花灑得如雪飛，薄薄切成與紙同。」詩後有自注：「冬季有售羊頭者，白水煮羊頭，切成極薄之片、灑以鹽花，味頗適口。」羊頭肉原先由小販背著腰圓的木箱，沿著胡同叫賣，在午後朔風裡一聲低沉的「羊頭肉噢——」就引出四合院內孩子們來，至今還是許多老北京所懷念的。羊頭肉不羶，肉味很厚，的確美味。可以酌酒也可空口閒食。後來我在新東安市場下的月盛齋買一包羊頭肉，到六樓可以吸煙的咖啡座歇腳，喝著黑咖啡就羊頭肉吃，別有一番風味。

　　月盛齋是乾隆四十年創設的老字號。先是回民馬慶瑞在前門

外荷包巷設的醬羊肉攤子。後來在前門內公安街開了鋪子，店名月盛齋，取「月月興盛」之意。月盛齋精選西口羊，用羊脖肉、前槽、後腿與腰窩子肉，加大料，肉桂、丁香、鹽、花生油熟製而成，特別注重火候的掌握，先急火大煮，然後改文火煨燜，製出的醬羊肉，肥而不膩，瘦而不柴。據說醬羊肉的肉湯是百年老湯。不僅北京人嗜食，也曾味傾公卿，作過慈禧的御食。月盛齋的羊頭肉，是製醬羊肉的副產品，櫃上論斤稱。我離開北京之時，買了不少月盛齋真空包裝的醬羊肉，帶回臺北來。

待我買了燒餅與羊頭肉轉身要走時，發現案上有成包的焦圈出售。於是問掌櫃的有豆汁否？他答：「有。」我要他熱兩碗，連焦圈與鹹菜送過來。他滿臉堆笑，答：「行！」不一會熱騰騰的豆汁端了過來。我獨自喝了一碗，怕朋友喝不慣，三個人分一碗嘗嘗。我捧著豆汁碗，對著這種色呈暗灰的豆汁，就著焦圈和鹹菜，湊著碗沿啜喝起來。豆汁入口有些酸苦，這的確是一個美好新奇的飲食經驗，很快就習慣了，一口氣將豆汁喝完。待我喝畢豆汁，點的菜已經上桌，有扒口條、紅燒牛尾、清煨羊肉，還有爆肚一盤。爆肚趁熱吃，燙嫩爽脆，口條滑潤，牛尾爛軟，羊肉湯清味鮮，雖然後來我還吃過其他的牛羊肉，都不如這個無名的小店鮮美。當晚飲京酒一瓶，面對此情此景已微醺了。

豆汁、爆肚、羊頭肉都是北京民間的吃食，沒想到初到北京都吃到了。而且是在這樣冷風吹緊的晚上，又在這條充滿往日情懷的舊街上。使我感到這麼接近北京，這麼接近北京人民。這些善良樸實的北京人，雖歷經劫難，仍然堅持著在這裡生存下來。就像我離去時，在街燈下，看到一位滿頭白髮的老大娘，靜靜地守著她那半筐還未售出的餑餑一樣。他們才是真正的北京人，真

正的中國人，雖然微不足道，卻是幾千年文化孕育而成的，自有其尊嚴！

二、胡同深處

不僅豆汁、爆肚、羊頭肉是北京人民的吃食，胡同深處還隱藏著許多北京人日常的吃食。後來每天晨起我到胡同裡溜灣時，品嘗了不少。

胡同是北京人住的地方。這種起於元代的巷弄，北京人稱為胡同。北京的胡同縱橫交錯如蛛網，常言道北京大胡同三千六，小胡同賽牛毛。所以胡同不僅是北京城的脈絡，也是北京人生活的歷史痕跡，北京的胡同與北京人的日常生活是息息相關的。北京人住在胡同裡，胡同裡小販的吆喝聲，是胡同居民生活的訊息。這些早晚不同，四季各異的吆喝，都和北京的吃食相關。春天：「哎海，哈蟆骨朵，大田螺咧。」夏天：「杏兒咧，不酸的咧，酸了管換咧。」秋天：「哎海，冰糖葫蘆咧。」冬天：「蘿蔔賽梨哎，辣了包換。」一天到晚有不同的吃食吆喝聲，由遠而近，由近而遠飄盪在胡同裡。早晨：「熱的咧，大油炸鬼，芝麻醬的燒餅。」「老豆腐，開鍋！」上午：「栗子味的白薯。」「哎，小棗兒混糖兒的豌豆黃咧。」下午：「酸甜咧，豆汁歐。」「臭豆腐歐，醬豆腐歐，王致和的——臭豆腐啊。」晚上：「金桂兒哎，青果哎，開口味哎。」夜半：「硬麵，餑餑哎。」「餛飩喂，開鍋啊。」……這些地道北京的小吃，隨著小販的吆喝，在胡同裡流動著。如今流動的小販不在了，那些北京人熟悉親切的吆喝也沒了，胡同就顯得沉寂了。

　　胡同是北京城的主要築構，北京如果缺了胡同，剩下的只是個沒肉的空架子。但胡同卻是由四合院組合而成的，大大小小的四合院，比鄰排列連接起來。因為通風或採光的關係，一排四合院與另一排四合院之間需要個間隔，而形成了北京的胡同。胡同形成後，又成為住在四合院裡的人，出門與回家的通道。過去的四合院不論大小，一式灰色屋瓦、灰色高牆，有些伸出牆外老樹的椏枝，春天一樹新綠，夏天滿巷濃蔭，秋天滿地黃葉，冬天枯枝裡透著數點寒星，還有夏日午後的蟬詠，冬日黃昏繞著枯枝的鴉噪，在小販吆喝聲間歇裡，不知是誰家高牆內，又傳奏出低沉的三絃聲，將胡同點綴得更詩情畫意了。

　　現在四合院成了大雜院，甚至有些四合院給扒了，起了高樓。高樓的窗子像許多窺視的眼睛，冷漠地探索四合院居住的人家，胡同也變得蒼老而沒落了。不過現在的胡同還是可以溜躂的。因為胡同深處都隱藏著一個菜市，許多過去在胡同裡吆喝叫賣的小吃，又無聲地集中到這裡來了。

　　這次我在北京的宿處，坐落在王府井大街，人民劇院對面的賓館。東西有兩條著名的胡同，一是慈禧少年時住過，後來袁世凱任國務總理時住的錫拉胡同；一是當年黎元洪任總統時，胡適離開北京前住的東廠胡同。我黎明即起，出得賓館，一股寒冽清新的空氣，撲面而來，昨夜的宿醉完全清醒了。於是沿著王府井大街的行人道，踩著道上被寒風吹落的枯黃圓小的榆樹葉子走著，這時的北京還沉睡未醒，路上往來的車輛稀少，只有清道夫清掃著道旁的落葉。然後，轉入胡同，胡同裡更是寂靜，偶爾有趕著上工的自行車緩緩馳過，騎在車上的人仍未清醒，一手扶車把，一手抓著早點往嘴裡塞。還有幾對老夫婦拎著大白菜，沿著四合

院的牆跟，緩緩向我走來，我朝他們來的方向走過去，那裡肯定是菜市了。

我在大陸行走，每到一處，都歡喜逛菜市，從早期的公營農貿市場到後來的自由市場都逛。逛菜市不僅可以了解當地人民實際的生活情況，而且在菜市旁邊還有當地的道地小吃可吃。轉過幾條胡同，果然就是菜市。我去的時候菜市還沒有開市，各個攤子都忙著整理果蔬魚肉。現在人民的日子比較富裕了，我湊近肉攤子看看，案上的豬肉堆得很高，而且豬肉的膘很薄，如今大家都不興吃肥的了。然後又轉到鮮魚市，蝦蟹海魚甚全，一輛汽車正將活蹦鯉魚向池子裡倒，京蔥、大白菜、西紅柿成堆擺放。我在菜市裡來回逛著，好在我的衣著和講話的口音，和胡同居民相近，他們並不把我當外人，又頂著一頭白髮，認為我是個退休或離休老人。最後我在菜市頭上的早點小吃攤子停下來。小吃攤子都集在一起，有炒肝、雜碎、豆腐腦、江米粥、餛飩、炸糕、包子、炸油餅、油炸鬼、托托饅夾醬肉，還有四川的肥腸麵，種類不少，而且現在也不必排隊要糧票，隨到隨坐，隨坐隨吃，非常方便，我都先後一一品嘗了。

不過我歡喜吃的還是炒肝。所謂「稠濃汁裡煮肥腸，交易公平論塊嘗。諺語流行豬八戒，一聲過市炒肝香」。炒肝主要的材料是豬腸和豬肝，以大蒜、黃醬、大料、高湯、澱粉勾芡而成。但名為炒肝卻不是炒肝，而且肝少腸多，實際上是燴肥腸。臨吃撒上生蒜末，味道極佳，吃炒肝配包子，是北京人最普通的早點。其次就是餛飩了，北京的餛飩，原來分清湯和濃湯兩種，清湯的是南方來的。不過現在的餛飩都是清湯的，我曾在「餛飩侯」吃過一碗餛飩，配黃橋燒餅與小籠包。黃橋燒餅與小籠包都來自滬

上。

　　出了胡同就是大街，現在街上的市面繁榮了，胡同生活卻變得蕭條了。胡同居民的生活空間，被改革的浪濤沖刷著，退縮到胡同的深處，像座浪濤裡的孤島。胡同的居民在孤島上無奈的生活著，這些隱藏在胡同深處的菜市，就是他們堅持的最後生活據點。即使胡同翻折，變成了小區（公寓住宅），傳統的菜市還是他們生活聚集的地方。這裡還保有沒有被現代文明吞沒的傳統小吃。

　　後來，我又去了天津，並在天津住了一個晚上。住的旅館附近是個小區，早晨我到小區散步，最後也找到了菜市。吃到天津獨有的小吃嘎巴菜，俗稱鍋巴菜，創製迄今，已三百多年了。早年一些山東人到天津謀生，生活貧苦，就將綠豆煎餅切成柳葉形狀，挑著擔子沿街叫賣，吃時將滷汁傾於煎餅上，天津人稱綠豆煎餅為「嘎巴」，故名。嘎巴加滷後尚清脆有咬勁，口感極佳。臨行，又帶了一個裹子，俗稱果子，即煎餅塌蛋裹油條。這味小吃在北京也有，不過我在這裡買的果子，卻裹剛出鍋的熱油條，別有風味。這次到天津當然吃了狗不理的包子，現在狗不理的改進成多種不同的調餡。不過，還是豬肉餡的好吃。天津還有兩種吃食，一是餑餑熬魚，遍街小吃攤上都有，只是沒有吃到炸螞蚱（蝗蟲），現在秋天的螞蚱正滿子。不過，後來在密雲縣的一家館子裡吃到了炸螞蚱。在那裡還吃到驢板腸，俗話說天上的龍肉，地上的驢肉。在天津就吃了曹記的醬驢肉，回來時還帶了幾包陝西來的臘驢肉，真香。

三、向陽屯飯莊

　　出了胡同就是王府井大街，又是另一個繁華世界。和八年前我初見的王府井完全不同，路面拓寬了，燈市大街和金魚胡同也加寬，舊的東安市場拆了，代之而起的是幾座香港商人興建的新東安市場。街口有家很大的麥當勞速食店，街裡還有家賣肯德基的，這種速食店在密雲縣，和天津附近的楊柳青鎮上也有，而且都擠了不少人。在可口可樂進軍以後，這種美國速食也跟著來了，花花綠綠的商標彩旗，壓倒了革命的紅旗。這是躺在離此不遠天安門的毛澤東，百思不得其解的問題。

　　是的，興無滅資兩條路線鬥爭的時代已逝，革命的年代似已經遠去了。但革命與現代之間，仍然存在著一個難以跨越的斷層。所以，在這裡享受現代生活的人，夜半夢回之際，心裡仍然存在著難以釋開的革命情結。所以，在現代資本化的王府井大街，鞋店的玻璃櫃裡，還陳列著毛主席、周總理、劉少奇、楊尚昆穿的鞋子，帽店裡也展覽著他們戴的帽子，照相館也懸掛他們巨幅的照片，也許是對革命的一種懷念。

　　不過，對革命懷念最實際的，就是吃了。於是，專售毛澤東吃食的餐館如韶園、毛家園、韶山就應運而生了。其中韶園是毛澤東晚年的專寵張玉鳳開的。張玉鳳原在第一檔案館青燈黃卷度日，最後終於耐不住寂寞，在鄧小平理論的大旗招引下，出來做起文君當爐的營生來。韶園有幾家分店，我曾在其中一家吃晚飯。店裡裝潢很典雅，樓上的房間更清靜。壁上掛著一幅毛澤東視察秋收的照片，還有許多毛澤東革命詩詞畫。我們在畫下吃著毛澤

東嗜食的紅燒肉、乾辣椒與蘿蔔干炒臘肉，還有武昌魚，喝著老窖。酒酣耳熱，談笑喧譁。再也沒人想到毛澤東的「山下、山下，風展紅旗如畫」了。

其實毛澤東實在不懂得吃，而且吃來吃去，就是那幾味他家鄉的俚味，但他的家鄉俚味並不一定適合別人口味。關於這一點，他卻非常固執與堅持。而且往往將這種固執和堅持轉向國家政策的層面，許多無謂的政治悲劇，或許就是這樣產生的。對於吃，周恩來比毛澤東細緻與圓融多了。這次我去北京，主要是為拜謁一位我敬慕的前輩先生。老先生宴我於「無名居」。無名居是周恩來的廚子出來開的。菜是周恩來的家鄉淮揚風味。老先生知我嘴饞好吃，要我點菜。於是，我點了肴肉、大湯干絲、鱔段、水晶蝦仁、清湯獅子頭、荷包鯽魚、魚米之鄉、梅干菜包子、蟹粉蒸餃。

這些菜都是標準的淮揚菜，干絲刀工非常精細，清湯獅子頭每人一份，湯清肉嫩。難得的是魚米之鄉與荷包鯽魚，是別處很難吃到的。魚米之鄉即松仁魚米，是揚州名廚莫有根於四十年代初至上海時所創。用新鮮桂魚去皮骨切丁，與松仁爆炒而成，此味久已不傳，不意在此相遇。荷包鯽魚原為徽菜，由徽州鹽商傳到揚州，用掌大鯽魚釀肉製成。曹雪芹做給他好友敦敏吃「老蚌懷珠」，即源於此。不過曹雪芹所製去頭尾，魚腹釀鮮雞頭肉，雞頭肉即新鮮的茨實。茨實原產於江南。不過，過去北京什剎海、筒子河、西郊海淀種植老雞頭，老雞頭去皮殼就是晶瑩的雞頭肉，曹雪芹就地取材，烹出一味是魚不像魚的佳餚來。

除此之外，又點了炒雞毛菜，與韭菜炒螺絲肉。韭菜炒螺絲肉是林彪的家鄉菜，沒有想到竟出現在周恩來的食單之中。由此

或可見周恩來對於吃，一如其治事是兼容並蓄，圓融變通的。林彪是九頭鳥，俗說「天上的九頭鳥，地上的湖北佬」，難纏。不過，我在海淀竟發現一家名「九頭鳥」的餐廳，欣然試之，點了藕燉排骨湯、簑衣丸子、葵花魚膏、臭干炒回鍋肉，都是非常道地的湖北口味。後來，又要了一客臭豆腐，色黑、外脆內軟，甚臭。不知毛澤東在長沙火神殿吃的是否這種？若是，那又費思量了。

　　這次來北京，還想看看西山的紅葉。都說西山人擠，不如去密雲水庫。但晚了一步，已是落葉滿地，餘下的枯枝空向西風。後來又去了西山八大處，也沒有看到紅葉，爬到第四處是大悲寺，當時遊人不多，大殿滿階都是枯黃的銀杏葉。對著滿階的銀杏葉，突然想起老舍的小說〈大悲寺外〉來，寫兩個自幼年分別的朋友，一個來此逛廟，一個在寺外呆坐著討錢，兩人在寺外不期而遇，人生的際遇真難意料。於是，遊興索然，取道下山，馳車直奔向陽屯而去。

　　向陽屯是家餐廳，座落在公路旁。單看餐廳的名字，就非常革命了。這是大家日子過好以後，不由想起那個十年下鄉插隊的苦日子，於是北京出現好些這類憶苦思甜的餐廳，懷念當年吃的糲食粗飯。向陽屯是個大四合院的農村房舍，門前的排樓掛著一串紅燈籠。店裡的外牆油漆得大紅大綠，走廊上穿梭來往的服務小姑娘，都穿著水紅底大藍花的短夾襖，全是村姑打扮，但還不俗氣。我舉目四望，竟沒有看到一張革命的標語。

　　客人來吃飯，是分房入座的，進門就上坑。坑上鋪著紅花的褥子，客人倚著紅花的大靠墊，盤腿而坐。坑上有張大坑桌，桌上擺的大黑陶碗，是喝酒用的，還有粗陶的盤碟。壁上沒有毛主

席的像，貼的是剪紙窗花，是典型的北方農村風味。不一會菜上來了，有涼拌苦苦菜（一種地裡的野菜）、拌柳葉芽、拌蘿蔔芽，還有一盤王致和的臭豆腐。王致和的臭豆腐有百多年的歷史了，臭香。熱菜有白菜豆腐熬豬肉、燉雞砂鍋，還有白菜夾，用酸白菜幫夾酸白菜沾麵炸成。主食是野菜餑餑和玉米麵的窩頭，喝酒用黑陶碗盛二鍋頭，頗為粗獷。

　　革命真的遠去了，變成一個符號沉澱到歷史裡去了嗎？這是我無法了解的。臨走的當天上午，我終於去了新東安市場，雖然這些天都在這座大廈前過來過去，但卻沒有進去看看，為的是大廈門前豎立的三組塑像，一座是剃頭挖耳朵的，一座是彈三絃賣唱的小姑娘，一座是拉著車的祥子。這些在舊社會裡卑微可憐的小人物，不是在新社會裡早已翻身了嗎？怎麼還杵在那裡。我從吵雜的人群裡擠了進去，又擠了出來，坐在人行道上的長凳上，陽光從大廈的屋脊滑下來，刷亮半條大街。花壇裡紅的黃的鬱金香，被照得鮮豔奪目，我走過去摸摸，那些花竟是膠料的。我又回到原來坐的地方，陽光照得身上暖暖的，於是將剛剛在大廈裡買的那塊切糕取出來，吃了。切糕就是江米小棗，甜甜糯糯的。一陣風吹來，稍有寒意。

去來德興館

　　十多年沒有到上海，去年兩度江南，去來四過上海，上海真的變了。

　　剛到的那天晚上，朋友宴於鑽石樓。鑽石樓是家廣東館子，菜餚有豉汁蒸扇貝、菠蘿咕咾肉、春筍豆瓣、三鮮燴海參、明爐甲魚湯。似粵菜而非粵菜，已沒有廣東味道了，是一席海派粵菜。現在上海興的是海派菜，甚至新潮的超海派菜，所謂超海派菜，不知是什麼菜，斷流截緒，不知來自何處何典，全憑一己之念，憑空設想烹製出來的，烹者洋洋自得，食者趨之若鶩。所謂美食家吃了人家的嘴軟，頻頻讚好，卻有相同的特點，就是價錢並不便宜，這種新潮超海派菜不僅上海，臺北也是這種菜當道。

一、上海本幫菜與弄堂

　　鑽石樓在外灘高樓之上，視野甚佳，透過房間的大玻璃窗，可以越過黑暗的黃浦江，眺望浦東的燈火。浦東燈火燦然，在一

叢燦爛的燈火簇擁著，東方明珠電視塔像一個發光的火柱，聳立在繁星點點的夜空，有些孤獨單調，真有點像《上海寶貝》描繪的那樣。

我們吃飯的房間是個邊間，屋外有個露臺，可以觀覽外灘的景。我十多年前到上海，住在附近的和平飯店，晚上就近在外灘漫步，人車擁擠吵雜，燈光慘淡而昏黃，不由想起當年周璇唱的「夜上海」到哪裡去了。現在完全不同了，外灘的燈火如畫，各種不同的聚光燈，刷亮了穆穆立在那裡百年的海關大樓、匯豐銀行大廈、亞細亞大樓和一些洋行的巨廈，這些古舊的巨廈默默地排列在那裡，經歷了百年的風雨，也看慣了世變滄桑。現在卻被裝扮起來，粉刷一新。透過燈光的照射，彷彿像一個風華已逝的半老徐娘，臉上突然塗抹了一層厚厚的脂粉，使人看了有些悲涼。在許多不同燈光聚集的外灘，還有些商業市招的霓虹燈，突然發現一個綠邊紅字的霓虹燈，竟然是百年本幫老店德興館，心中不由一喜。

德興館，正是我到上海要尋覓的老館子。不論在臺北或在大陸行走，想探訪的就是這類的館子或飯店，看起來雖不起眼，卻有濃厚的人情味，而且更接近在地人民的生活，真正了解他吃些什麼。因為吃最能反映一個社會的實際生活。這種實際的社會生活才是真的，才是美的。所以，看到德興館閃爍的店招，不由喜上心頭。因為上海本幫菜有老正興、老飯店，但德興館卻少為人知。德興館是上海本幫菜的一塊老招牌，創於清光緒四年，距今已有百多年的歷史了。德興館最初開在十六鋪洋行街附近（現陽朔路），是一家弄堂式的菜館。當時十六鋪近碼頭，南來北往的船隻在這裡停靠，有很多的洋行與商行。原來經營飯攤的方某，轉

來此處開店，取名德興館。供應簡單菜色，有黃豆湯、肉絲豆腐羹、鹹肉百頁等，都是上海平常人家的家常小菜，價廉物美，經濟實惠。

上海的本幫菜是和上海流行的外幫菜，相對的稱謂。本幫多由飯攤轉變而來。上海開埠前，這些飯攤多分散在市郊，供鄉裡人進城販賣就食歇腳之所。上海開埠後弄堂興起，成為上海人安居之處。這些原在市郊的飯攤向弄堂轉移，最後形成現在南京東路與九江路之間，大慶里（已拆除）的飯店弄堂。弄堂內飯店櫛比鱗次，由飯攤轉變來的本幫菜館正興館，即後來的老正興就在這個弄堂裡廂。正興館創於同治元年，原來是寧波人祝正本和蔡仁興合營的小飯攤，其菜餚有鹹肉百頁、炒肉豆腐、炒魚粉皮、腸湯線粉等大眾食品，開張以後生意興隆，於是就在原地開起飯店來，並取二人名字中的一個字為店名，是為正興館。由於正興館的生意興隆，許多本幫飯攤都向這個弄堂輻湊，於是上海本幫菜的飯店弄堂逐漸形成了。

過去上海飲食業所謂的飯店，指的是中小型的本幫菜館。這些本幫飯店的資本，無法與挾巨資經營的外幫菜店相提並論。因為本幫飯店的前身是飯攤，飯攤主人起早摸黑，賺的都是辛苦錢，積蓄起來租間面街的門面，由飯攤升格開起飯店來。這些本幫小飯店仍繼續過去飯攤的傳統經營，顧客的對象都是勞動階層，消費低廉。本幫飯店侷促在弄堂之中，設備簡陋，且不甚衛生，規模較大的也有樓座，一式將櫃檯置於門首，烹妥的菜餚擺在櫃檯上，任顧客挑選。據吳承聯《舊上海茶館酒樓》記載當時弄堂飯店的菜色有滷肉、白斬雞、拌芹菜、金花菜（草頭）、炒腰子、拆燉、炒蝦腰、炒三鮮、下巴、禿肺、紅燒菜心、青魚頭尾、虎瓜

湯、鹹菜黃魚、肉絲黃豆湯、清血湯、鹹菜百頁、草魚粉皮、八寶辣醬等等,都是平民化的家常菜,菜餚雖不考究,但價錢實惠且有人情味。菜餚濃油赤醬,非常適合上海人的口味。濃油赤醬是油重醬色厚,是上海本地菜,也是本幫菜的特色,或謂上海本幫菜清淡,說的是外行話。上海本幫菜出於弄堂,後來隨著弄堂的興建與發展,分散在各個不同的弄堂之中,和上海人民的生活結合在一起了。

　　不過,現在這種弄堂式的飯店,由於弄堂拆除與改建,在上海已少見,代而興起的是上海人民居住的新建小區裡,出現的個體戶經營的飯店,還有弄堂飯店的餘韻。這些飯店有合菜出售,一個電話就可送到府上,是目前上海飲食文化轉變的新趨向。但這種弄堂式的飯店,早年大批上海人渡海來臺,在臺北流行過一陣子,中華商場沒有興建時,在中華路路旁違建戶裡就有很多家,其中經營時間最長的是開開看。在中華商場臨拆的前夜,我還去開開看吃了頓晚飯,吃的是雪菜小黃魚沙鍋、炸蝦和鹹冬瓜。不過,開開看的鹹冬瓜不如當年永康街上海小飯店的臭冬瓜夠味。上海小飯店在秀蘭小館的對面,除了臭冬瓜,紅燜腳爪與鹹肉豆腐湯都非常有上海味道。可惜因為生意過好,房東眼紅,收回房子而歇業。

　　其實秀蘭小館最初也是弄堂飯店形式,經營方式和香港銅鑼灣的家鄉飯店相似。家鄉飯店是幾位蘇州太太經營的,掌灶洗碗都是婦人,其豆瓣酥、紅燒蛋餃、紅燒黃魚與油豆腐雞都很地道。家鄉飯店距卜少夫先生家很近,少老常在此招飲賓朋,我常得敬陪末座。少老是江湖奇人,瀟灑過了一生,他最懂得吃上海菜。如今他已大去,真正懂得吃上海菜的人不多了,實令人懷念。只

是後來秀蘭生意興盛，麻雀變鳳凰，丫環成了小姐，架子大了，價錢也貴了。

　　現在在臺北真正屬於上海弄堂飯店只有隆記，趙大有（聽說趙大有也歇業了），還有盧記上海菜飯店。巧的是這三家都開在弄堂裡。四十年前，我在延平南路一家書店裡工作，就開始在趙大有吃飯，當時灶上、跑堂、老闆、顧客都是上海人，他們相依為命幾十年，後來傳到第二代，就不是那種味道了。我非常懷念他家的爆醃鹹黃魚、黃豆燜豬腳、清燒墨魚卵、還有肉絲豆腐羹加滷，偶爾還有鹽水蝦，那是買到好的河蝦時。盧記上海菜飯店是對從上海來的夫婦經營，他家的梅菜燜肉和蔥燒鯽魚，菜飯是砂鍋現煮的，尚可一吃。

　　只是臺灣的青江菜（上海稱小棠菜），久煮不爛，燒不出上海的菜飯味道來。不過，隆記菜飯還不錯，隆記開在中山堂對面弄堂裡，已經有四五十年的歷史了，是現在臺北唯一一家上海弄堂老飯店。還是多年不曾裝修舊店面，而且留下幾個舊時跑堂的老伙計，點菜時我們以滬語談，倍感親切。我的上海話不靈光，且有蘇腔，僅能用於點菜。入門玻璃櫃裡永置著烹妥的菜餚，有海蜇頭、燻魚、海瓜子、油燜筍、田螺、爛菜、醉腳爪、發芽豆、雪菜毛豆百頁、炒黃豆芽、燒小排骨、蔥燒鯽魚，還有臭豆腐，都是標準的上海家常口味。我常點幾樣小菜，另加清炒蝦仁和黃豆湯，最後來一碗菜飯，如果興起更飲陳紹數杯。昨晚又去隆記，座上多是上了年紀的客人，意外發現兩個會吃弄堂飯店的本地中年人，他們進得店來並未點菜，一人一碗排骨菜飯，另外一碗鹹肉百頁湯，想來他們當是在上海經營生意的臺商。像這樣懂得吃真正上海菜的人，回流臺灣的越來越多。隆記雖然老舊，但卻堅

持原來的上海口味不變，只是人們喜新厭舊，現在已很少留意這家上海弄堂式的飯店了。

　　隆記的清炒蝦仁用的是河蝦，還保持四十年前江浙菜在臺北流行時的上海味道，當年酒席上的第一道菜，就是清炒蝦仁。我嗜食蝦仁，每次到江南都是一路蝦仁吃到底，但合口的不多，臺北雖然也有用河蝦炒蝦仁的江浙館子，但色香味夠水準的不多，而且都是自標身價，價錢也不便宜，能吃的只有隆記和復興南路小沈經營的欣園。欣園開在巷子口，店面不大，有上海弄堂飯店的味道。除了清炒蝦仁外，鯗燉肉、鹹肉蒸百頁、白滷肚頭，蔥油芋艿小排，還有醃燉鮮，湯濃肉鮮筍嫩。現在臺北會五樣菜就可以開館子，掛江浙菜館招牌的不少，但能吃到真正的上海菜卻不多，永和弄堂裡有馮師傅經營的上海小館可治糟缽頭，娶的是上海人，香糟由上海帶來，他處所無，其紅燒鯊魚還有點上海口味。

二、弄堂及弄堂文化

　　上海本幫菜出於弄堂，一般說弄堂就是巷子，不過上海的弄堂卻有更豐富的涵義。所謂弄堂，秦榮光《上海縣竹枝詞‧里巷》條下云：「東西弄並屬唐家，父子中丞世共誇。要曉唐瑜唐繼祿，後先相判百年差。」注云：「唐家弄，一在魚行橋，為東弄，一在闊水橋西，為西弄，以唐氏父子得名。」又有「張家弄」：「縣前街直向西行，有弄因張撫院名，舊宅改為小天竺，北張家弄志分明。」注云：「北張家弄，在三牌樓西，以張鵬翼得。鵬翼，字習之，由進士歷官貴州巡撫。」更有「一灣三弄」：「宣使梅家太守

瞿，大南門內有黃俞。一灣三弄今還著，顯宦家聲便俗稱。」注云：「縣南梅家弄，以梅宣使名，有東北二條。瞿家灣，以瞿太守得名。黃家弄，在大南門內，以黃仁體得名。俞家弄在黃家弄北，以俞文榮得名。」上海人最早稱弄，是顯赫人家聚居的地方，並不是單純指一條巷子。後來擴及一般人民聚居之所，一如北京的胡同。

不過，北京的胡同是元明清演變的產物，後來上海所謂的弄堂，則是鴉片戰爭後，中西文化交匯的結果。上海的弄堂不僅是上海人民安居之所，也是上海本幫菜之所出，更反映近代中西文化接觸後演變的實際情況。一八四二年，江寧條約簽訂後，上海成為五口通商口岸。次年，英國駐上海第一任總領事巴爾，要求清政府將現南京路一帶租給英國人居住。兩年後更進一步要求將這一帶劃為英國租界區，自此以後虹口成為美國人租界，老城以北為法租界。《上海縣竹枝詞》云：「出老北門踏破鞋，通商租界英法排。中途橋歷三茅閣，三擺渡連長直街。」注云：「北門外便屬租界，洋涇濱南均屬英租界，涇濱北則屬法租界。」自此，上海在不平等條約壓迫下，有了華夷分治的租界區，但最初的租界甚少有華人居住。

不過，自一八五三年，太平天國事起與小刀會事件發生，江南與上海老城區的居民，為了身家安全紛紛逃入租界，租界區華人暴增，英租界的華人居民由五百人增至兩萬多人，房屋居住發生問題。由於地價暴漲，刺激了租界內的房地產的發展，英國人司密斯為代表的洋建築商，為了提高土地的利用，降低建築的成本，仿照歐洲直排式木板屋建構，供應逃入界的華人居住，形成租界區華洋雜處的環境。不過，這種木板的房屋容易引起火災，

很快就被磚木結構的房屋代替，在英法租界擴展。列強紛紛在上海設立房地產公司，如廣業地產公司、哈同洋行、沙遜洋行相繼投入這種弄堂式的房屋建築。吉祥里、衍慶里都是這個時期的建築。

二十世紀初，西方的鋼筋混凝土建築材料傳入中國，很快就出現了一批新建築形式的弄堂房。二十年大批留學西方的建築師回到上海，立即投入弄堂房屋的建築。於是，弄堂式的房屋迅速發展，成為上海人民主要的居住房舍，到一九四九年為止，這種弄堂式的房子，佔上海建築的百分之六十五以上，也就是上海居民有百分之六十五居住在弄堂之中。這種弄堂式的房屋分散各個不同的租界，出現各種不同異國情調和色彩，而且隨著不同階層的上海市民的需要，出現幾種不同形式的弄堂建築。不過，石庫門弄堂是上海最早的弄堂建築形式，也是上海最大眾化的弄堂房。所謂石庫門是用花崗石或寧波的紅土磚築構的門框，門框有半圓形、三角形或長方形的，門楣上有希臘式、羅馬式或文藝復興時的浮雕，也有中國式的飛簷翹角，兩扇黑漆大門，門上加有銅吊環，表現了當時弄堂建築中西交匯的特殊形態。

石庫門式的弄堂房子，以每戶三開間雙層或三層為一個單元，左右並列連成一排，房子內有個小天井，有間客堂，東西是兩間廂房，後面是廚房，樓上除了主房外，在樓梯拐角處還有間小房子，稱為亭子間，採光差，亭子間上面有個小陽臺，供晒衣乘涼用的。不過，亭子間多是由二房東租給單身或人口簡單的夫婦居住。二房東是上海弄堂興起後，三百六十行外的新行業。弄堂就是由這種石庫門住宅結合而成，五六百戶石庫門構成一個當時上海人居住的社區。沿街的石庫門的底層都是商店，每一個石庫門

弄堂設有兩三處朝向馬路的出入口,總通道稱總弄。兩排整齊劃一,相對的石庫之間為支弄,與總弄相通。這是上海由傳統過渡到現代城市,上海人民居住的社區群。

文學家穆木天的〈弄堂〉說:「弄堂是四四方方的一座城,裡面是一排排的房,一層樓的,兩層樓的,三層樓的,還有四層樓單間或雙間的房子,構成好多好多小胡同子。可是這座小城的圍牆,同封建的城垣不一樣,而是一些朝著馬路開門的市屋。」這些朝著馬路開門的市屋都是商店,與日常生活有關的米鋪,油鹽或雜貨店,醬園是少不了的,小菜場就在弄堂的一個支弄堂裡。胡應祥〈上海小菜場小史〉云:「上海租界中,四十年前無固定之小菜場,每晨集合各行販設攤於今盆湯弄,在路之兩旁分類設攤,如今之法租界菜市街者然。」小菜場就是菜市場,清晨叫賣聲相雜,家庭主婦挽籃攜秤,往來穿梭其間,是上海弄堂生活的一個場景。

弄堂總弄的弄門,是弄堂居民出入必經之地,是弄堂最熱鬧的所在。入得門來必有家補鞋修傘的攤子,還有個出租連環圖畫的舊書攤,上海稱小孩為小人或小囝,連環圖稱小人書,攤子旁蹲著一群小人看小人書。當年我家住蘇州,在上海八仙橋附近的尚賢里,有幢弄堂房,隨父母到上海就住在這,往往是他們出去探訪朋友,我就蹲在這裡看小人書。

弄堂裡老虎灶是不可少的,這種以穀糠為燃料,日夜灶火熊熊,販售滾水供弄堂居民飲用。早晨弄堂居民來這裡打開水,黃昏提熱水回家洗澡,也是弄堂的一景。有些住在弄堂亭子間的單身漢,往往端著面盆,拎著水瓶到老虎灶來,就地漱洗,然後再打瓶水回去,已夠一日飲用了。漱洗完畢,就近在附近攤子上吃

早點。

　　弄堂裡的早點種類很多，有油豆腐線粉湯、腸線粉湯、雞鴨血湯，還有咖哩牛肉湯，這種放少許咖哩粉的牛肉湯，牛肉酥嫩，湯鮮微辛，似乎每一個弄堂都有。後來傳到香港，樂宮樓午茶市有售，稍作改良，不入咖哩，改用花腱調治，湯清見底，腱子肉切薄片，紅潤透亮，其名就叫上海弄堂牛肉湯。還有雪菜肉絲麵，粗湯麵，配以大餅，大餅以發酵麵粉上撒芝麻，焙製而成，現在香港的上海館子又興這種大餅，不過厚而小。粢飯、蛋餅捲、蘿蔔絲油墩子、生煎饅頭等等，出門上班的人坐下就吃，吃了就走，家庭主婦買了提回家與家人共享。這時的弄堂漸漸清醒過來，小菜場人聲噪雜，夾雜大人的吆喝、小孩的哭叫、夫妻的爭吵聲傳到屋外的弄堂，弄堂深處餛飩擔子的梆子聲，和著弄堂背後隱隱傳來的刷馬桶聲，弄堂居民一天忙碌的生活開始了。

　　弄堂生活的吵雜和匆忙，就是上海本幫菜館生存的環境，飯店的顧客除了弄堂附近的勞動階層，就是弄堂居民了。弄堂居住環境狹窄擁擠，往往是幾戶共住一幢石庫門，輪流共用一個廚房，有時來不及就到弄堂飯店吃飯。弄堂飯店除了已烹妥的菜餚外，有辣醬、排骨、腳爪、四喜菜飯供應，也有炒麵兩面黃和蔥油開陽煨麵，與雪菜肉絲年糕，如果家裡臨時來客，配幾樣合菜，飯店立即送到府上。弄堂所售的菜飯，都是地道的上海口味。不過偶爾也有外地小吃，作家蕭乾初到上海，就住在弄堂亭子間裡，他的〈懷念上海〉說：「最令我神往的一個角落，乃是坐落在二馬路和三馬路之間的一個又黑又髒的弄堂叫『耳朵眼』。在那裡可以吃到北平的燒餅、油炸鬼和豆汁。站在那油污的案頭，興致勃勃地嚼著家鄉的風味小吃，誠然感到莫大的快慰。」

　　弄堂不僅是上海居民生活的地方，也是上海都會由傳統過渡到現代的橋梁。弄堂居住的房子是西式的，與過去中國傳統居住的環境完全不同。北京胡同的四合院，可以四代同堂共居，弄堂的房子只適合小家庭生活，改變了過去傳統族居的社會結構。居住在弄堂裡的居民是由大家拆出的小單元，完全失去傳統家族的蔽蔭和支援，他們只有單打獨鬥維持生計，所以弄堂居民學會了精明、能幹與發憤圖強，這才是真正上海人民的精神，弄堂也設有棧房（旅館）、洋行倉庫、報館以及堂子（妓院）成為來往客商交易場所。自來討論上海的海派文化，只留意十里洋場紙醉金迷的浮面表，完全忽略了弄堂文化對海派文化的貢獻。

　　蕭乾說他初到上海，住報館宿舍，他說：「後來，就像當時許多文藝界朋友一樣，我也搬到亭子間。那真是單身漢理想棲所。當時霞飛路的二房，多是羅宋（白俄）人，房租裡包括家具。意見不合，隨時可以搬走。」上海的弄堂和亭子間是近代知識份子留滯在上海的棲息之所。清末科舉制度廢除後，斬斷了千多年中國知識份子前進的利祿之途，而且，自不平等條約之後，通商口岸出現，都會迅速發展，使城鄉之間的差距增大，同時由於帝國主義的通商侵蝕，沿海的農村經濟瀕臨破產，使得中國傳統知識份子樹高千丈，落葉歸根的還鄉之途又被阻塞，即使放洋東瀛，也是前途茫茫，因科舉形成的社會流動因此淤塞，中國知識份子前進無路，後退無門，使他們飄泊在大都會之中，侷促在弄堂的亭子間裡，覺得自己懷才不遇，窮愁潦倒，於是他們怨憤、頹廢、思想激狂，形成中國近代學術思想與文化轉變中的特殊現象。

　　據徐志摩的日記記載，民國十二年十月十一日，胡適為了解釋和創造社因翻譯起的爭辯，由徐志摩陪同，到民厚里一二一號

拜訪郭沫若。郭沫若親自應門，抱著襁褓中兒子，赤腳，穿著一身學生服，形狀非常憔悴。這時成仿吾從樓上走下來，見了胡適相應不理。徐志摩說，賓主間似有冰結，五時半辭出，胡適對徐志摩說：「此會甚窘。」最後，徐志摩感慨地說：「郭沫若等其情況不甚愉適，且生計亦不裕，無怪其以狂叛自居。」

但當時流落在弄堂中，「情況不甚愉適，且生計亦不裕」的何止沫若等人，他們在「生計不裕」的情況下，幸得價廉物美的弄堂飯店，提供給他們噉飯的地方，才得挨過難關。

三、去來德興館

德興館、老飯店和老正興，都是上海本幫菜的老館子，都興於弄堂之中。上海老飯店原名榮順館，創於清光緒年間，開設在城隍廟西側舊校場內，原來是個飯攤，後來擴大為飯店，最初廚事由張姓店主親自主理，其所烹製的湯卷、腌川、走油肉、大白蹄等頗受客人的喜愛。經營不滿十載，已譽滿南市，後來由於歷史長久就稱其為老飯店了。

十多年前我第一次回上海，逛城隍廟吃了南翔小籠包和蔥油開洋麵以後，就去老飯店午飯，三個人吃飯，點了蝦子大烏參、清炒蝦仁、炒刀豆、紅燒大桂花魚、清瓜子蝦與蒪菜三絲湯。當時是開放之初，因陋就簡，這些菜都不見奇，平平而已。不過老飯店善經營，深圳開埠不久，老飯店已在那裡開分店，現在香港也有老飯店，我去吃過兩次，但價錢卻非常驚人，我所謂的價錢驚人，是菜和價錢不相稱，一張上海大餅，索價八十港元，而且菜餚遠不如開在附近的大上海。大上海的清炒蝦仁與沙鍋火焗排

翅都非常好。

　　現在的上海老飯店，在原地起華廈，甚是堂皇，門首立著兩個身穿如一女中鼓號樂隊制服的女孩，入得門來，見座位都是空著，一位點菜小姐過來，見我們衣著如進城土佬，開口就問訂了位沒有，我搖搖頭，她說都滿了。我們只得另覓食處了，我們剛出門準備離去時，一個女領班匆匆走來，向我們說對不起，再請我們回去，我說謝了。因為她眼尖，已經看出來我們不是內賓，是吃得起的。於是，我們又去了綠波廊。我對綠波廊的印象原來就不佳，因為過去在綠波廊吃點心，因伙計就地起價，和菜牌寫的價錢完全不同，我曾和那個伙計吵了一架。現在也起了華廈，更因為美國總統和英女王在裡面吃過點心，身價自是不同，我們進得店來還沒有上座，但沒有人聞問，我們又出來了。現在在上海吃東西真的海派了，而且也得佛要金裝，人要衣裝了。也許這就是現在紙醉金迷的上海，菜的花樣翻新，但卻非舊時味了。

　　當然，起於弄堂裡的上海本幫菜，也不是一成不變的。上海的本幫菜一如上海的語言。姚公鶴《上海閒話》說：「所謂上海白者，大抵寧波、蘇州混合之語言，已非通商前之日矣。」也就是說現在上海的語言是以上海本地語言，與寧波話與蘇白混合而成。同樣地，上海的本幫菜後來也吸收了寧波烹調技巧與蘇州無錫的口味而成的。關於寧波菜在上海的流行與發展，已在〈海派菜與海派文化〉有所討論，然其烹調黃魚的方法為上海人所喜愛，如大湯黃魚，此味以雪菜，筍片與新鮮的黃魚川湯，不放油，味極清鮮。因為過去上海每年三四月間為黃魚季，《上海縣竹枝詞》云：「楝子花開石首來，花占槐豆盛迎梅。火鮮候過冰鮮到，洋面成群響若雷。」石首即黃魚，注：「石首魚，首中有二石如白玉，

四月間，自洋群至，綿延數里者，聲如雷。」一市民皆烹調黃魚，大湯黃魚普遍被滬上市民接受。如麵拖黃魚、米莧黃魚羹、苔菜拖黃魚，皆自甬菜蛻變而來，其他如清炒鱔糊、炒鱔背、冰糖甲魚，也和寧波菜有關。

　　蘇州菜包括無錫菜在內，因為地近上海，口味與上海接近，很容易被上海人接受，雖然蘇州菜的特徵在於濃香之味，與上海濃油赤醬相近，不過，蘇州菜偏甜，上海本幫菜將蘇州菜的過甜改為微甜，更適合上海人的口味。上海的蘇錫菜館創始於清同治年間，由於前述蘇錫口味與上海本幫菜相近，因此蘇錫菜館在上海發展很快。東南鴻慶樓、大加利、大鴻運，譽滿滬上。現在只有大鴻運一枝獨秀了。大鴻運酒樓開設於二十年代，原址在湖北路上，兩開間的門面，面積不大，只能席開二十桌，三十年代蘇錫菜盛行，大鴻運原址已無法滿足顧客需求，其董事朱阿福在福州路租地建屋，成為十二開間兩層樓的大型菜館，也就是現在經過翻修擴建的大鴻運所在。不過，現在的大鴻運雖保持姑蘇口味，但為了適應潮流，製作出若干海派的蘇州菜，如蘭花鴿蛋，以鱘魚烹製成的黃燜著甲，以鱘魚骨製成細滷明骨，以裙邊與火腿燉燜成的火燒赤壁，這些菜都是傳統蘇州菜中所無的。我去年春天在蘇州與分別半個世紀的朋友相會，前後兩次宴於蘇州的大鴻運，其糟滷肚頭、腐乳肉與溜蝦仁甚佳，倒是以蘇州與無錫船菜為號召的五味齋菜社與榮華樓菜館的松鼠黃魚、南乳汁肉、鍋巴蝦仁（原名平地一聲雷，到上海改為春雷驚龍）、瓜薑魚絲等，還保持蘇菜味濃而不膩、淡而不薄的特色，這些特色後來也融於上海本幫菜之中了。

　　上海本幫菜吸取寧波與蘇錫菜的風味之後，漸漸形成自己的

風格，於是超越弄堂飯店的色彩，更上層樓，已經出得廳堂，上得檯面了。不過，經過這十幾年上海的經濟開發與轉變，上海本幫菜也陷入轉變的漩渦中，難以自拔，再去上海老飯店或老正興，已不是上海本幫菜價廉物美、經濟實惠的特色了，而且去吃的也不是一般平常百姓家。因為訂一個房間最低的消費，就是要兩千人民幣，菜色花俏，華而不實，已不是上海本幫菜，現在如果要吃上海本幫菜只有去德興館。

　　那晚在外灘觀燈，偶然發現德興館。第二天已經買妥下午兩點半的火車票去蘇州，算定時間，約朋友十二點整，在德興館吃飯，吃罷飯拎著行李到車站趕火車。我們十一點半就到德興館，門前擺的是滷菜攤子，掛著白切雞、醬鴨，案子上擺的是醬肘、腳爪和其他滷的肝腸豬心和口條等等。都是剛出鍋的，紅郁郁的頗為誘人，站在門口朝內望，樓下是小吃部，賣的是麵類與小籠包，食客擁擠，各個桌子坐滿人，人聲吵雜，我心中又是一喜。因為這裡才真正是人民吃的地方，還留有弄堂飯店的餘韻。

　　待我們走上樓梯時，看到立著個大牌子，上寫著六十年代，「黨和國家領導人」相繼在這裡吃過飯。後來坐定後，再看店裡的介紹廣告，先後在這裡吃過飯的有鄧小平、宋慶齡、陳雲、李富春、羅瑞卿等，當時陳毅是上海市長，他請鄧小平到德興館品嘗上海本幫菜，吃了蝦子大烏參、青魚禿肺、油爆蝦、竹筍醃鮮等，覺得味道鮮美，後來又多添了一鍋竹筍醃鮮，臨走，鄧小平還對飯店的負責人說：「你們店裡的設備條件雖然比別人差，但製作的菜餚確實很好。」的確事隔四十年，德興館設備條件還是一樣差，上樓的樓梯燈光暗淡，紅色的地毯也變了顏色，二樓是散座，我們找了個靠邊的大檯面，坐定舉目四望，樓面沒有任何裝

飾，窗簾也陳舊了。或許正因為設備條件差，外人來的不多，才
為上海本幫菜保留了最後的原汁原味。服務的小姑娘衣著樸素，
但待客親切。

　　散座的客人都是衣著隨便的上海人，他們淺酌，他們談笑，
悠然自在，無拘無束，菜還沒有點，我就歡喜上這個地方了。上
館子吃飯，圖的就是個自在，衣冠楚楚吃喝起來也不方便，再說
旁邊還站著一個人照顧著你，生怕失了儀態似的，菜端上來，還
沒有看到什麼樣子，就撤下去分菜了，美其名中菜西吃，講究衛
生。分的菜又不一定是你喜歡吃的部分，待你舉箸欲嘗時，新菜
又上來了，上菜速度如夜間急行軍，了無趣味可言。德興館雖然
也吵雜，但與窗外的市聲相比，安靜多了，尤其在行旅之間，有
這麼個地方坐坐吃吃，也可以舒解一下。這個地方好在其殘舊，
但卻不頹廢。而且又可以吃到真正上海的本幫菜，真是一種客中
的享受。

　　所以，去年春秋兩次江南之行，去來四次經過上海，或宴請
朋友，或與幾位同行的伙伴小酌都在德興館。歸來翻閱剪貼簿，
我出門旅遊有個習慣，不論是別人請客，或自己吃飯，都要一份
菜單留存起來，備以後翻閱。來去上海五次飯於德興館，除了菜
前的小碟外，計點了油爆蝦、白切肉、白斬雞、清溜蝦仁、紅燒
鮰魚、草頭圈子、炒蟹黃油、蝦子大烏參、禿肺、下巴划水、肉
絲黃豆湯、扣三絲、走油拆墩、雞骨醬、蔥油芋艿、糟缽頭、冰
糖甲魚、筍醃鮮等等。這些菜都是地道的上海本幫菜，不失濃油
赤醬的本色，而且有幾樣菜還有季節性，如紅燒鮰魚，鮰魚是上
海地方的特產之一，嘴有兩根長鬚，俗稱鮰老鼠，每年三月至五
月間，洄游於長江和吳淞江以及崇明島附近，鮰魚非常有季節性，

春夏間最肥美而肉緊，魚皮有彈性且膠質甚厚，紅燒鮰魚色澤紅潤油光，魚塊裹著一層薄而勻的滷汁，而湯汁不用勾芡，因為魚本身膠質已有黏稠性，即所謂自來芡，魚的表皮肥糯滋潤，肉質軟嫩無刺，醬味鮮鹹之中略有甜味，是上海本幫菜濃油赤醬的傳統本色。至於炒蟹黃油，上海近陽澄湖，過去一般飯店，深秋季節都有清水大閘蟹出售，將煮熟的大閘蟹拆成蟹粉，可製炒蟹粉、炒蝦蟹，皆膾炙人口，三十年代末，取其蟹黃與蟹油經熱油滾炒，加調味後製成炒蟹黃油，是蟹製菜餚中最精華名貴的一種。我春天到上海即點此味，當時非蟹季，用的是冰凍雪藏貨，味不鮮而略腥且鹹，於是要了碗陽春乾麵，拌而食之。後來重陽時節再去上海，正是菊黃蟹肥時，更點此味，則蟹黃香糯，蟹油肥而不膩，色澤紅白分明，滑膩鮮美，然後又將吃剩的蟹黃油與嫩豆腐回燒，而成另一美味。

　　筍醃鮮，即醃燶鮮。燶，江南語文火慢煨之意。以鮮肋條、鹹腿肉，與冬筍或春筍，煨燶而成。現在江浙菜館皆有此味出售，但卻不了解其燶之意為何。此菜先用文火慢燶，待各種材料的味道相互滲透，再改用武火，在文武火調配下，湯汁濃白，肉質酥肥，味鮮醇厚。醃鮮多認為以冬筍為佳，其實這是江南家常菜的一種，每年二三月是春筍最好的季節，以春筍治醃鮮是清明時節前後的佳餚。我到上海正是清明前幾天，正是吃筍醃鮮的時候，我在點筍醃鮮時候，寫菜的小姑娘說現正是油爆蝦的時候，而且油爆蝦是他們的招牌菜，於是又點了油爆蝦。

　　《上海縣竹枝詞》云：「紅了櫻桃黃到梅，河蝦大汛趁潮來。子爬滿腹鮮充饌，一粒珠紅腦熟才。」注曰：「蝦在櫻桃熟出者，為櫻桃蝦。煮熟後腦有一珠，紅透殼外，如赤豆大，俗呼蝦珠。

夏至前後，腹各抱子，爬取入饌，鮮逾常品。故雖四時常有，尤以時蝦為貴。」雖然上海四時有蝦，但清明至芒種之間，河蝦特碩壯肥美，為食蝦季節，烹油爆蝦最合宜。烹調油爆蝦，以蝦之優下，油爆時間的拿捏最為重要。所謂油爆是在武火熱油鍋中以短時間的爆炒，其成敗則在火候的拿捏。油爆過於匆促，火候欠佳，則蝦仁不熟，皮殼不脆，爆得過火，皮綻肉枯。德興館的油爆蝦隻隻晶瑩，皮脆肉軟，吃在嘴裡甜香久久不去，現在正是蝦肥時節，又點一味清溜蝦仁。惜此時蝦子尚未成熟，不然，以蝦仁、蝦腦、蝦子烹治三蝦豆腐，定是妙品。

德興館原有生煸草頭一味，草頭又名金花菜，原為田圃的綠肥或飼料，春天所出者為佳，其幼苗炒起來味甚鮮美，為農家的家常小菜，後來本幫菜館選新鮮草頭，取其最前端的三片嫩葉，以強火入油煸炒，是為生煸草頭，此味為上海本幫菜館獨有，以草頭為墊底的草頭圈子，是一味佳餚。紅燒圈子一味原出於上海本幫菜老正興前身的正興館，正興館原有腸湯線粉出售，後經改煮為炒，而有炒直腸，以其名不雅，後更改為炒圈子或紅燒圈子，因為直腸煮熟後切片狀似圈子故。二十年代出版的《老上海》載：「飯店之佳者，首推二馬路墳山對面，弄堂飯店正興館，價廉物美，炒圈子一味尤為著名。」紅燒圈子是上海本幫菜館的名餚，德興館的紅燒圈子，色似象牙，軟如麵筋，酥爛軟糯，汁厚芳醇而無腥臭，綴以碧綠油潤，軟柔鮮嫩的草頭，可減其肥膩，實在美妙。我去來德興館數次，每次都點這道菜。

當然，到了德興館不能不吃蝦子大烏參。蝦子大烏參是二十年代末，由掌廚楊和生和蔡福生所創製。當時德興館還在十六舖的洋行街附近，洋行街有許多商行經營南北土產，山珍海味，但

上海人喜吃河鮮，不喜乾貨海產，海參滯銷。商行老闆欲打開海
參銷路，故由商行提供原料德興館試製，於是楊和生和蔡福生將
海參水發後，加筍片和鮮湯調味製成紅燒海參出售，但鮮味不足，
而以鮮味特濃的蝦子為輔料提味，而成為德興館的蝦子大烏參。
蝦子大烏參的烹製過程非常繁複，時間且長，用的大烏參，香港
俗稱豬婆參，發漲後尺餘，而且製成的蝦子大烏參一整隻躺在盤
中，色澤烏光透亮，汁濃味鮮而香醇，軟糯酥爛，筷子挾不起，
只能以湯匙取食。上次我去香港還帶了兩斤回來，置於櫃中待用。
治蝦子大烏參是不能用遼寧刺參烹治，那種刺參只合作山東的蔥
燒海參，此間廚師以刺參烹蝦子大烏參，就蒙世了。

　　糟缽頭是獨一無二的上海名饌，也是德興館的招牌名饌。其
實原來是上海郊區農家宰豬過年，將豬下水包括肝腸肚肺，置於
糟缽中蒸治的一味年菜，上海人製菜喜用香糟，家製香糟以紹酒、
酒糟、鹽糖、桂花、蔥薑末拌勻，置三小時再以布袋濾過即成。
以此製青魚煎糟、川糟、糟扣肉、香糟元寶等。糟缽頭後來轉為
在市上售賣，有徐三者善治糟缽頭，清楊光輔《淞南樂府》云：
「淞南好，風味舊曾諳，羊胛開尊朝戴九，豚蹄登席夜徐三，食
品最江南。」所謂「豚蹄登席夜徐三」，注云：「徐三善煮梅霜豬
腳，爾年肆中以缽貯糟，入以豬耳、腦、舌及肝、肺、腸、胃等，
曰糟缽頭，邑人咸稱美味。」則是最初以貯糟之缽頭烹治豬下水，
其後德興館改為沙鍋，將材料置於鍋中，另加入火腿、筍片、油
豆腐，加鮮湯與香糟燉成。其製法較原來簡易，且不失其原有的
特色。製成的糟缽頭，濃油赤醬，肥糯鮮嫩，鹹中帶甜，糟香醇
厚，非常開胃。過去也吃過糟缽頭，這次算是真的吃到其原味了。
這菜前後點了三次，真的是大快朵頤。

　　上海的朋友說如果沒有熟人，吃不到真正的好菜，但我坐在那裡和點菜的領班慢慢攀談，他到廚房來回跑了好多次，終於吃到稱心滿意的菜餚。酒足飯飽以後，又到南京路上漫步。南京路是過去十里洋場的精華所在，現在變成行人漫步專區，卻看到一輛肯德基載送客人的專車，緩緩駛來，突然想到上海真的變了，而且變得非常快速。誰還記得那些興於弄堂，伴著上海都會從傳統過渡到現代的上海的本幫菜館呢。難道這就是轉變的上海，上海？上海！

海派菜與海派文化

　　民國十三年（一九二四）出版的《上海快覽‧餐館》條下，記載當時流行在上海的餐館稱：「各幫菜館，派別殊多，如北京館、南京館、揚州館、鎮江館、寧波館、蘇州館、廣東館、福建館、徽州館。」後來一九五七年由上海飲食旅遊公司出版的《上海名菜》，歸納上海市面的餐館有粵、京、閩、揚、蘇、湘、川、徽、寧、杭、錫、清真、淨素和本幫菜等十四種。所謂本幫就是本地的上海菜。除上海本幫菜外，其他中國各地不同風味的菜餚，在不同時期流入上海，都在上海流行，和上海百年來社會的發展與轉變有密切的關係。

一、菜幫與菜系

　　過去對上海菜稱本幫菜，流行在上海其他各地方菜餚，則稱之為外幫菜。流行在上海各地菜餚稱幫，和黑社會所謂的幫派不同。菜幫和城市經濟發展後形成的商幫相似，是在一種職業行會

的結合，其來由已久，在宋代的城市中已經出現。不過，菜幫除
了是行業的結合外，更突顯其各自不同的地方特色。這些在上海
流行的各地菜幫，雖然是上海開埠以來社會經濟流變的產物，最
初各自表現其不同的地方風味。但經過長期相互的仿傚，並為了
適應在地口味，而形成上海的海派菜。這種海派菜和其原來所代
表的地方風味，已貌似神離了。

　　不過，這些在上海的外幫菜，最初皆冠以原來的地名，表明
其屬於原有菜系的一支。所謂菜是幫助下飯的食品。但因地理環
境的不同，有氣候物產之異，因而形成不同的飲食習慣。所謂「天
下四海九州，特山川所隔，有聲音之殊，土地所生，有飲食之
異」，於是「靠山吃山，靠水吃水」的不同菜系就產生了。

　　中國飲食的區別，首先由南北的不同，以地理環境分割，自
秦嶺至淮河流域分割成南北兩大自然區，形成南稻北粟的佈局，
大約一萬年前農業出現時已經形成。以後的發展而有南米北麵的
不同，迄今仍未變更。因此配合主食的副食品，由於地理環境不
同，而形成不同的飲食風味。晉張華《博物志‧五方人民》條下
云：「東南之人食水產，西北之人食陸畜。食水產者，龜蛤螺蚌，
以為珍味，不覺其腥臊也。食陸畜者，狸兔鼠雀，以為珍味，不
覺其膻燥也。」所謂「有山者采，有水者漁」，是後來菜系形成的
主要條件。

　　不同口味的差異，顯著表現在南北朝對峙時期，王肅是當時
的高門著姓，由江南過江歸北魏，最初仍維持南方的飲食習慣。
《洛陽伽藍記‧報德寺》條下謂王肅初「不食羊肉及酪漿等物，
常飯鯽魚羹，渴飲茗汁」；王肅認為「羊者是陸產之最，魚者乃水
族之長，所好不同，並各稱珍」。在北宋的首都汴京為了方便北來

的南方人，而有南食、川食的食肆，而且成了當時時尚的飲食。飲食習慣不同，更有南北口味的差異，各自獨立發展，形成不同地方飲食的特色。徐珂《清稗類鈔‧各處食性之不同》條下就說：「食品之有專嗜者，食性不同，由於習尚也。茲舉其尤，則北人嗜蔥蒜，滇、黔、湘、蜀人嗜辛辣品，粵人嗜淡食，蘇人嗜糖，即以浙江言之，寧波嗜腥味，皆海鮮，紹興嗜有惡臭之物，必俟其霉爛發酵而後食也。」

　　各地食性不同，一地所嗜，可能是另一地所厭惡。《清稗類鈔‧北人食蔥蒜》條下云：「北人好食蔥蒜，而蔥蒜亦以北產為盛，直隸、甘肅、河南、山西、陝西等，無論富貴貧賤之家，每飯必具。趙甌北觀察翼有〈旅店題詩〉云：汗漿進出蔥蒜汁，其氣臭如牛馬糞。」趙翼是江南人，無法忍受蔥蒜的氣味，但北人每飯則必具，已道出各地不同的飲食差異。南北主食有米食麵食的不同，所配合的副食品，也因不同地區而顯著不同。這些不同的飲食差異，分散在中國境內，形成不同的飲食文化圈，簡稱之則為菜系。

　　以長城之內的黃河、長江、珠江三條水系為區分，黃河流域的包括甘肅、山西、陝西、河北、山東、河南的飲食習慣與口味相近，形成一個飲食文化圈，是為華北菜系。長江流域上游包括雲南、貴州、四川、湖南可為一個飲食文化圈，是為西南菜系。長江下游的長江三角洲，包括江蘇、浙江、安徽和上海市則是華東飲食文化圈，其為華東菜系。珠江流域包括廣東、廣西、福建與臺灣則為華南飲食文化，是為華南菜系。不過，這只是同中存異，異中有同的概略區分。

　　因為在同一個飲食文化圈，由於地理環境與物產風俗的不同，

出現地區飲食習慣的差異，而有京、滬、川、粵、蘇、揚、閩、魯等菜系之稱。不過，即使以同一個地區為名的菜系，往往是由幾個不同的地方風味結合而成的。所謂粵菜即以廣府菜為主體，結合東江的客家菜和潮汕地區的風味而成，現在又增加了香港的新潮粵菜。閩菜是閩北的福州、閩西、與閩南漳泉二州及廈門組合而成，漳泉二州又對臺灣的飲食發生直接的影響。至於魯菜，由膠東的衛海、中部的濟南、與魯南的集寧的風味組合而成，而魯南又與江蘇北部的徐州、安徽北部滁州飲食習慣相近，形成黃河之南淮河以北的淮海飲食文化區，過去的《金瓶梅》飲饌，與現在流行的孔府佳餚都在其中。魯菜的膠東風味又是京菜形成的基礎。所以，一個菜系往往由幾個不同的地方風味結合而成，同時一個菜系與另一個菜系飲食習慣相近，又發生飲食文化圈重疊的現象。如果在一個菜系的區域之中有著名都會存在，構成這個菜系不同的地方風味，向都會區集中，漸漸融合成這個菜系的特殊風味，然後向外發展。當一個菜系向另一個都會發展與流行，為了強調其所代表的特殊風味，而形成不同地方的菜幫。所以，上海開埠以後，有徽幫菜、甬幫菜、粵幫菜、京幫菜、川幫菜、蘇幫菜、揚幫菜相繼在上海流行。最初為了適應旅居上海的各地客商的口味，往往以各地不同的「正宗」口味為號召，於是各個不同菜系的菜幫，漸漸在上海形成了。

二、菜幫與商幫

　　菜幫和明清以來城市經濟發展中，形成某種行業結合成的商幫性質相似。這種在城市經營的商幫，往往有非常顯明的地域性。

上海開埠前人口只有五十餘萬，開埠後全國各地人口大量湧入上海，至抗戰勝利時上海人口已增至五百餘萬，除了少部分外國僑民外，上海原籍人口只有百分之十九，百分之八十以上，都是因經商由外地移來，在上海居住數代以後也成為上海人了。這些外來的商幫最初在上海發展，往往會遭遇到在家千日好，出門一時難的困境。於是有「敦鄉誼，輯同幫」的會館出現。所謂會館，「集鄉人而立分所也」。上海開埠前有各地會館二十多個，鴉片戰爭開埠以後，迅速發展已有一百四五十個。主要分佈在十六鋪，大小東門和老城內的洋行街、棋盤街、董家渡、斜橋與城隍廟一帶，甚至還有一條會館街。各地商幫在上海設立會館，反映上海開埠以後，社會經濟發展與轉變的實際情況。代表各地不同的風味的菜幫，便依附不同的商幫進入上海發展。

首先對上海經濟發展具有影響的是徽幫商人，唐宋以來徽幫商人已遍天下，而有「無徽不成鎮」之稱。上海開埠以前，徽幫商人已活躍在滬上，徽商自稱：「吾鄉賈者，首漁鹽、次布帛。」事實上徽商經營的範圍不僅如此，並且掌握造船業，壟斷整個上海的典當業。這些徽商資本是由揚州徽幫鹽商支持下形成的。雖然上海開埠以後，經濟結構與形態轉變，徽幫商人在上海漸漸失去往日的輝煌，但仍掌上海茶和絲綢的貿易。當時富甲江南的紅頂商人胡雪巖，就是個徽商，他是績溪胡里人。徽幫商人在上海經營，徽幫商人的會所也相繼成立，道光時，在青口的徽幫商人葉同，聯合當地商號十二家創立祝其公所於大東門外，其公積金就有一千二百萬兩，並賑濟青口災民。隨著徽幫商人在上海發展，徽幫菜也進入上海，而且是最早進入上海的外幫菜。

二十年代上海書場流行一段彈詞〈洋場食譜開篇〉，其中有：

「東西最好是鴻運，徽麵三鮮吃聚賓、聚樂、鼎新兼其萃，醉白園開在小東門。」說的是當時流行在上海的徽幫菜館。所謂徽幫菜出於績溪。績溪廚師善烹調，他們由深渡下船，經富春江到杭州轉到上海，另一部分則隨鹽商由揚州轉來上海。徽幫菜在上海經營，可追溯到鴉片戰爭前，由於徽幫商人壟斷上海的典當業，當鋪開在巷里間，幾乎每一條街都有一兩家徽幫菜館，至抗戰前夕，上海有徽幫菜館五百多家，著名的有八仙樓、勝樂春、華慶園、復興園、聚豐園、老醉白園、善和園、大中樓、鼎新樓、宴賓樓、三星樓、善和樓等。徽幫菜擅長燒燉，油重茨厚，醇濃入味，且能保持原汁原味，如走油折燉、紅燒雞、煨海參等，不過尤擅煎炒，如清炒鱔背、炒划水。過去上海徽幫菜館多兼營麵點，雞火麵、鮮湯蝦仁麵、三鮮鍋麵與徽式湯包，價廉味鮮是其特色，多為上海人喜愛。

不過，徽幫菜館經營保守，無法適應上海迅速轉變的環境，後來漸漸沒落了。現在著名的只剩下大富貴酒樓。大富貴酒樓原名徽州丹鳳樓。創於清朝末年，最初只經營一般徽菜和麵點，後來擴大營業，並改名大富貴酒樓，聘徽幫名廚料理，烹製正宗徽菜。其名餚有金銀蹄雞，以金華火腿二肶，徽人稱豬腳上面的關節部分為二肶，與新鮮蹄膀及雞並置沙鍋中烹製，是道地的徽菜。葡萄魚，以青魚中段切製成葡萄狀，加葡萄汁烹成。沙地鯽魚，此味由徽州先傳到揚州，已見於童岳薦的《調鼎集》，曹雪芹之老蚌懷珠即緣此而來。

上海開埠後，徽幫商人資本逐漸衰退，甬幫的寧波商人與粵幫的廣東商人資本進入上海，成為後來上海經濟發展的主導力量。寧波地近上海，經濟力量迅速發展，清朝末年寧波旅滬人口已有

四十餘萬。甬幫商人在鴉片戰爭前，已建四明公所於小北門外，在小刀會事件中被毀，重建後規模更大，有前殿、後殿、土地公祠，並建濟元堂作為同鄉集會之所。因地近法租界，法人以其有礙衛生及築路而被迫遷移，引起旅滬寧波人的抗爭。經交涉後，會館保留，但原來葬此之舊塚遷回原籍，會館於虹口日暉港另設寄柩處，並在八仙橋設四明醫院，四明會館是當時上海最大的會所。

隨著甬幫商人在上海發展，甬幫菜也進入上海，同治光緒年間上海已有甬幫菜館。甬菜多海味，與他幫不同，其黃魚羹、紅燒甲魚、炒鱔糊、蛤羹頗著名。不過後來在上海開設的甬幫菜館，皆以「狀元樓」為名，如盈記狀元樓、甬江狀元樓、四明狀元樓等等。甬幫菜館稱狀元樓有一段掌故。狀元樓是寧波最老的菜館，原名三江酒樓。創於乾隆年間，相傳當時有幾個舉子上京應試，聚於三江酒樓，店家以紅燒甲魚奉客，並謂此菜名獨佔鰲頭。後來這幾個進京應試的舉子都金榜題名，其中一人並中了狀元。狀元歸來春風得意馬蹄香，再宴於三江酒樓，並提筆寫了狀元樓三字，於是三江酒樓自此改為狀元樓。現在上海的甬江狀元樓，創於一九三八年，經營者方潤祥與名廚金迎祥皆來自寧波。其菜餚有芋艿雞骨醬、黃魚羹、糟雞、新豐鰻鯗，都是地道的寧波口味。甬菜以黃魚入饌者較多，其黃魚羹、苔菜拖黃魚最有名，另有露餚剝皮大烤，是傳統的寧波名菜，以剝皮豬腿加腐乳汁用小火燜烤而成。

除甬幫商人，粵幫商人也跟踵而來。廣州與外交涉最早，深諳夷務。上海開埠以後，對外貿易中心轉移到上海。華洋交涉頻繁，開埠之初，洋行買辦多是粵人，粵幫商人大批資金也隨著轉

來上海。上海南京路上四大公司中的永安、先施、新新都是粵幫資本。於是起華廈，改變經營方式，繁榮了上海的市容。其他如屈臣氏的荷蘭水（汽水）、冠生園的糖果，南北貨也是粵幫商人經營。粵幫商人後來居上，掌握了上海的經濟動力，起廣東會館於土斜路，富華堂皇，梁啟超來滬即居於此。

粵菜館於清末進入上海，最初多設在虹口四川北路一帶，有味雅、安樂、西湖、天天等數十家粵幫菜的酒家。粵人稱菜館為酒家，二十年代粵幫菜的酒家已遍及全市。尤其四大公司集中的南京路，永安、先施、新新附有大東、東亞、新新粵菜酒家外，還有大三元、杏花樓、燕華樓等，以及金陵、環球等酒家。粵幫菜在上海與其他菜幫不同的地方，就是裝潢得金碧輝煌，一桌一椅一箸一匙都非常考究，在此消費若置身宮廷之中。而且粵人吃得奇巧，凡是背脊朝天的皆可入饌，如菊花龍虎鳳、錦繡果狸絲、鳳爪燉海狗、瓦燀焗山瑞等，都是他幫所無，但價錢不貲，抗戰前夕，一席名貴的粵幫酒席已達千元。其他酒樓一席酒菜不過三、五十元而已，多富商巨賈在此飲宴，非一般小民可以染指者。

不過除了這些昂貴的酒家外，後來又出較平民化消費的小型粵幫菜館。現在上海最著名的新雅粵菜館，創於一九二六年，初創時只是有兩間門面，樓下經營罐頭食品，樓上出售粵式飲茶點心，為梁建卿所創。梁建卿南海人，畢業於香港皇仁書院，當時國民革命軍已攻佔漢口，梁建卿認為機不可失，於是開設新雅茶室，兼營粵菜業務，售叉燒滷味，並有蝦仁炒蛋、炒魷魚、炒牛肉等粵式街坊小菜。價廉物美，冬天宵夜，還有魚生邊爐，生意興隆。於是這類平民化的粵幫菜館紛紛開市，如江南春、同樂酒樓、陶陶酒家、東江樓等，頗受上海一般市民的喜愛。

　　幾經滄桑，現在新雅粵菜館已是上海最著名的粵幫菜館了。其名餚有焗釀稻花雀、七星胡蘆雞、炒鮮奶、金華玉樹雞、煙鯧魚、北姑燉乳鴿，都是當前香港流行的粵菜。香港粵菜和廣府粵菜經過幾十年分離的發展，彼此間已有區別的。現在和新雅粵菜館齊名的還有杏花樓酒家。創於清末，最初由洪吉如與陳勝芳合營，只售小吃菜點，白天有臘味飯、燒鴨叉燒飯，宵夜供應粥麵。民國初年粵人來滬者眾，杏花樓的生意越來越旺，由粵幫大廚李金海主理後，開辦筵席業務。杏花樓原名杏華樓，後取杜牧「借問酒家何處有，牧童遙指杏花村」，而改現名。現在的杏花樓酒家已是座四樓的大飯店，其菜餚有脆皮燒鴨、西施蝦仁、清蒸海狗魚、香露蔥油雞、雙鵲渡金橋等，俱是羊城風味。杏花樓兼營粵式糕點，其廣式月餅最著名。

　　上述徽幫、甬幫、粵幫菜館，都附著各幫商人在上海發展，相繼進入上海。這些菜幫在上海出現與各幫商人在上海的經營與變遷，有不可分的關係。因此，從這些不同的菜幫在上海出現與流行，以及後來的沒落與沉浮，也可以對上海近現代社會經濟發展有個側面的了解。

三、海派菜與海派文化

　　各幫菜向上海輻湊後，和其他不同的菜幫相較，才發現自身所具有的特色和地方風味，往往在市招上加正宗二字，突出其地域風味，以招徠不同商幫旅居上海的同鄉顧客。不僅市招如此，店內的裝潢也各有特色，甬幫狀元樓店內的桌椅，一式用虎黃木製造的寧波家具。各幫菜館灶上的掌勺，店裡的跑堂全來自家鄉。

跑堂俗稱堂倌，舊式堂倌肩上搭一條白毛巾，站立門外笑臉迎賓，待客上座，所操皆是鄉音。甬幫狀元樓的堂倌清一色「阿拉」寧波人，蘇幫菜館堂倌說的是吳儂軟語，徽幫菜館堂倌說的是徽調，當時去某幫菜館不諳其鄉音，會遭受冷遇和白眼的。

　　但經過最初不同菜幫的狹隘的地域觀念，與各自以正宗的對立，最後發現這種獨限一隅的方式，無法拓展經營的局面。於是開始互相學習與模仿，並製作適合更多上海人口味的新餚。如徽幫大中樓，將蝦仁餛飩與鴨子置於沙鍋中同烹的餛飩鴨，菜前堂倌奉送的大血湯，深為上海人喜愛，後來融入上海本幫菜之中，成為滬菜與小吃的一種。粵幫菜雖自標身價，但後來也不得不迎合上海人喜吃蝦仁的習慣，杏花樓另創西施蝦仁一味，以新鮮的河蝦仁與鮮奶滑油而成，既保留粵菜色香味的特色，又切合上海人的口味，是非常有創意的一道菜色。凡新創意的菜色都有其因由，而不是憑空臆想的。不過，後來梅龍鎮酒家由揚入川，味兼川揚的川揚菜出現，於是上海有了海派菜。維揚風味的揚幫菜，製作精細，甜鹹適中重本味，擅長燉燜的火工菜是其特色，與川味的「七味八滋」完全不同。所謂七味，是甜、酸、麻、辣、苦、香、鹹，至於八滋則是干燒、酸辣、麻辣、魚香、宮保、干煸、紅油、怪味，與維揚風味完全不搭調，而且一在長江頭，一在長江尾，各行其是，但兩種風味絕殊的菜餚，卻在上海結合在一起，真是個異數。

　　當初揚幫菜與川幫菜分別在不同時間進入上海。光緒初，上海著名的揚幫菜館有新新樓與復興園，其名饌有清湯魚翅、滷煮麵筋、野鴨羹、肝片湯等。民國初年，則有大吉香、老半齋，尤其老半齋位於小花園盡頭（現浙江東路九江路），當時榆柳夾道，

環境清幽，滬上詞人墨客時吟唱其間。老半齋前身是半齋總會，創於光緒三十一年，是幾位在上海開設銀行的揚州人的俱樂部，供應揚州麵點與菜餚。後來擴大營業開設了半齋菜館，由揚州人張景軒經營，專營正宗的揚州風味的菜餚與點心，受滬上人士喜愛，後來其帳房某離店，在其店對面開了間新半齋，於是半齋菜館改名為老半齋酒樓。經營迄今仍然是上海一枝獨秀的維揚菜館，其名餚有蝦仁干絲、蟹粉獅子頭、鎮江餚肉、煨淮魚、清蒸鰣魚等。現在上海還有揚州飯店，由四十年代揚州名廚莫氏兄弟的莫有財廚房轉變而來，其新菜有松子魚米，名餚有醋溜鯽魚、清蒸刀魚、火腿蘿蔔酥腰、析骨大魚頭。揚幫菜在上海或創新或承其傳統，還皆能保持其故有的風味。

　　至於川幫菜在上海出現，始於清末，最初英租界四馬路（福州路）一帶有川幫小菜館出現，辛亥革命後，國民革命軍北伐到上海，軍中川人頗多，川幫菜在上海流行起來。當時上海著名的川幫菜館有都益處、大雅樓、共樂樓、陶樂春等。川幫雖以一菜一味，百菜百味為號召，但卻有一個共同的特點，就是既辣且麻，是上海人無法消受的。於是川幫菜為了適應上海人的口味，開始改良。其改良菜有蝦子春筍、炒野鴨片、白炙燴魚、紅燒大雜燴、火腿燉春筍、清燉蹄筋，都免去辛辣，儘量迎合上海口味。已為後來的海派川菜，做好了準備工作。

　　揚幫菜、川幫菜在上海各行其是，至梅龍鎮酒家引川入揚，將川幫揚幫結合起來，成為川揚合流的海派菜。梅龍鎮酒家於一九三八年，由俞引達與其謝姓友人合資經營，店名梅龍鎮，取自京戲的〈遊龍戲鳳〉，最初在威海路只有一間門面，供應肴肉湯包維揚小吃，因處偏僻，生意清淡，不勝虧損，由藝文界的李伯龍

買下，遷至南京路現址，並邀名媛吳湄任經理，聘請名廚料理，以淮揚名饌為號。抗戰勝利前一年，吳湄看準了日本必敗，川菜將流行滬上。因此聘請川幫名廚沈子芳來店主理，於是將川味入揚，形成川揚合稱的海派菜。吳湄這著棋果然下對了，抗戰勝利，接收大員攜眷自重慶順流而下，復員上海。因八年抗戰侷居山城，一旦離去，頗似陸游離蜀後，「東來坐閱七寒暑，未嘗舉箸忘吾蜀」，對川味念念不忘。於是上海的川幫菜又流行起來，四川飯店，潔而精川菜館興焉。梅龍鎮剛好走快一步，海派川菜得以流行滬上。梅龍鎮酒家的海派名餚有龍園豆腐、芹黃鵪鶉絲、梅龍鎮雞、干燒鯽魚、茉莉花魷魚卷、龍鳳肉、干燒桂魚、干燒明蝦等，於是海派川菜在滬上流行，川揚合流的上海的海派菜就出現了。

　　所謂海派，是上海開埠半個世紀後，在清末民初所出現代表上海文化特色的名詞。首先反映在藝術、戲曲和文學方面。在藝術方面，吳昌碩、任伯年等吸收西方繪畫技巧，突破傳統宮廷的畫技，運用簡單的線條，生動地繪出人物花鳥，被稱為海上畫派，是後來海派畫的象徵。至於戲曲，發端清末民初的改良京劇。創始者為新舞臺的夏氏兄弟、汪笑儂、潘月樵等以市民熟悉的古典小說，將過去的折子戲連成全本，故事來龍去脈，清晰可見，唱詞少唸白多，而唸白接近口語，通俗淺顯，並引入西方電影技巧，製成聲光電化佈景，增強演出的效果，後來名角輩出，有麒麟童（周信芳）、蓋叫天，這種改良的京戲，又別於北方的京戲，稱為南派京戲，這就是所謂的海派京戲。在文學方面則有禮拜六派，《禮拜六》是一本小說雜誌的名字，創刊於一九一四年六月，由王純根、周瘦鷗主編，每期刊載長短小說十多篇，文前冠以社會、

軍事、愛國、言情、家庭、偵探、歷史小說的名類。一九一六年停刊,發行了一百期。一九二一年復刊,內容擴及筆記、諧著、譯叢、笑話等,主要的撰稿人有陳蝶仙、吳雙熱、陳小蝶、程小青、李涵秋、吳綺緣等。這些作者被稱為洋場才子,作品內容多是吟風弄月、才子佳人之類,迎合上海小市民的趣味與消遣,被稱為禮拜六派,其後的鴛鴦蝴蝶派由此而出,張愛玲的小說也受其感染,禮拜六派也可稱為海派文學。

　　文學、藝術與戲曲反映一個社會的發展與演變實際形態,既然都自稱或被稱海派,已突現上海開埠半世紀的發展,並明顯地表現出其獨特的文化性格。自稱海派某種程度自覺與代表中國文化傳統北方京派不同。上海由一座江南的小城,經過半世紀發展,已蛻變為東方數一數二的大都會,象徵著中國都會發展由傳統過渡到近代的一個過程。上海原先雖然是秉南的一座小城,但由於地理位置與交通,早已具有中國傳統商業城市的性格。過去半個世紀中國傳統商業城市的市井文化,與西方殖民主義的文化結合後,形成的特殊形態是海派文化歷史根源。

　　所謂市井,是中國自古以來的貿易之所。至於市井文化是唐代坊里破壞後,宋明商業城市興起,以城市居民為主體形成的一種通俗與現世的文化形態。這種市井文化完全以商業貫穿而形成的,和過去中國傳統依附土地的農村文化完全不同。由於資本和人口的流動,已缺少過去文化的穩定性,流於浮動與疏離,完全放棄傳統商業貿易的義利之辨,以利為導向追求時興,很少有機會自我反省。日常生活轉向現世享樂的追求,沉湎於娛樂與聲色,因此傳統的市井文化所表現的是通俗和膚淺的。

　　以商業利益為基礎的西方殖民文化,登陸上海以後,首先表

現在上海帝國主義的租界區。這種特殊的租界區是列強在上海劃定的勢力範圍,不同的租界區代表不同的西方文化脫離其母體後,在海外的延伸與孤立發展的空間,不僅堅持其文化的優越性,並將其文化與制度在其特定的區域發展與施行。這些不同的文化與制度在上海匯集,卻各有其自身的文化籬藩,將上海切割成不同的文化板塊,與上海原有市井文化重疊,形成不同的文化邊際。在不同的文化邊際中最後尋找到一個共同點,那就是中國市井文化裡義利之辨的利,和殖民主義中商業主導的唯利結合起來,形成上海華洋雜處,紙醉金迷,十里洋場的冒險家的樂園。

　　《上海──冒險家的樂園》是一本書的名字。愛狄密勒著,包玉珂譯,英文原著與中譯本,由生活書店於一九三七年同時發行。全書透過一個渾名狗頭軍師的冒險家自白,寫盡世界各色人等在上海這個大都會以愛情、友誼、宗教、道義的美言好詞為掩飾,實際則採用虛偽、欺詐、無賴、狂妄的手段,攫取他人辛勤努力的成果而致富。《上海──冒險家的樂園》所描繪的人物,多少代表某些上海海派人物的浮誇與優越的性格,擴大而言,可能也是海派文化的性格。近年來,上海的學者探討上海文化的內涵,似有意將海派作為上海文化的象徵。當然可以將這一部分摒於過去舊社會形態的發展。事實上,一切的事物的發生與形成都有其歷史的根源,與社會文化變遷的過程。不過,海派文化除了上述的消極層面外,還有其積極的意義,海派文化是一種非常活躍具有生命的文化,可以兼容並包其他的文化,發展成為自身的文化特色。海派菜的發展與形成,即反映海派文化的兼容並蓄的活力。只是海派文化在上海開埠半個世紀後形成,又經過半個世紀發展之後,卻受到政治的箝抑,上海不僅停滯發展,而且在過去與現

代之間，出現了一個斷層。最近二十年來上海又逐漸復甦，形成一股巨大的經濟動力。這股經濟動力正向社會各個層面滲透，也許可能形成新的海派文化。這種情形同時也反映在上海飲食方面。但進出現在的上海菜館，更超越過去的海派菜，形成只有噱頭的超海派菜。往日的情懷似已無跡可尋了。

多謝石家

　　在桃花未謝柳樹飄新的清明前後，披著一身濛濛的江南煙雨，又到了蘇州。這是十多年來第三次到蘇州，但這次去蘇州，再不是個過客，要去和當年在蘇州的一伙玩伴相聚。當年離別時，大家正是十五十六少年時，如今再相聚，都已白髮皤然了。半個世紀的風霜與滄桑，怎能不催人老呢！這次在蘇州有較長時間的逗留，不僅慢慢咀嚼著過去的陳年往事，而且也細細品嘗了姑蘇春天的風味。

一、多謝石家

　　一九二九年秋天，于右任遊蘇州泛舟太湖，在光福欣賞桂花歸來，繫舟木瀆，在敘順樓品嘗鮞肺湯，風味絕佳，一時興起，賦詩一首：「老桂花開天下香，看花走遍太湖旁。歸舟木瀆猶堪記，多謝石家鮞肺湯。」這首詩次日刊於上海《新聞報》的頭版。於是木瀆石家的鮞肺湯，名揚滬上。

　　蘇州木瀆的石家飯店，原名敘順樓茶館，又稱石敘順，由石漢夫婦創業於清朝乾隆年間。世代傳業，當時接待于右任的，是石漢的重孫石安仁老先生。這次與于右任同遊太湖的，可能還有留寓蘇州的同盟會老同志李根源。李根源，滇人，留日，入日本士官學校，歸國創雲南陸軍講武堂，朱德就出於其門下。辛亥革命與蔡鍔雲南起義，後來又與蔡鍔共組護國軍討袁。黎元洪任總統命李根源為農商總長，曾一度兼署國務總理。後來退出政壇，息影蘇州，寄情於湖光山色之間，對吳門掌故甚熟稔，先後撰成《吳郡西山訪古記》、《虎阜金石經眼錄》。于右任嘗罷鮰肺湯賦詩一首，李根源也即興留下「鮰肺湯館」四字，並為敘順樓寫了「石家飯店」的新招牌。自此，敘順樓菜館就成了石家飯店。

　　現在進入石家飯店登樓處，懸有「石家飯店」金字招牌，為于右任所題。但題字落款望之不似右老手跡，不知是否由李根源代題。登樓數步轉角處，有費孝通手書「肺腑之味」的橫幅。費孝通是蘇州附近吳江人，童年與少年求學都在蘇州，蘇州也是他的故鄉。那次他因事返鄉，抽暇作靈岩半日之遊，並吃了石家的鮰肺湯，認為鮮美絕倫，因而寫下這四個字。回到北京後，餘味未盡，又寫了篇〈肺腑之味〉的文章，副題是〈蘇州木瀆鮰肺湯品嘗記〉，對這種肺腑之味敘之甚詳，並且對于右任詩中誤斑為鮰多所論辯。

　　鮰魚蘇州人俗稱斑魚。費孝通認為于右任將斑魚稱鮰魚，是吳語和秦腔的口音之差，于右任是陝西人，誤將吳語的斑魚稱鮰魚，費孝通遍檢《康熙字典》，未見鮰字。而且鮰肺湯所用的主料，是斑肝不是鮰肺，于右任稱其為鮰肺湯是不合實際的。但《康熙字典》雖無鮰字卻有鮁字，鮁、鮰相通，鮁魚即斑魚。斑魚古

稱魵魚，《說文》說：「魵，魚名。出薉邪頭國。」薉邪頭國是古代北方少數民族濊貊，依濊水而居，在今遼寧風城縣。遼寧去吳郡萬里，不知此魵魚是蘇州的斑魚否。魵魚即斑魚，《魏略》云：「濊國出斑魚皮，漢時恆獻之。」呂忱《字林》謂：「魵，通作斑。斑魚又稱魵魚，似河豚而小，背青，有斑紋，無鱗，尾不岐，腹白有刺，亦善嗔，則脹大，緊如鞠，浮水面。」李時珍《本草》認為斑魚是河豚的一種，有毒不可食。他說（河豚）有二種：「其色淡，有黑點者斑魚，毒最甚，不可食。」斑魚雖似河豚而小，但並非同類，《致富奇書》說：「又有一種斑魚，狀似河豚，而實非同類，食之無害。」

斑魚似河豚，身長不過三寸，桂花開時群游於太湖木瀆一帶，花謝則去無蹤影，或謂去了長江，清明時節就變成河豚，這是民間傳說。但說明河豚與斑魚不同，一浮游於太湖，一棲於長江，上市的季節也不同，一在清明時節，一在中秋前後。斑魚的季節不長，蘇州人將斑肝稱斑肺，習之為常，三吳有名餚炒托肺一味，用的就是青魚肝。費孝通以所謂的科學的方法，討論民間俚俗，就失去原有詩意和美感了。不過，現在有一支討論飲食文化者，用的就是這種方法。但只能說明一種現象，卻不能析其原因。

斑魚吳地俗稱泡泡魚，諺曰：「秋時享福吃斑肝。」是一種村野俚食。斑魚入饌，由來已久。袁枚《隨園食單·江鮮單》條下有斑魚一味：「斑魚最嫩，剝皮去穢，分肝、肉二種，以雞湯煨之，下酒三分，水二分，秋油一分，起鍋時，加薑汁一大碗，葱數莖，殺去腥氣。」袁枚《隨園食單》材料，多取自《調鼎集》。《調鼎集》是揚州鹽商童岳薦其家廚烹調資料的彙編。《調鼎集·江鮮部》記斑魚製法數種。其下有小注謂「斑魚七月有，十月

止」，並且說：「狀類河魨而極小，味甘美柔滑，無骨，幾同乳酪。束腰者有毒。」其製法「斑魚最嫩，剝皮去穢，分肝、肉二種。以雞湯煨之，起鍋時多加薑汁、蔥，殺去腥味」。《隨園食單》與此雷同。《調鼎集》除此之外，還有烹治斑魚法數種：膾斑魚、炒斑魚片、膾斑魚肝、炒斑魚肝、斑魚肝餅、燒斑魚肝、珍珠魚（即斑魚子）等，其斑魚羹治法：「斑魚治淨，留肝洗淨，先將肝同木瓜酒和清水浸半日，魚肉切丁，同煮，煮後取起，復用菜油湧沸（方不腥），臨起，或用豆腐、冬筍、時菜、薑汁、酒、醬油、豆粉作羹。」不加豆粉，即為肺湯，石家魮肺湯或源於此。石家飯店創業於乾隆年間，當是時袁枚雖居金陵隨園，但常往來蘇州，居唐靜涵家。唐靜涵是知味者，《隨園食單》所載若干佳餚，即出於唐氏侍姬之手。一說魮肺湯出於書寓，書寓即青樓。

時猶憶當年在蘇州，逢秋爽菊黃的時節，侍先大人與家人遊靈岩、天平歸來，必飯於石家，嘗過石家魮肺湯與魮肺羹。羹香郁，湯清鮮，各有其美。也抓過滿桌跳蹦的壯碩搶蝦。當此節令還有一味以雄斑魚的精白，俗稱西施乳，與新剝的蟹粉同烹，香醇柔滑，是人間的至味。所以遊罷太湖洞庭東西山歸來，過木瀆已近黃昏，我說不如去石家吃頓晚飯，於是大夥就去了石家飯店。

下得車來，依稀記得還是石家舊址，但已經拓建了。進得店來登樓坐定，幾位藍裙白衫的侍者攏了過來。面貌娟秀，操軟糯的吳語，聽起來似彈詞開篇，我首先點魮肺湯，侍者說：「對勿住，格個辰光，魮魚勿當令，有格，要先日預定。」我聽了頗悵然。於是點了活搶河蝦、三蝦豆腐、清溜蝦仁、石家醬方、清蒸桂魚、冰糖甲魚、油潑子雞、塘魚蓴菜羹、生煸草頭，及拌馬蘭頭、鰻鯗等下酒小菜八小碟。

　　吃蘇州菜餚講的是節令,什麼時節吃什麼。連陸稿薦的醬汁肉也是清明上市賣到立夏。這回來沒有品嘗到鮰肺湯,只有等中秋過後再去蘇州。不過,現在正是桃紅柳綠的四月,還有些時鮮如草頭、馬蘭頭、春芟、春筍、塘鯉、刀魚、銀魚可吃的。

二、碧螺蝦仁

　　在石家飯店雖然沒有品嘗到鮰肺湯,不過,石家名餚差不多都上桌了。尤其石家醬方,軟糯香滑,肥而不膩,鹹中帶甜,入口即化。明清官府常用醬方待客。稱「一品肉」或「醬一品」,傳統製法先將見方的五花肉,入醬油浸泡,製成後成棗紅色。其後石家飯店以陸稿薦製醬汁肉之法加以改良,陸稿薦的醬汁肉,原名酒燜肉,選上等五花肉入鍋煮一小時,加紅麴米、紹酒、綿糖,改中火燜燒,起鍋後,原汁留在鍋中,再加糖,以小火煨成糊狀,澆於肉上,色泛桃紅,晶瑩可喜。石家的醬方以傳統製法並以醬汁肉方加以改良,製成的醬方棗色中透著玫瑰紅。好看又好吃,確是妙品,下箸不停,吃了不少,臨行太太的叮嚀,早已置於腦後了。

　　這個時節不僅吃醬汁肉、醬方,還有櫻桃肉可吃。櫻桃肉,《調鼎集》云:「切小方塊如櫻桃大。用黃酒、鹽水、丁香、茴香、洋糖同燒。」這是櫻桃肉的傳統製法,然狀似櫻桃,色澤鮮豔,蘇州的櫻桃肉以紅麴米水調色,其形狀與色澤皆似櫻桃。正是「綠了芭蕉,紅了櫻桃」的春季佳餚。一路行來,吃了不少醬汁肉,櫻桃肉與醬方,但以石家醬方,最為上品。過去臺北小小松鶴樓、鶴園、蔡萬興菜館都有醬汁肉可吃。尤其當年小小松鶴

樓案上掌刀的師傅，出自姑蘇松鶴樓，所製醬汁肉最佳。如今小小松鶴樓與鶴園，早已歇業，蔡萬興的醬汁肉色味都已改變，甚粗，已經不能稱其為醬汁肉了。至於醬方，鄉村與鄉園有售。鄉園是原開設在西寧南路的石家飯店易名，其醬方尚可一吃，但難望木瀆石家醬方的項背。猶憶多年前，在余紀忠先生府上，吃過其家廚所製的醬方，一方晶晶顫顫的五花肉置於盤中，座上客多不下箸，我獨享甚多，其味頗佳。

離開蘇州多年，對蘇州的清炒蝦仁思念至深。蘇州的清炒蝦仁，用的是太湖的白蝦，《太湖備考》云：「太湖白蝦甲天下，熟時仍潔白。大抵出江湖者大而白，溪河出者小而青。」太湖白蝦又名秀麗長臂蝦，體色透明，略見斑紋，兩眼突出，剝出蝦仁清炒起來，個個晶瑩似拇指大的羊脂白玉球，真是天下美味。那次，初訪江南，前後兩週，吃了十三次清炒蝦仁，都不似舊時味。不僅料不新鮮，而且顆粒細小，其中一次吃了一盤清炒蝦仁，其細小如米粒，不知喪了多少蒼生。倒是後來再去江南，過無錫遊太湖，飯於聚豐園，識得一特級廚師，相談甚歡。約定探訪宜興丁山的紫砂壺而來，他為我準備了梁溪脆鱔與油爆蝦，兩味都是妙品。尤其油爆蝦，用的是太湖白蝦，體碩、殼薄、肉鮮美。

這次去蘇州，朋友憐我沒有吃到可口的蝦仁，餐餐皆有蝦仁，不論清炒、油爆、鹽水或蟹粉同烹，或鱔片同爆，與十多年前相比，不論色香味皆不可以道里計。的確，當時在開放之初，從最初沒有什麼可吃，到有東西吃，然後再慢慢更上層樓，其間是需要一個過程，不是一蹴可成的。這次吃了不少清炒蝦仁，以石家飯店那碟最佳，因地近太湖，用料新鮮，和中午在東山雕花樓賓館的碧螺蝦仁，前後相映成趣。

　　中午在東山雕花樓餐廳吃飯。雕花樓瀕臨太湖，為民初商人金錫之所建，主體建築的再春樓，樑柱窗柵，甚至進門的門檻無處不雕花，或磚雕或木雕，都非常精細，但圖案多是孔方兄的金錢，銅臭滿溢，實在俗得緊。倒是樓外賓館的餐廳，裝置得很雅致，紅木桌椅，壁間有字畫，樑上懸著盞紗燈，而且那席湖鮮宴，除八味小碟外，菜餚有碧螺蝦仁、鹽水白蝦、蔥薑白魚、螺中尋寶（大田螺釀肉）、白果殘魚、塘魚炖蛋、櫻桃肉、炒麵莧、肉末茄條、旺魚蓴菜湯。地在湖濱，材料就近取之，清新可喜，飲五年的陳紹。吃江南佳餚飲此酒，別有一種風韻，一路行來，飲的都是這種酒，其名「古月龍山」。

　　這是一席姑蘇仲春的時鮮，為首的就碧螺蝦仁了。碧螺蝦仁以縹緲峰下新焙茶葉，取其二泡茶汁與新鮮的蝦仁同烹，並以碾碎的碧螺春粉末拌盤，點而食之。和杭州的龍井蝦仁不同，杭州的龍井蝦仁以發妥的龍井炒蝦仁，蝦仁黏著茶葉，我在杭州吃過，不似此處的碧螺蝦仁清雅脫俗。碧螺春是中國的名茶，僅產於太湖的東西山，產量不多，尤以清明前焙出的新茶為佳，我來正在清明前，在西山石公山上的茶亭，沏新焙的碧螺春一杯，當時細雨初止，亭外的桃花沾滿雨珠，山下岸旁新柳如洗，在微風中飄蕩，煙波的太湖濛濛，此情此景可以入詩入畫。

三、吃煞太監弄

　　我臨來蘇州前，請朋友先訂妥樂鄉飯店。四九年前，樂鄉是當時蘇州最豪華的飯店，不過現在已經陳舊沒落了。我準備住樂鄉，因地近北局，轉個彎就是太監弄。出太監弄是觀前街，正對

著玄妙觀。蘇州有句俗語：「白相玄妙觀，吃煞太監弄。」現在為了發展觀光，經過整修粉飾過的觀前街與玄妙觀實在嘸啥好白相了，也就是沒有什麼好玩了。但以醬汁肉聞名的陸稿薦，賣糕糰的黃天源，專售茶食的稻香村、采芝齋、葉受和雖然門面改了，還繼續在觀前街營業，都是百年老店。至於太監弄裡，更有許多好吃的。這是我選擇住樂鄉的原因。

北局是明代專供皇家絲綢的織造局所在地，皇帝派宮中親信太監專駐提督，大小太監就住在北局旁，後來稱為太監弄。這一帶是我少年時常流連的地方。蘇州的戲院電影院與說書彈詞的劇場，都集中在北局。當年我看電影聽戲的大光明與開明戲院，如今還在，蘇州著名的飯店、酒館、茶肆都在太監弄。

太監弄不長，只有二百來公尺，原來很狹窄，一九三九年拓寬後許多飯店在這裡開張。新開的菜館有三吳、味雅、老正興，還有大東粥店、新新菜飯店、大春樓麵館，原來就在這裡的功德林素菜館、吳苑茶室生煎饅頭店。另外還有元大昌、金城源、老寶和、同和福酒館也在這裡，專售老黃酒，沒有熱炒，但有些賣佐酒小菜的婦人穿梭其間。她們賣的有蝦餅、拼二筍、香椿拌豆腐、拌馬蘭頭、筍丁枸杞頭、糟魚、糟雞、糟肚頭、熏豬肉內臟、爆蝦熏魚、鰻鯗等等。這些佐酒的小菜，後來就是現在酒席的前菜八小碟。所以，大筵小酌，吃點心喝老酒太監弄都有，真的是「吃煞太監弄」了。

現在的太監弄有松鶴樓、得月樓、王四酒家、京華、上海老正興、清香齋、五芳齋等。喜的是朱鴻興麵館，也從人民路搬回來了。蘇州人吃早點，在家吃粥或泡飯，泡飯是將先日剩飯加水泡煮，配小菜食之。蘇州俗話說：「早上起來冷颼颼，吃碗泡飯熱

烘烘。」在外面吃早點則吃麵。所以,蘇州著名的麵店有朱鴻興、觀振興、近水臺、新聚春等,有的已有百年以上的歷史。麵的種類很多,有燜肉、熏魚、爆鱔、鱔絲、炒肉絲、蝦仁、蝦絲、三蝦、蝦蟹、滷鴨,另外還有燜肉與熏魚雙拼。而且燜肉不用硬肋,肉絲必選後腿,魚活殺,蝦仁新剝。我喜歡吃的是朱鴻興的燜肉麵。

朱鴻興原來也在太監弄,後來遷到人民路(先前的護龍街)怡園對面。當時我上學從住家的倉米巷(寫《浮生六記》的沈三白和芸娘,當年就住這巷子裡)經過護龍街,在朱鴻興停下來,先吃碗燜肉麵,再去上學。離開蘇州多年,想吃的還是碗燜肉麵(燜肉麵的美味,我在另一篇文章裡表敘過了)。所以,上兩次到蘇州,都去了朱鴻興,第一次去朱鴻興,朱鴻興正拆樓改建,望著殘磚斷瓦,心裡頗為悵然,於是去了觀振興。隔了幾年再去蘇州,朱鴻興雖已建妥,但新廈卻已變成了舊樓。吃了一碗燜肉麵,但不是舊時的味道,而麵條用的是小闊麵。

小闊麵是後來開張的新樂麵店所創,其他麵店相繼也改用小闊麵,但小闊麵不如先前銀絲細麵那麼清爽,即使闊湯大煮後,仍然湯不混濁,保持原來的口感。後來聽從蘇州回來的朋友說,朱鴻興已經改回原用的銀絲麵,心中頗喜。這次再去朱鴻興,燜肉麵已復昔日的舊觀,燜肉見熱即融,酥而不改其形,入口即爛不必齒嚙,麵清爽湯甜膩,真是妙品。所以,在蘇州的幾天,差不多每天晨起,穿過是時寧靜的北局,到太監弄的朱鴻興去,一杯碧螺春,一碗燜肉麵,再配一盤蟹粉包子或湯包,或眉毛酥或剛出爐的蟹殼黃。是時座上客人寥寥,我獨居一角,慢慢吃著燜肉麵,偶爾俯望窗外,依稀舊時光景。

　　不過，偶爾也會到松鶴樓的早點部吃一碗滷鴨麵，再來二兩生煎饅頭。松鶴樓還保持過去公營售票的習氣，麵也是先買票後自取。松鶴樓的滷鴨麵，用的嫩乳鴨，活殺後，夜半烹製，早晨供市，鴨肉微紅，肉酥嫩而不脫骨，湯是原汁鴨湯，的確有其傳統。松鶴樓是乾隆時開業的老店，金字招牌也是乾隆親筆御題的。因此自標身價，除滷鴨麵是大眾的早餐食品價錢普羅，若登樓點菜價錢就不便宜了。記得十多年前松鶴樓剛從觀前街遷到這裡，我在松鶴樓吃了一盤炒蝦蟹，價錢是一百八十塊人民幣，這個價錢是當時一般人兩個月的薪金，結帳後心裡甚有愧意。

　　所以，這次除了吃碗滷鴨麵外，沒有上松鶴樓，都是在對面王四酒家與得月樓吃的。王四酒家原坐落在常熟虞山腳下，始建於光緒十三年。常熟是光緒老師翁同龢的故里，戊戌政變被貶還鄉，曾在王四酒家品嘗過店裡釀製的桂花酒，並揮毫題了「帶經鋤綠草，留露釀黃花」。或謂王四酒家的名餚叫化雞，即由翁氏傳授。相傳一日翁同龢遊興福寺，忽聞異香，聞香往尋，見一乞丐正依火堆吃雞，翁同龢取其雞肉嘗之，覺甚有風味，詢其製法，乞丐說偶得一雞，無奈無炊具調料，即宰雞去內臟，帶毛塗以泥，置火中烤，泥乾，敲去泥，毛亦隨之脫落，即食。翁同龢將其方告知王四酒家，並命廚下加蔥、薑、鹽、丁香、八角等十二種調料，用網油緊裹雞身，再以荷葉包裹，外塗紹酒罈用的黃泥，入火煨烤，翁氏並親筆題書叫化雞，成為王四酒家的名餚。後此餚外傳，因其名不雅，更名教化雞或富貴雞，其實叫花子與富豪雖相去天壤，嗜美味之好是相同的，何必更名，且雞名富貴俗得緊。

　　記得初食叫化雞，在香港天香樓。點了一味叫化雞，等到上菜，二侍者抬一火盆上來，其中載一泥裹的叫化雞，心想糟了，

當時正在新亞研究所當學生，苦學生的口袋沒有多少錢。於是，我又點了一味蟹粉蹄筋，對同座的同學說我出去一會，於是，出門乘計程車回學校借錢，回來才算帳出門。同來的那位同學出門直說好吃，我卻不知其味。

現在王四酒家，總店就在太監弄。上兩次過蘇州，時間倉卒沒有吃叫化雞，這次總算吃到了。那日雨中遊罷拙政園，中午飯於王四酒家，菜有八小碟、叫化子雞、梅汁乳蹄膀、炒蝦蟹、銀魚蒸蛋、三絲蒸桂魚、鹹蛋蒸臭豆腐、春筍塘魚鹹菜湯。這也是一席蘇州春天的時菜。王四酒家的叫化子雞的確與眾不同，雞腹中的塞料已煨雞合而為一，合眾味成一味了，軟糯香醇，是他處所無。杭州樓外樓的叫化子雞，是不可相提並論的。梅汁乳蹄膀也是王四酒家的名饌，以梅汁與腐乳汁調治，味道與醬方不同。喜的是鹹蛋蒸臭豆腐，臭豆腐對切成三角形，再各片數塊，中釀高郵鹹蛋黃，以雞汁蒸成，味糯臭香非常雅致，這是蘇州菜的特色，不像臺灣店裡蒸臭豆腐，那麼粗俗單調。

得月樓的舊店在王四酒家隔壁，大陸電視劇「滿意不滿意」，拍的就是得月樓。新廈在對街，八二年以蘇州菜館的原址，採蘇州園林式建築改建，我們遊罷周莊、同里、甪直後，在這裡晚飯，菜有八小單盆、蟹粉蝦仁、水煮鱸魚片、三絲銀魚羹、櫻桃汁肉、腰果鱔片、得月子雞、生炒甲魚、椒絲通菜、茭白豆仁、松鼠桂魚、沙鍋野鴨、點心兩道、水果，也是一席蘇州春天的酒菜。生炒甲魚過去在杭州有個小店裡吃過，但不如得月樓的鮮嫩味美。

後來我又去得月樓小酌，因為得月樓採庭園建築，樓下的小吃部也很雅致，廚房現代化，隔著一塊大玻璃，烹調的過程看得清清楚楚，點了春筍醃燉鮮、蝦爆鱔、炒蝦絲和拌馬蘭頭幾味下

酒的小菜，又點了清蒸刀魚，現在正是陽春三月吃刀魚的季節。刀魚平日棲於江口近海處，每年三月集游入長江中下游的淡水湖川產卵。清明前最佳，刺軟，過時刀魚的刺就變硬了。

刀魚，又名鮆魚，陶朱公《養魚經》云：「鮆魚狹薄，長者盈尺，其形如刀，俗呼刀鱭。」杜甫有詩所謂「出網銀刀亂」，指的就是這種刀魚。蘇東坡也說「恣看修網出銀刀」。自來認為清明前後的刀魚，味美甚於河豚或江鱸，宋劉宰有詩云：「芼以薑桂椒，未熟香浮鼻。河魨愧有毒，江鱸慙寡味。」李漁就認為刀魚是「春饌妙品」，他說：「食鰣魚及鱘鰉有厭時，吃刀魚則愈嚼愈美，至果腹而不能釋。」刀魚雖味美，惜多刺易卡喉嚨，所以刀魚又稱「骨鯁卿」。治刀魚宜先去其刺，一是烹熟後，庖人以手摸去卡刺，正如李蘭癡〈邗上三百吟〉所謂「皮裡鋒芒肉裡勾，精工搜剔在全身」。二是取生料淨魚肉烹製，至於清蒸則保持其原形，卡刺自理。揚州名餚雙皮刀魚，則是烹熟後取骨後料理，除此之外還有白炒白刀絲、八寶刀魚、出骨刀魚球。江陰的去骨刀魚煨麵，是錢賓四先生念念不忘的妙品。

多年前，自香港回臺灣，帶了四瓶蓴菜，到外雙溪素書樓，拜謁賓四先生，夫子大悅，但卻興了蓴鱸之思，大談江南美饌，尤其對江陰的刀魚麵，湯濃麵鮮，難以忘懷。我侍夫子，因性駑才拙，甚少問學，奉煙侍饌而已。夫子愛江南，獨鍾蘇州。那次去蘇州，訪耦園夫子著書處，低徊留之不能去，歸來稟告，賓四先生默然良久。賓四先生不能回姑蘇，逝後歸骨西山，面向煙波的太湖，終於了卻他多年心願。我這次訪西山，因時匆匆，沒有探詢到墓園的確址，不能前往拜祭，心裡十分愧歉。恰巧賓四先生女公子錢易來蘇州開會。當晚偕其在蘇州的幼妹錢輝來訪，約

定下次如再去蘇州，將同訪洞庭西山。

雖然，我不善食魚，尤其是多骨的魚。但那盤清蒸刀魚，配古月龍山半斤，竟被我慢慢撥弄著吃罄了。

案：這年重陽，又去蘇州，內人偕行，謁錢賓四先生墓園歸來，飯於石家飯店，得嘗鲃肺湯，然味不如前。

煙雨江南

　　這次去蘇州，正是清明前後，清明時節的江南是有春雨的，那春雨早已飄灑在詩人的詩句裡。淅瀝的春雨，滴答在旅店的簷外階前，又添多了幾許閒愁。不過綿綿的春雨也有歇的時候，但天空灰沉沉的，飛著幾行細如牛毛的雨絲，偶爾也會放晴，出現一片藍天和陽光，空氣裡瀰漫著水氣，霧霧濛濛的。濛濛的水氣，彷彿蘊育著一股生命的躍動，菜花黃了，桃花紅了，楊柳也綠了。燕子低翔過青青的田野，青青田野裡色彩也豐富起來。這些年已看盡世態的炎涼，卻很少體會到季節春秋的變換，沒想到現在早已被我遺忘江南的春天，竟悄悄在我身旁展現了。

　　再到蘇州，不是為了探幽覽勝，為的是一圓少年時的夢。經過幾位朋友的穿引，分別了五十二年的少年玩伴，在過去分別的地方再作一次的聚會。從各地來聚的竟有三十多人。我得到消息，於是似孤雁自海外飛來。雖說人生盡是悲歡離合，但這樣當年離別時，正是少年十五十六時，現在再聚，都已歷經滄桑白髮皤然了，真的是人生難得幾回聚。

當年我們相識相聚，偶然但也不偶然。因為大家都歡喜戲劇，組織了一個蘇州戲劇研究社，準備排戲對外公演。但劇社成立了，卻沒有適當的社址。當時我家的宅第很大，兩幢前後相連的洋樓，我獨據後樓。後樓有一間不小的臥房，相連一間很大我卻不常用的書房，書房外是個很寬敞的陽臺，而且後樓有單獨的樓梯上，和前樓的家人不相干擾，這裡就成了劇社的社址。至於排戲練歌習舞，花園裡有間堆放燃料柴火的房子，還有一半空著，面積很大，夠大家翻騰的。花園有兩畝來地，柴房在花園一隅，再吵也吵不到旁人。現在這片宅第與花園，已成了蘇州第二人民醫院了。

最初劇社的社員有三四十人，數我最小，只有十五歲。但其他的也不大，都在高中或大一就讀，最大的也不滿二十。社址和排演的場所都有了，大家湊在一起，計議著公開演出，但小孩子不能演大戲，最後選擇一個兒童劇《巨人的花園》。經過三四個月的排演和準備，最後終於公演。演出的地點，就在我現住的樂鄉飯店對面的一個小劇院，當然現在早已拆除了。這次雖然是初演，而且又是兒童劇，卻非常成功，場場客滿。

我在《巨人的花園》，擔任一個非常吃重的角色，是個反派，專門幫助巨人搜刮與欺壓花園附近的良民。這次聚會竟看到我當年的劇照，穿著一套京劇〈時遷偷雞〉的黑緊身戲衣，頭髮披散，三角眼，兩撇八字鬍，的確很壞的樣子，不知當時小小年紀怎麼會扮出這個壞樣來。不過，反應卻非常好，看戲的小朋友都叫我壞胡里。胡里是劇中人的名字。

這次演出雖然成功，但經費短缺，一時無法作第二次公演。但劇社卻沒有閒著，繼續對劇本，並且支援蘇州的中學或大專演出晚會。在東吳大學的晚會上，唱過黃河大合唱，朗誦了田間〈她

也要殺人〉的敘事詩。我還被派到江南助產護校，導演過李健吾的獨幕喜劇。並且臨時被拉去客串一幕大戲裡的父親，因為這個學校都是女孩子，沒有誰願意反串老頭，我看了看劇本，沒有排演就上場了，竟然沒有出岔。我一連多天沒回家，也沒有上學，晚上就在她們的教室，拼幾張桌子就睡了。這個學校是個舊宅第改的，夜來風雨，我躺在硬板桌上，聽著簷外上淅瀝的雨聲，心想還只有十五歲，既作導演，又演人家的爸爸，真的是成熟得太快了。

是的，的確成熟得快了些，而且也能處理些臨時發生的事故。後來劇社到常熟公演，我和另一位學長作為先遣人員，先到常熟籌備，包括接洽劇場，安排劇社四五十人的食宿，還得到街上貼海報。等公演時候繁雜的事更繁雜，既要上臺演出曹禺的《正在想》，雖然是個獨幕劇，我在劇社中既是班主也是主角，同時還得應付難纏的榮譽軍人。榮譽軍人就是傷兵，是當時的十大害之一。一襲灰的外套，胸前綴著個紅色的大十字，乘車看戲不用票，而且人數眾，我們在常熟演了三天六場，一半的位子劃給他們外，還專為他們加演了兩個早場，不然就要砸場子。散了戲他們就接我去喝酒，他們喝老黃酒，我喝酒釀，但酒釀喝多了也會醉的，可是不能不喝，這是應酬，真的是人已在江湖了。

那時為了演戲，學校已經很少去。不過，卻讀了不少雜書，包括艾思奇的《你是人，不是那魚》的那種書。不知為什麼歡喜起長短句的新詩來，而且也學著寫。因此，讀了《七月詩叢》，唐湜編的《詩創造》詩刊，艾青的《向太陽》、《大堰河》，普希金和馬雅可夫斯基的詩，不過我歡喜的還是馮至的《十四行集》。這本詩集一直帶在身邊，後來我十六歲在嘉義被捕下獄，馮至的《十

四行集》也被搜去了。小說比較歡喜老舍的，包括他的《老牛破車》在內，當時他出版的一系列小說都買齊了。翻譯小說是《鋼鐵是怎樣鍊成》和《靜靜的頓河》。還有曹禺的《雷雨》、《日出》和師陀《大馬戲團》的劇本，即使走在路上嘴裡也唸唸有辭，背的是劇中的臺詞。不然，就哼〈茶館小調〉或「山那邊喲，好地方」。

不過，我並不知道山那邊在什麼地方，但現在還記得其中的歌詞：「山那邊喲，好地方，一片稻田黃又黃，大家唱歌來耕地喲，萬擔穀子堆滿倉，大鯉魚呀，滿池塘……老百姓呀管村莊……」這是山那邊的歡樂景象。但卻沒有人告訴我們山那邊在什麼地方，就像當時許多電影的結局那樣，一群青年人走了，走在遙遠漫長的路上，突然陰霾的天空，出現一線陽光，陽光正照在他們年輕歡笑充滿希望的臉上，他們要那裡去呢？也許就是「山那邊」。

當時的電影往往是沒有劇終字樣的，一種是青年到「山那邊」去，一種是最後出現個大「？」號，電影是反映現實的，留下一個問號等你回家慢慢想。就像崑崙公司出品，由藍馬、上官雲珠、吳茵主演的《萬家燈火》那樣，最後上官雲珠和吳茵婆媳爭吵後，各自離家出走了，身為丈夫與兒子的藍馬，坐著三輪車在萬家燈火的上海街頭尋找他的親人，一臉淒惶茫然，故事就這樣結束了，但卻留下一個大問號，這個問號，當然不是讓觀眾去想他找到母親和妻子沒有，那麼簡單了。

現在已經知道崑崙公司，是當時那邊地下黨辦的電影機構。出品的電影雖然不多，但都是些動人心弦的好片。尤其是由蔡楚生導演，白楊、陶金、舒繡文、上官雲珠、吳茵、嚴工上等主演

的《一江春水向東流》。片子分〈八年離亂〉、〈天亮前後〉上下兩集，具體反映了抗日戰爭及勝利後的現實問題。很多人都去看了，但都是淚交流紅著眼睛出來。我們大夥也去看了，但事先約定是去觀摩演技的，不能像一般觀眾那樣流淚，誰哭就請大家吃餛飩，後來餛飩是吃了，卻是各付各的錢。

蘇州是座千年的古城，被厚厚的城牆環繞著，雖曾歷經劫難，但對城裡人的生活改變不大，就像我們劇社這一夥，家庭衣食無慮，生活既平淡又平靜，很難會感受到山雨欲來風滿樓的。但現在風雨真的來了，就像那時石揮在北局的金星戲院主演的《陞官圖》那樣，幕啟後，他聽罷窗外風雨聲中，隱隱傳來的鳳陽花鼓歌，然後感嘆地說：「十年九荒，十年沒有荒九年，倒整整鬧了十年的兵災。」那時抗日烽火乍歇，緊接著又是戰亂連年，大家都盼望著沒有戰亂的日子，於是，「山那邊呀，好地方」就隱隱浮現了。但從我們生活的地方，要過渡到山那邊去，中間要經歷一個過程，那就是革命。所謂革命就是突破現狀，創造另一個生活環境，簡單說就是毀滅與新生。但毀滅以後如何新生，卻是大家無法也無暇思考的問題，就被催促著走上革命這條路。

就在這個當口，我離開大夥遠去。一去就是半個世紀，現在我又回來，就像在我們聚會最後的午宴上，唱的那兩句戲詞：「弟兄們分別五十春，我和你沙灘會兩離分……」這是《四郎探母》兄弟相會時，楊四郎的唱詞，不過，我將「十五春」改成了「五十春」，其間有更多難訴的離情和悲愴。

這次來蘇州，住在樂鄉飯店。樂鄉飯店對面就是我們演《巨人的花園》的戲院，雖然戲院早已拆了，但還有幾許往日情懷可索尋。當我離開樂鄉飯店轉過北局，穿過觀前街，到玄妙觀後面

的大鴻運，和大夥相聚時，很難訴說當時的心情是悲是喜。這一帶是當年大夥常留連的地方，雖然現在已有許多改變，但還是非常熟悉的，就像熟悉自己身體一部分那樣。我踩著玄妙觀的石板路走著，許多年輕歡笑的身影，剎那湧現眼前，然後摸著自己被風吹散的滿頭白髮，心想現在大家也該和我一樣，都是少年弟子江湖老了。

是的，現在大家真的少年弟子江湖老了。當我登上大鴻運的三樓，站在大廳外朝裡望，廳內已聚集了許多老先生和老太太，竟然看不出一個往日的舊相識。我生怯怯走進大廳，昨天撐著了我名字的旗子，到車站去接我的朋友，發現了我喊著：「逯耀東來了。」於是大家擁了過來，我望著他們，真是「縱使相逢應不識，塵滿面，鬢如霜」了，這些往日的舊相識，現在已經不相識了。但我定睛再看，又捕捉到昔日的笑容和美麗的眼神，立即喊出他們的名字。於是，我們握手，把肩，相擁。

然後，我們坐下來，喝茶，嗑著瓜子，緩緩地訴說著往事，也許我們現在大家都一把年紀，留下的只有回憶了。雖然在座三十多人各人都有一段難忘的往事，但現在大家回憶的往事，卻都集中在我們演戲的那段日子。剎那間時光倒退到我們歡樂的少年時，並且在那裡留住了。是的，也許我們都各自擁有不同的悲傷或歡樂的記憶，但大家共同擁有的卻不多。談著說著，不覺暮色已從窗外悄悄透入。最後劇社的女社員集中在一起，在暮色裡唱了一曲《黃河謠》，雖然她們的年事已高，但那歌聲卻婉轉幽幽，一似當年大家唱黃河大合唱時的光景。

往後幾天，一串充滿感情的旅程，隨著展開了，我們在煙雨濛濛，走訪蘇州城內的庭園，市郊小橋流水綠柳桃花夾岸的古鎮，

　　當我們訪問太湖西山的石公山，爬到山頂的茶亭，沏了一杯新焙的碧螺春，慢慢啜飲著，五位當年在常熟演出時，跳新疆舞曲的女社員聚在一起，唱起「我的青春小鳥一去不回來」，現在她們都是人家的祖母了，她們唱著跳著，在她們的歌聲和舞姿，彷彿看到當年紅裙白衫，髮繫紅色花帶的五位小姑娘，在舞臺上嫵媚地唱著跳著……

　　隨著她們的歌聲，我悄悄步出亭外，亭外的雨已歇，千朵帶雨的桃花，含著晶瑩的雨珠，在微風中搖曳著，山下岸邊萬條雨後的新柳在風中飄盪，綠柳外是浩瀚的煙波太湖。這是春天，是江南的春天，我們都在江南的春天裡留住了。留住的是一夥平凡的人，共同擁有的一格歷史場景。

錢賓四先生與蘇州

　　錢（穆）賓四先生逝世十年了。今年春天我去蘇州，在煙雨濛濛的清明前一天，訪洞庭西山，想到賓四先生墓上祭拜，但因沒有確切的地址，而又天雨路滑，未能如願。中秋後去蘇州，終於在重陽後五日，一個秋高氣爽的日子，來到西山夏鎮俞家宅村後的小丘上，奉上一束鮮花，拜祭賓四先生。賓四先生的墓後枕青山，前對煙波浩瀚的太湖，下面是一片結滿金黃果實的橘園，沒有想到賓四先生在海外多年，最後終於埋骨他長久思念的蘇州，在洞庭西山永遠安息了。

一、紫陽書院的日子

　　對杜荀鶴〈送人遊吳〉詩所謂「君到姑蘇見，人家盡枕河；古宮閒地少，水巷小橋多。夜市賣菱藕，春船載綺羅，遙知未眠月，鄉思在漁歌」的蘇州，賓四先生有太多的思念。雖然他在蘇州前後生活的時間並不長，但卻深喜愛那種恬淡的生活情趣，甚

至最後想終老於蘇州。賓四先生《師友雜憶》說：

> 亂世人生，同如飄梗浮萍，相聚則各為生事所困，相別則
> 各為塵俗所牽，所學則又各在蠻觸中，驟不易相悅以解。
> 儻得在昇平之世，即如典存（汪懋祖，蘇州人，留學美國，
> 曾任北平師範大學校長，後任蘇州中學校長）、瞿安（吳
> 梅，一代崑曲宗匠，著作斐然）夫婦，以至松岑、潁若（沈
> 昌直，喜詩，尤愛東坡詩，賓四先生無錫三師同事，後同
> 時應聘蘇州中學）諸老，同在蘇州城中，度此一生，縱不
> 能如前清乾嘉時蘇州諸老之相聚，然生活情趣，亦庶有異
> 於今日。生不逢辰，此誠大堪傷悼也。

　　賓四先生是民國十六年秋季，由無錫第三師範舊同事胡達人
的推薦，到省立蘇州中學來教書，時年三十三歲。省立蘇州中學
是當時全國著名的中學，初中部在草橋，高中部在三元坊紫陽書
院的舊址。王國維就曾在紫陽書院教過書。

　　紫陽書院創於清康熙五十二年，由巡撫都御史張伯行所建。
當時康熙提倡朱熹之學，欽定《紫陽全書》，用以「教天下萬世，
其論遂歸于一」。朱熹字紫陽，以紫陽為書院名，是朱學的正宗。
其後江蘇布政使鄂爾泰，於雍正三年重修紫陽書院，並建春風亭，
常與士子吟詩作賦於亭中。後來乾隆六下江南到蘇州，都到紫陽
書院題字作詩。據《吳縣志》載紫陽書院初建近二百年，掌院二
十九人，都是名重一時博學鴻儒，錢大昕曾做過紫陽書院的掌院。
掌院就是院長。

　　賓四先生的《師友雜憶》說：

　　蘇州中學乃前清紫陽書院之舊址，學校中藏書甚富，校園亦有山林之趣。出校門即三元坊，向南右折為孔子廟，體制甚偉。其前為南園遺址，余終日流連倘佯其田野間，較之在梅村泰伯廟外散步，尤勝百倍。

　　蘇州人稱孔廟為文廟，據《吳縣志》宋元祐元年范仲淹任蘇州知州，奏請「建先聖廟於吳」，並將其購自錢氏的南園土地讓出，興辦蘇州府學。府學建築與孔廟平行。蘇州府學成立後，范仲淹禮聘大儒胡瑗（安定）來蘇州講學，蘇、湖兩州士子千餘人受教。後來著名的理學家程頤、程顥也來聽講。明徐有貞《蘇郡儒學興修記》云：「蘇為郡甲天下，而其儒學之規制亦甲乎天下。」其後形成蘇學。王鏊稱蘇學「深廣巨麗天下第一」。賓四先生俯仰在這種學術氣氛的環境之中，也許其日後的宋明理學，晚年的《朱子新學案》，已在醞釀了。

　　至於范仲淹購自南園之地，是五代吳越時，蘇州團練使錢元璙的舊宅第。《九國志》說錢元璙「頗以園池花木為意」，而創建「南園、東圃及諸別第，奇卉異木，名品萬千」。范仲淹〈南園詩〉云：「西施臺下見名園，百草千花特地繁。」不過，後南園至北宋末漸漸沒落，園中亭臺傾圮，更遭建炎戰火。盛況已不再，但餘韻尚存。明高啟〈南園〉云：「園中歡游恐遲暮，美人能歌客能賦，車馬春風日日來，楊花吹滿城南路。」至清末更見荒蕪。袁學瀾詩所謂「風閣雲亭渺舊基，祗余喬木蔭清池」、「南園一帶已變成民居與菜田了」，所以袁學瀾說：「風回紫陌菜花香，寥落西池放野棠。」賓四先生晨夕漫步在這「醉鄉一角留飛觴，畦菜牆桑別有天」的南園田野之中，怎能不有興替之感。

　　出紫陽書院，經文廟向東就是滄浪亭。南園的範圍很廣，滄浪亭也在其中。滄浪亭原來是錢元璙近戚吳中節度使孫承祐的別館，由蘇舜欽（子美）以四萬錢購得。蘇舜欽原在汴京為官，後坐事削職為民，舉家南遷、寓居蘇州。蘇舜欽購地之後「購亭北碕，號滄浪焉」，名曰滄浪，意取屈原〈漁父〉：「滄浪之水清兮，可以濯吾纓，滄浪之水濁兮，可以濯吾足。」並自號滄浪翁。滄浪亭和蘇州其他園林不同，滄浪之水不藏於園中，而是葑溪之水，經南園曲折流到園前。滄浪亭築於園內東首的假山最高處，為康熙時重建。亭柱有一幅楹聯：「清風明月本無價，近水遠山皆有情。」上聯出自歐陽脩〈滄浪亭〉詩「清風明月本無價，可惜只賣四萬錢」，下聯則是蘇舜欽〈過蘇州〉詩中的「綠楊白鷺皆自得，近水遠山皆有情」。滄浪亭沿水壘石，間植桃花楊柳與碧竹千竿，是臨水賞月的最佳處。沈三白與芸娘曾在此賞中秋月。《浮生六記》云：「過石橋，進門折東，曲徑而入，壘石成山，林木蔥翠，亭在土山之巔，循級至亭心，周望極目可數里，炊煙四起，晚霞爛然。……攜一毯設亭中，席地環坐，守者烹茶以進。少焉，一輪明月已上林梢，漸覺風生袖底，月到波心，俗慮塵懷，爽然頓釋。」

　　這境界正是歐陽脩〈滄浪亭〉詩中所詠的「風高月白最宜夜，一片瑩淨鋪瓊田，清光不辨月與水，但見空碧涵漣漪」。賓四先生在蘇州中學三年，紫陽書院的學術正宗，南園田野的滄桑變換，滄浪亭月色的出塵脫俗，是他在蘇州的生活情趣的凝聚，也是賓四先生生活情趣的理想境界。

　　不過，賓四先生在蘇州還有另一種情趣。他說：「城中又有小書攤及其舊書肆，余時往購書，彼輩云昔有王國維，今又見君。」

賓四先生喜聚書，在北平教書的幾年，就蒐集了五萬餘冊，盧溝橋事變，賓四先生倉皇南下，這一部分書都軼散了。出三元坊向北，過飲馬橋就是護龍街繁華所在，當年察院場一帶都是舊書鋪和書攤。察院場原來是處決人犯的地方，現在竟滿溢書香。明清以來江南經濟繁榮，三吳地區藏書家輩出，然幾經戰火，宋元刊刻，明清善本散於坊間，供識者披尋，在堆積如山的書海裡覓書。並且與儒雅知書的店主人攀談，可能是賓四先生在蘇州三年生活，最大的享受了。

賓四先生覓得心愛的好書，可能由察院場轉入觀前街，觀前街玄妙觀前，是蘇州熱鬧的所在。觀前街面對北局，是蘇州的娛樂中心，轉過去就是太監弄，是蘇州飲食集中的地方。太監弄裡有吳苑深處，是蘇州人吃茶的地方。吃茶也是蘇州人生活情趣的一種，蘇州有句諺語「早晨皮包水，下午水包皮」，也就是上午吃茶，下午泡澡堂。吳苑深處占地頗廣，闢出許多茶室，分別是前樓、方廳、四面廳、書場、愛竹居、話雨樓，後面還有澡堂。吃茶人各選各的吃茶地方，較保守的人在桂芳閣吃茶，生意人在三萬昌，「少年新進」則在吳苑深處。在吳苑深處吃茶多是士紳、紈袴子弟和教員。

賓四先生在吳苑深處，與友三數人，各據藤躺椅一張，共談天下事，或身邊瑣事。吃茶並吃些白糖松子或黃埭瓜子一類的茶食，餓了來客生煎饅頭或蟹殼黃，糕糰甜食之類，累了到裡面泡個澡，閒來無事，則去書場聽聽評彈。當年蘇州著名的評彈藝人，多出自吳苑深處。賓四先生對評彈很有興趣。他在《師友雜憶》說：

　　余在港時，某生為余購來大陸唱平劇及吹彈古琴簫笛等許
多錄音帶，余得暇屢聽之，心有所感。返臺北，及此講演
稿成書，遂續寫《中西文化比較觀》一書，先寫在港聽各
錄音帶所存想，依次續寫，又得約二十篇，亦儼可成書矣。

　　文中所謂的某生，就是我。我記得那次買的錄音帶，還是蘇
州評彈較多，能聽懂評彈又喜愛評彈，賓四先生已融入蘇州人的
生活情趣之中了。我買這些錄音帶，只想賓四先生消解客中的寂
寥，沒想到賓四先生竟由此，引申中西文化的比較，由此可以想
見賓四先生的著作，和他個人的生活情趣是相關的；只是世人討
論賓四先生的學術思想，很少注意到這個問題。

　　蘇州人的生活情趣，是明清以來文化的積累，北伐成功，定
都南京至抗日的十年，正是這種生活情趣的最後的發展。以後，
這種雅緻的生活情趣在八年抗戰中破滅，至四九年後天翻地覆變
動，連城牆都扒了，蘇州人的生活情趣已無跡可尋了。賓四先生
在蘇州的三年，正是蘇州人生活情趣「夕陽無限好」的時期，卻
被他趕上了。抗戰勝利後，我在蘇州生活了三年多，上學的學校
正面對著滄浪亭，南園文廟一帶是散學後嬉戲的場所，北局是看
戲看電影的地方，雖然當時少年不識愁滋味，登城四望，似已體
會到離亂後蘇州的滄桑了。

二、隱居在耦園

　　賓四先生由顧頡剛推薦，自蘇州轉北平燕京大學執教，由學
術領域的邊緣進入學術中心後，就很少回蘇州了。民國二十九年，

賓四先生在宜良上下寺，離群索居一年，完成《國史大綱》後，與湯錫予，由河內經香港，潛赴上海，到蘇州探母，化名梁隱，又在蘇州隱居了一年，賓四先生寫給他學生李埏的信說：

> 埏弟如面：七月初一別，轉瞬將及三月……僕此次歸里，本擬兩月即出。奈家慈年高，自經變亂，體氣益衰，舍間除內子小兒一小部分在北平外，尚有婦弱十餘口，兩年來避居鄉間，一一須老人照顧；更為虧損。僕積年在平，家慈以多病不克迎養，常自疚心。前年自平徑自南奔，亦未能一過故里。此次得拜膝下，既瞻老人之顏色，復慮四周之環境，實有使僕不能恝然遽去之苦。頃已向校懇假一年，暫擬奉親杜門，不再來滇。

信末寫的是「梁隱手啟」，並說：「來信或寄上海愛麥虞限路一六二號呂誠之（思勉）先生轉，或寄蘇州海紅小學轉，均書錢梁隱收可也。」這一年賓四先生以梁隱的化名，居於蘇州婁門的耦園。他的《師友雜憶》說：

> 余撰《先秦諸子繫年》畢，即有意續為戰國地理考，及是乃決意擴大範圍通考《史記》地名。獲遷居一廢園中，名耦園，不出租金，代治荒蕪即可。園地絕大，三面環水，大門外唯一路通市區，人跡往來絕少，園中樓屋甚偉，一屋題「還讀我書樓」（按賓四先生誤記，該樓名為「補讀舊書樓」）。樓窗面對池林之勝，幽靜怡神，幾可駕宜良上下寺數倍有餘。余以侍母之暇，晨夕在樓上，以半日讀英文，

餘半日至夜半，專意撰《史記地名考》一書。

賓四先生又說：

> 余先一年完成《國史大綱》。此一年又完成此書。兩年內得
> 成兩書，皆得擇地之助。可以終年閉門，絕不與外界人事
> 交接，而所居林池花木之勝。增我情趣，又可樂此而不疲。
> 宜良有山水，蘇州則有園林之勝，又得家人相聚，老母弱
> 子，其怡樂我情，更非宜良可比，洵余生平最難獲得之兩
> 年也。

在蘇州許多園林之中，耦園並不顯眼。耦園在蘇州城東，小
倉街小倉巷內，東向城牆，臨內城河，北向東園，三面環水，隱
藏在曲折迂迴的小巷之內，非常僻靜，知者不多，卻是一座精緻、
幽美脫俗的園林。

耦園是沈秉成購得清初保寧太守陸綿涉園廢頹的舊址，築構
起來的。沈秉成，字仲復，歸安（現浙江湖州）人，咸豐進士，
能詩，歷任安徽巡撫，兩江總督。曾一度退官後寓居蘇州，築耦
園，與其繼室嚴永華，唱和園中，著有《聯吟集》。

沈秉成同治十二年購得涉園，聘請當時著名畫家顧若波，在
整治舊址的基礎上，設計營構，建成耦園。園成之日，沈秉成賦
詩，其〈耦園落成紀事〉云：「不隱山林隱朝市，草堂開傍闔閭
城，支窗獨樹春光鎖，環砌微波晚漲生，疏傅辭官非避世，闓仙
學佛敢忘情，卜鄰怡喜平泉近，問字車常載酒迎。」疏傅，即漢
人疏廣，與其姪疏受並辭官歸里。沈秉成喻其築耦園，有退官歸

隱之意，名為耦園。耦，二人雙耕之意，耦與偶通，寓意沈秉成與嚴永華一對佳偶，歸隱園中，吟唱終老。東花園無俗韻亭中有副對聯：「耦園住佳偶，城曲築詩城。」橫額「枕波雙隱」隸書，出自嚴永華手筆，是其寫照。

　　耦園築構，主人正宅居中，東西兩側各有花園，正宅的主廳是載酒堂，廳寬五間是主人宴客之所。光緒三年東花園建成，沈秉成在此大宴賓客。載酒堂的匾是李鴻裔所題，其後款識云：「仲復同年兄辭榮勇退，于寓廬壘石種樹，名曰耦園。今春東園落成，同仁燕集斯堂，遂以載酒顏之，蓋取唐人東園載酒西園醉之詩意也。」以唐人詩意的載酒貫穿東西兩園，的確非常風雅。載酒堂兩側各有一小門，西門楣寫的是載酒，東側門是問字，正是沈秉成詩所謂「卜鄰恰喜平泉近，問字車常載酒迎」。平泉，即唐李德裕的平泉別墅，借指耦園旁近富麗的拙政園。至於問字，典出黃庭堅詩：「客來問字莫載酒。」

　　由正宅載酒堂東側問字門，經過一個小天井，由無俗韻軒步上樨廊就進入東花園了。樨就是桂花，廊端種了幾株桂花，入秋之後廊上桂花幽香浮動醉人。東花園是耦園的精華所在，主建築是城曲草堂。城曲草堂在東花園的北隅，寬大高敞。城曲，典出李賀詩：「牛女渡天河，柳煙滿城曲。」而耦園在蘇州城的東北隅，就是城曲了。至於草堂，唐杜子美有浣花溪草堂，盧鴻隱於嵩山草堂。沈秉成以此命名，意在其夫婦隱於城曲，不再復出了。城曲草堂樓高兩層，中間是大廳，旁邊是還硯齋與安樂園，扶梯而上，就是補讀舊書樓與雙照堂。城曲草堂這是主人沈秉成夫婦宴客、讀書、寫詩、作畫，或與家人歡聚嬉戲的休閒所在。

　　補讀舊書樓，又名鰈硯齋，據說沈秉成在京師得石一塊，剖

開後內現魚形，於是製硯兩方，夫婦各執其一，吟詩作畫其樂融融。沈氏夫婦有詩云：「揮毫漫寫深情貼，潑墨堂開稱意花。」補讀舊書樓中間原懸有一幅對聯 ：「清閟雲林題閣 ， 天光米老名齋。」其意喻補讀舊書樓的藏書，可與元末畫家倪瓚的清閟閣，宋書法家米芾的天光齋媲美。不過，補讀舊書樓僅是主人藏書的一部分，西園還另有藏書樓的院落。這裡就是賓四先生隱居蘇州一年讀書著述的地方。補讀舊書樓在雙照樓，是城曲草堂最東端的建築，三面臨窗，面南而立，可得日月雙照。賓四先生在補讀舊書樓讀書著述之餘，可攬窗外東園與運河的夕照，又可賞樓下園中的月色。

　　城曲草堂前有月臺，可往園內的黃石假山，且可藉此隔開城曲草堂與園中景物的距離，在幾株老樹的濃蔭下，可以靜觀園中山石水趣。城曲草堂有一聯云：「臥石聽濤滿衫松色，開門看雨一片蕉聲。」這十六個字已將東花園景物的聲色都描繪出來了。城曲草堂南面，就是東花園的主景黃石假山了。黃石假山在蘇州林園裡別具一格，東西兩山間闢有谷道，兩側削壁如懸崖，又似峽谷，石壁上刻石曰邃谷，是入山的通道。曲折向東可至壁下的受月池，池不大，水清澈可以映月，池上有橋曰宛虹杠，清李果有詩云：「為園城東隅，流水抱河曲，一橋宛垂虹，下映春波綠，倒影逼游人，此景迴超俗。」圖中樓閣亭榭與景物，由筠廊貫穿相聯起來，筠廊東花園東側，北接雙照樓，南聯吾愛亭，再沿受月池，可抵望月亭。欣賞東花園的景色，沿著筠廊行走即可，筠廊依牆而建，有彌補空白的作用，廊傍植叢竹，風來蕭蕭，雨歇碧翠欲滴。筠園與樨廊相對有「風過有聲留竹韻，明月無處不花香」的詩意。賓四先生隱居耦園，漫步於東花園的假山花木之間，真

似一個隱居山林的幽人了。

　　每次去蘇州，都到賓四先生著書處的耦園，留連半日，往往是低徊留之不能去。這次再訪蘇州，又去耦園，已經是不同的心情了。以往去耦園，賓四先生健在，回臺北後向他敘說耦園情況，他聽了之後默然良久。這次再訪耦園，賓四先生已大去，但樓卻不空，雙照樓已闢為茶室，沏上一杯，臨窗憑弔，耳旁不時有竹絲之聲傳自補讀舊書樓。耦園已不再那麼寧靜了。

　　賓四先生的傳世之作《先秦諸子繫年》，起於民國十二年，前後歷九年，最後在蘇州完稿的。賓四先生在書後的跋文中說：

> 其先有齊盧之戰，其後有浙奉之爭，又後而國軍北伐。蘇錫之間，兵車絡繹，一夕數驚。余之著書，自譬如草間之屌兔，獵人與犬，方馳騁其左右前後，彼無可為計，則藏首草際自慰。余書，亦余藏頭之茂草也。

　　「余書，亦余藏頭之茂草也。」也就是賓四先生隱於動盪離亂之中著述。蘇州是一個退隱的城市，城中的園林多是仕途退官的官僚士大夫所設，雖息影山林，但胸中仍存魏闕。他們的退隱田園和賓四先生隱於著述是不同的，他心懷千古，胸中自有山林。賓四先生擇地著述，是想將心中的山林與自然的山林合為一，優游其間，然後而能靜能定。這種情況和蘇州園林造景相似，蘇州的林園構造多出於著名的畫家之手。中國傳統的山水畫和中國傳統思想相同，人與自然和諧相處相應。中國山水畫不是寫生，而是遊山玩水歸來，將山林融於胸，然後吐於青丹之上，準備異日無暇無法和自然親近時，展卷瀏覽和自然作再次親近，蘇州的園

林則是將山林具體而微地鋪設在園中，供無法和真正的自然親近時，還有山林可供登臨，人與自然合而為一。

　　賓四先生心中山林和蘇州的園林裡山林結合，然後有他常常說的「趣味」。生活的趣味是賓四先生著述的重要條件，賓四先生隱居著述的蘇州是我熟悉的地方。不過，賓四先生著述其他地方如臺北外雙溪的素書樓，香港沙田的和風臺，九龍鑽石山的鳳棲臺，北京中山公園太廟旁的古柏下，無錫江南大學的太湖邊，我都去訪問過，這些地方誠如賓四先生說都是非常有「趣味」的，只有寫《國史大綱》的宜良上下寺還沒有去過，據賓四先生描敘那是個非常寂靜的場所。賓四先生說：「及寒假（湯）錫予偕（陳）寅恪同來，在樓宿一宵，曾在院中石橋上臨池而坐。寅恪言，如此寂靜之境，誠所難遇，兄在此寫作真大佳事。然使我一人住此，非得神經病不可。」寅恪先生和賓四先生心境不同，寅恪先生心懷離亂，無法自遣，終生陷於離亂愁苦之中。賓四先生置身於離亂之外，俯仰於山水之間，正如他遊宜良石林瀑布，他說：「徘徊流連其下，俯仰欣賞，真若置身另一天地中，宇宙非此宇宙，人生亦非此人生矣。」賓四先生心中自有山林而超越現實世界，因此他對中國文化的過去、現在和未來，沒有愁苦，充滿樂觀與希望，和他所謂的「趣味」有關。

三、歸骨洞庭西山

　　賓四先生最後歸骨太湖洞庭西山。洞庭東山和西山孤懸在太湖之中，在連接蘇州、東山到西山的太湖大橋沒有建成前，東、西山與外間交通非常不便，由西山到蘇州乘船起碼要兩天的時間，

因為往來不便，蘇州人很少能到那裡。於是洞庭西山成為世外的桃源。明代詩人張怡〈登洞庭西山縹緲峰放歌〉云：「世人不信桃源記，誰知此是真桃源。真桃源，人罕見。水如垣，山如殿。神仙窟宅尊，羽衲津梁倦。老殺姑蘇城裡人，何曾一識西山面。」

由於西山偏遠難至，因而有很多神祕的傳說，自古就是隱士神仙居住的地方。據說漢代的王瑋玄、韓崇、劉根（毛公）、梁朝楊朝遠、葉道昌，唐代周隱遙、周若仙都曾在這裡學道，甚至漢初「商山四皓」的角里先生也和西山有特殊的關係。

范成大《吳郡志》云：「角頭，即漢角里，在洞庭山村，漢角里先生所居。」此條緣自《史記正義》：「太湖中洞庭山西南，中號祿里村，即此角里。」四皓原隱居商山采紫芝充飢。商山在今陝西商縣東南，不知為何流傳到江南的蘇州洞庭西山來了。角里村在西山西南；或謂角里是泰伯之後，居於洞庭西山，現角里村周姓為大族，村中仍有角里先生的讀書處。明高啟〈角里村〉詩云：「我來角里村，如入商顏山，紫芝日已老，黃鵠何時還，斯人神仙徒，千載形不滅，猶想蒼岩中，白頭臥松雪。」不僅角里先生在洞庭西山，另一位四皓之一的綺里先生，也隱於洞庭西山。西山有綺里村，在縹緲峰西麓。《林屋民風》載：「綺里村，在上真宮西四里，綺里季隱於此。」清姚承緒〈綺里〉詩云：「上真宮外白雲封，遺老商山採藥逢，太息石橋空馬跡，人間何處訪仙蹤。」

在包山塢旁有毛公塢，為神仙毛公得道處。據葛洪《神仙傳》載，毛公名劉根，字君安，漢成帝時，曾舉孝廉，除郎中，後棄世道，入嵩山石室，閉門修道，冬夏不著衣，身長有綠毛，故人稱毛公。或謂劉根得道於湖南華陰山，不知為何到西山聚石為壇

修行，可能毛公道行高，「神化恍惚，萬里踥步」。陸龜蒙有詩云：
「古有韓終道，授之劉先生，身如碧鳳凰，羽翼披輕輕。」可以
來去自如，白居易有〈毛公壇〉詩云：「毛公壇上片雲閒，得道何
年去不還；千載鶴翎歸碧落，五湖空鎮萬重山。」

　　且不論這些神仙傳說的真假，神仙洞府，隱士居處，必在山
水佳處，洞庭西山風景優美，提供了這些傳說故事的山林背景。
唐房琯就說：「不遊洞庭未見山水。」明袁宏道〈西洞庭記〉更將
西山的山水概括為山、石、居、花果、幽隱、仙跡、山水相得的
「七勝」。所以白居易於寶應元年五月任蘇州刺史，到了秋天就迫
不及待地泛舟太湖了；其〈宿湖中〉詩云：「水天向晚碧沉沉，樹
影霞光重疊深，浸月冷波千頃練，苞霜新橘萬株金，幸無案牘何
妨醉，縱有笙歌不廢吟。十隻畫船何處宿，洞庭山腳太湖心。」
後來白居易屢屢泛舟太湖遊西山，其〈夜泛陽塢入明月灣即事寄
崔湖州〉詩云：「湖山處處好淹留，最愛東灣北塢頭，掩映橘林千
點火，泓澄潭水一盆油，龍頭畫舸銜明月，鵲腳紅旗蘸碧流，為
報茶山崔太守，與君各是一家遊。」崔湖州即湖州刺史崔玄亮。
白居易並將他所欣賞的洞庭西山景色，寫詩寄給他的好友元微之。
〈泛太湖書事寄微之〉云：「煙渚雲帆處處通，飄然舟似入虛空。
玉栲淺酌巡初匝，金管徐吹曲未終。黃夾纈林寒有葉，碧琉璃水
淨無風，避旗飛鷺翩翻白，驚鼓跳魚撥剌紅。潤雪壓多松僵塞，
巖泉滴久石玲瓏。書為故事留湖上，吟作新詩寄浙東。軍府威容
從道盛，江山氣色定知同。報君一事君應羨，五宿澄波皓月中。」
「書為故事留湖上」，是說白居易曾在太湖石刻石紀事。至於「五
宿澄波皓月中」，說他已不止一次採訪洞庭西山，以後唐代的皮日
休、陸龜蒙，宋代的范成大、范仲淹、蘇舜欽，明代的高啟、唐

寅、文徵明，都曾遊太湖洞庭西山，並留下膾炙人口的詩篇，於是洞庭西山的消夏灣、明月灣、林屋、縹緲峰等勝景也隨著入詩入畫。明申時行〈晚步縹緲峰〉詩云：「孤峰縹緲入雲煙，十載重來到絕巔，縱目平臨三界盡，攬身獨傍九霄懸。浮沉島嶼飛濤外，斷續汀洲落照邊，呼取一尊收萬象，狂歌欲醉五湖天。」縹緲峰是太湖七十二峰的主峰，在洞庭西山，相傳范蠡放舟而去，曾與西施在此望太湖。

所以，洞庭西山不僅有神仙傳說，或隱士歸隱的山林，更有詩人墨客詠吟的景色。但賓四先生卻沒有去過洞庭西山，最後埋骨西山，另有機緣。民國七十九年五月二十八日，賓四先生寫給他在蘇州工作的幼女錢輝信中，曾提到西山的「湖山勝景」，因為錢輝曾下放到西山教書，當年的西山非常落後艱困，舟車往來不便，錢輝在那裡工作了一段時間，對那裡的環境很熟悉。錢輝在〈哀思無盡，悔無盡〉中說：「此刻，我想我唯一還能做的是，遵從父親最後的心願，盡我所能為父親覓得一塊靜土，讓父親得以靜聽松濤、鳥鳴而安息。」這是賓四先生骨歸西山的緣由。

賓四先生的墓在洞庭西山俞家宅村的後山，俞家宅是一個樸實的小村落，幾十戶都是江南水鄉粉牆黛瓦的建築，巷弄也很整潔，然後從村後滿積落葉的小徑登山，山上是種植銀杏、栗子和柑橘的果園，銀杏和栗子已經收成，小徑上還有遺落的栗子，剝開即食，非常甘嫩。柑橘也熟了，累累金黃的果實，滿懸在綠色的枝葉間，果園很大而濃密，其間雜有松樹和竹叢。這條崎嶇山路盡頭，豁然開朗，就是賓四先生的墓園了。墓園築構在一片寸草不生的黑色的太湖石上，太湖石堅硬奇峻，是明清蘇州園林造山的最佳石材。墓向太湖，墓前有碑，隸書鐫刻「錢穆先生之

墓」，碑旁刻有生歿年月：「生於民前十七年農曆六月初九戌時，歿於民國七十九年農曆七月十一日巳時」。賓四先生雖埋骨故園，仍不忘故國。

　　賓四先生的墓廬在俞家宅村後，庭院寬廣，盛開著幾株雛菊。樓高兩層，登樓處有一叢翠竹，依稀外雙溪素書樓園中景物，自二樓扶梯而上，是一小閣樓，室中陳設，沿壁是書架，並有藤躺椅一張，臨窗是張大書桌，全是賓四先生素書樓書房陳設，桌上有紙筆，賓四先生伏案疾書著述情景，又重現目前。啟門而出，是一個非常寬敞的陽臺，可覽煙波的太湖，清風明月夜，賓四先生若在此弄簫，幽幽的簫韻，隨著湖中起伏的萬條銀練，飄揚到遙遠的清暉雲深處，此情此景，對賓四先生最後「天人合一」的定論，會有更深一層的體認。

燈火樊樓

　　《水滸傳》第七回〈花和尚倒拔垂楊柳，豹子頭誤入白虎堂〉，寫到高衙內與陸謙定計，誆林沖出來飲酒，說：「林沖與陸謙出得門來，街上閑走了一回，陸虞候道：『兄長，我們休去家，只就樊樓內喫兩盃。』當時兩個上到樊樓內，佔個閣兒，喚酒保吩咐，叫取兩瓶上色好酒，希奇果子按酒。」樊樓是北宋汴京最豪華的酒樓。施耐庵的《水滸傳》，其中的制度與設施雖與宋代吻合，但談到飲食，寫的雖然是宋代，卻實際反映了施耐庵自己生活時代的情況，元末明初之際，戰亂後的社會經濟蕭條，他無法寫出細緻的宋代飲食風貌，所以，對燈紅酒綠、夜夜笙歌的樊樓，就輕輕一筆敘過。

　　樊樓，宋室南渡後，詩人劉子翬追憶昔日汴京的舊遊，寫成〈汴京紀事〉二十首，其第十七首是〈憶樊樓〉：「梁園歌舞足風流，美酒如刀解斷愁，憶得少年多樂事，夜深燈火上樊樓。」道出樊樓的風光。孟元老《東京夢華錄》敘當年東京汴梁的酒樓說：「凡京師酒店，門首皆縛彩樓歡門，唯任店入其門，一直主廊約

百餘步，南北天井兩廊皆小閣子，向晚，燈燭熒煌，上下相照，濃妝妓女數百，聚於主廊檻面上，以待酒客呼喚，望之宛若神仙。」

　　至於樊樓，近禁苑，《能改齋漫錄》說：「京師東華門外景明坊，有酒樓，人謂之礬樓。」樊樓原名白礬樓，南京商販售白礬於此，後改為酒樓稱樊樓。樊樓有專釀的美酒，名為眉壽酒與和旨酒，遠近聞名。徽宗宣和年間，為粉飾太平，在內城興建欣樂、和樂、豐樂三大酒樓。豐樂酒樓即由樊樓擴建而成。擴建後的樊樓，《東京夢華錄》說：「更修三層相高，五樓相向，各有飛橋欄檻，明暗相通，珠簾繡額，燈燭晃耀。」初開張的數日，「先到者賞金旗」。又說：「過一兩夜，則已元夜，則每一瓦隴中皆置蓮燈一盞。」不過樊樓的西樓卻「禁人登眺」，因為第一層可以「下視禁中」。不過，禁人登樓眺望，還有另外一個原因，據《宣和遺事》謂西樓設有御座，宋徽宗與名妓李師師常飲宴於此，而禁士民登臨。

　　所以，樊樓的這種華麗風情，不是施耐庵所能理解的。汴京的風華我常在《東京夢華錄》的書中讀到，在〈清明上河圖〉畫裡追尋，總想有機會到中州去看看。恰巧有朋友組織了個旅行團，由西安經黃河的壺口，過三門峽到洛陽、開封、鄭州。於是報名參加，欣然就道。

一、又去長安

　　這次旅行的第一站是西安。西安我是去過的，先是「六四」那一年，買了機票，定妥旅館，因為當時情勢一日數變，沒能去

成,飛機票和旅館錢,都報廢了。第二年更去西安,在那裡住了十天,因為住的旅館在市心區的鐘樓附近,南院門、北院門近在咫尺,走幾步就到繁華的東大街,吃喝都非常方便,的確吃了不少當地的小吃。歸來時還帶了三斤臘羊肉,二十個飥飥饃。餘味未了,寫了一篇〈更上長安〉以紀其事。

這次到西安已經很晚了,從機場摸黑進了城,經過東大街,又出了城,因為旅館在城外。放下行李,洗了把臉,才想起還沒有吃晚飯,不知到何處去吃,幸好有位來接我們的朋友,帶著我們幾個同隊的伙伴搭車進城,到了一個所在。時近午夜,這條街上還是燈火輝煌,舞廳、卡拉 OK 的霓虹燈閃亮,燈下排列著許多「的」,兩旁的飯店生意正旺。沒有想到現在的西安有這樣紅燈綠酒,笙歌達旦的所在,一向寧靜的西安古城,在商業經濟的催促下,竟然也隨俗變裝了。

我們進得一家飯店,坐定,叫侍者來點菜。年輕的堂倌過來,沒有拿餐牌,帶我到櫃檯後一列長桌子旁立定,指著桌上羅列的盤子和湯碗,盤子和碗裡盛著各種不同的材料,一隻碗盤是一樣菜,主料和配料已經備妥。那堂倌指著桌子上的菜說:「看想吃些什麼。」這種點菜的方式非常特別,材料新鮮與否,搭配的材料為何,一目了然。於是我點了些冷碟小菜,又點煸鱔魚、菊花魚、溫拌腰絲、糖醋魷魚卷與雞米海參,這些都是陝西菜。陝西菜又稱秦菜,有三個源頭,一是衙門菜,也就是官府菜,如八卦魚肚、帶把肘子、釀棗肉與升官圖等。二是出於涇渭匯集三角洲的三原、涇陽、高陵等縣,而以三原代表的商賈菜。在隴海鐵路通車之前,三原是關中區棉、鹽、煙、茶的集散地。商賈雲集,其菜著名的有煨魷魚絲、金錢髮菜、方塊肉、對子魚。三是來自民間的地方

菜。地方菜來自關中鳳翔與大荔東西兩府，與漢中、榆林地區，其名菜有東府的蓮菜炒肉片、炸香椿魚、水磨絲，西府的辣子烹豆腐、燴白肉、酸辣肚絲湯，榆林、漢中則有炒鴨絲、豆瓣娃娃魚、燴肉三鮮。這三種菜在西安匯合後，就形成了現代的秦菜，推陳出新，發展的名菜有奶湯鍋子魚、葫蘆雞、氽雙脆、溫拌腰絲等等。除此之外，自元代大量回民移居西安，歷經明清兩代形成的清真菜，其名菜有酸辣牛肚、炸胡麻牛肉、滑溜牛里脊片、紅燒牛蹄筋及燴羊腦等，是秦菜另一個重要支系，而清真小吃又是西安飲食的精華。

秦菜在西安形成後，其溫拌腰絲又是一絕，是將腰子洗淨，切成如粉絲細長的條狀，入沸水快速攪拌而成。這是秦菜中燴菜的一種，所謂燴有兩個要素，一是將加工成的材料，入沸水或滾油，急速燙過，其動作要快、要速，即湯或油滾沸後投入材料，再滾，立即出鍋。火候一定要拿捏得準，否則全盤皆輸。其二是以滾燙的花椒油激淋，拌以三末（蒜、薑、醬萵筍末）或三米（蒜、薑、胡椒），快速調拌。秦菜中有燴白肉、燴肚塊、燴青筍、燴冬瓜等，而溫拌腰絲製作最難，除了燴的技術外，以細緻的刀工將腰片切得細如粉絲而不斷，的確需要功夫的。我在案上點這道菜時，是一對完整的腰子與相關的配料置於盆中，取回立即製作上桌，下箸腰絲脆嫩，鮮香爽口。然後我對帶我們的朋友說，這味菜有西安飯莊的味道，上次我在西安飯莊吃過奶湯鍋子魚、煨魷魚絲、葫蘆雞和溫拌腰絲等西安名餚，朋友笑著說這個館子就是西安飯莊的分店。我聞之大樂，沒有想到在這樣的深夜，竟能吃到地道的西安美餚。

參加旅行團最大的不方便，就是得跟導遊的旗子走，團體活

動沒有個人的自由。從西安飯莊分店回來，已經深夜兩點了。早上六點不到就起身，乘著大家熟睡未醒，我出得旅館叫了計程車，進城到北院門的回民一條街去。上次到西安常在這條街留連，這條街上集中了許多回民的小吃。不過，我來早了，平日熙熙攘攘，人聲吵雜的這條小街，現在靜靜悄悄的，許多店家和攤子還沒開門。幸好老鐵家的腊牛肉攤子開了，案子上擺著大塊紅豔豔的腊牛肉，十分誘人，腊牛肉剛出鍋不久，還是溫熱的，我走過去來一個才出爐的飥飥饃夾腊牛肉。腊牛肉還像我上次吃的一樣「膩而不柴，酥爛不膻，油香滿口」。

　　我手裡拿著飥飥饃夾腊牛肉，口中嚼著饃與肉的鮮香，轉過一個巷子，去尋找開在路邊樹下老吳家的水盆羊肉。水盆羊肉又稱六月鮮，慈禧太后賜名「美而美」，是西安夏季的應時小吃。吃時下辣麵子（辣椒粉），吃得汗流浹背，西安人認為可祛暑。水盆羊肉的確好吃，有人去西安我就推薦。但老吳家沒有開門，就到對面老周家店，來了一碗特別水盆羊肉湯，特別就是加料的，另外又加了十塊錢的羊肉，真的是飽了。我抹抹嘴上的油，走到十字街口的甑糕的攤子旁，又來了一碟甑糕。

　　甑糕是中國古老的蒸製食品，因蒸製用的甑而得名，由來已久。在戰國時就開始用鐵甑了，西安蒸甑糕的甑，還保持原來的形式。甑糕是一層糯米一層棗。吃時再灑層綿糖，是過去西安早晨平價的早點，不過香甜軟糯，非常好吃，凡在西安渡過童年的人，離開西安後，懷念的就是甑糕。

　　我太太童年在西安住過十年，上次我們到西安第二天早晨，就在這裡找到甑糕。以後在西安的十天，我們常到這裡來，站在攤子旁吃甑糕。賣甑糕的是父子二人，那父親已經七十來歲，瘦

小的個子，頷下有把花白的山羊鬍，後來他也認識我們了，每次
都給我們多加些棗呢。但現在卻不見那老者，照顧攤子是個中年
婦，穿得光鮮，而且在攤子後租了人家房屋的一角，擺了兩三張
桌凳，擴大營業了。我坐下來要了一碟甑糕，座上沒有客人，我
就和那婦人「片閒傳」了。「片閒傳」是陝西話閒聊的意思。我問
那白鬍子老者，那裡去了。那婦人道：「你問的是娃的爹的爹，死
了。」娃的爹的爹，是孩子的祖父，她就是那老者的兒媳了。娃
的爹的爹死了，甑糕的味道也變了，加了許多其他的東西而改稱
八寶棗糕，而且有真空包裝的甑糕出售，我買了四包帶回去。後
來又到老鐵家的攤子，買六包臘牛肉，也是真空包裝，現在真的
進步了，食品都真空包裝。晚上逛夜市，又買了幾包真空包裝的
驢肉，只是吃起來不如原味好吃。

　　晚上又是叫了計程車，單獨一個人去逛夜市，車子拉我到西
安最大的夜市，幾條街都是小吃攤子，燈火通明，人聲喧譁。但
這些小吃攤子賣的都是香港海鮮料理，當然不是香港那種生猛海
鮮。奇怪的是現在大陸流行吃海鮮，中午一位朋友請吃飯，竟以
活龍蝦沙西米待客。好不容易在夜市的盡頭，找到一家牛肉丸子
湯的攤子，於是坐下來，要了碗丸子湯，兩隻水煎包，在旁邊的
攤子要了一碟錢錢肉，錢錢肉就是驢鞭，還要了烤羊肉串，一大
杯冰生啤酒，獨自啜飲起來，小桌小凳頗有情味。正在我低頭飲
酒時，突然臨桌唱起〈走西口〉來，我抬頭看見一位身著淺藍色
靯歌裝，頭纏黃巾的賣唱者，正在引頸高唱，那歌聲高亢淒婉。
伴著對路對面攤子上賣唱拉二胡的，拉的是〈二泉映月〉，琴聲悠
悠，長安的夜，似已深沉了。

二、壺口退思

　　清晨離開西安，車子在塬上盤旋而下，下得塬來已近黃昏，等到了壺口時，是晚上八九點鐘了。入夜之後，車子在黑暗中行進，車窗外一片漆黑，也不知前路何處，實在單調得緊。待車子轉過一條山路，突然發現遠處有一幢被霓虹燈環繞，閃著五彩光芒的建築物。四下沒有燈光，這幢建築物孤立在無邊的黑暗裡，使我想起夜半燈火的樊樓來。這個建築物就是我們今晚投宿的壺口賓館了。

　　壺口是黃河最狹窄的地方，黃河奔騰向東流，前路突然被阻，翻騰叫囂著湧出來，形成了壺口的景象。過去看電視裡的壺口，浪花翻湧，聲似雷鳴，沒有想到今夜竟住宿在其旁。一路車行顛簸，已經疲倦，吃罷晚飯入房清洗後，準備就寢了。但水聲隆隆，使我無法入睡，於是起身推窗外望，窗外的月光自微雲裡現出，映著對岸的灰暗如刀削的壁崖，這是千萬年黃河水沖涮的結果，我也跌落在歷史的沉默裡。於是坐在燈下，燃著一支煙，煙氛繚繞，不由想起昨晚西安的夜市，又想到明天就要到中州了，開封夜市也許比西安可看可吃得多。孟元老《東京夢華錄》筆下汴京的夜市繁華熱鬧景，似在眼前隱隱出現了。

　　北宋以前，中國城市的建構，不論都會或城鎮，基本上實施坊市分離的制度，坊是居住區，市是貿易區。唐代長安有一百零八坊和東西兩市，但東西兩市和居住的坊里相較，就顯得狹小很多。而且坊里與市集之間，有坊牆相隔，每一個坊里都有坊牆，形成長安城內城中有城，但唐末到宋初，由於戰亂，經年失修的

坊牆毀壞。坊牆傾廢之後，市民面街而居，臨街設市，坊牆已失去原來防衛的功能。臨街設市以後，市區擴大到全城，大街小巷都成了商業經營之區。雖然坊里制度的破壞，還有其政治和經濟的原因，但經歷了長時期的轉變，到北宋都城汴梁，已由過去的封閉的坊里制度的城市，轉變為全城開放的都市了。

因此，汴京成為一個商業繁盛的城市，街道兩旁，商店林立，甚至御街兩旁的御廊，也允許開店營業。州橋以南的御街，兩旁有酒樓，飯店和其他的營業，市面繁榮，形成鬧市。州橋以西的西大街，東華門大街，西角門以西的踴路街，也是東京最繁華的所在。各河道的橋頭或橋的兩旁，攤販擁擠擺設，人車往來形成一個橋頭市場，張擇端的〈清明上河圖〉繪出環繞虹橋四周的橋頭市場，商業繁盛，人口稠密，舟車輻集的繁華景象，也反映了北宋東京經濟與社會文化生活的一頁。北宋汴京市民的生活，不僅鮮明生動地保存在〈清明上河圖〉之中，周密的《武林舊事》、灌圃耐得翁的《都城紀勝》、無名氏《西湖老人繁勝錄》、吳自牧的《夢粱錄》、孟元老的《東京夢華錄》保存著北宋和南宋的兩京，汴京和臨安的繁華的生活資料。尤其孟元老的《東京夢華錄》，使後人對東京人民的生活，尤其對當時的飲食生活有進一步的認識和了解。

飲食業是東京汴梁最繁盛的行業之一，飲食業行會的組織分成從食行與飪餅行。《東京夢華錄》載當時東京的飲食有北饌、南食與川飯。北饌是在地飲食，南食和川飯則是外來飲食。《萍洲可談》說：「大率南食多鹽，北食多酸。四夷及村落人食甘，中州及城市人食淡。」全國各地的美食佳餚匯集汴京之後，相互比較，突現出各自不同的地域風格。《東京夢華錄》說這些飲食店，大的

謂「分茶」，其所出菜餚食品有頭羹、石髓羹、白肉、胡餅、軟羊、大小骨角、䐴腰子、石肚羹、入爐羊罨、生軟羊麵、桐皮麵、薑潑刀、回刀、冷淘、棋子、寄爐麵飯之類。

　　至於川飯店所售，則有插肉麵、大燠麵、大小抹肉淘、煎燠肉、雜煎事件、生熟燒飯等等。南食店所售，則有魚兜子、桐皮熟膾麵、煎魚飯等等，這些飲食店，「每店各有廳院東西廊稱呼坐次。……菜蔬精細，謂之『造齏』，每碗十文。麵與肉相停，謂之『合羹』；又有『單羹』，乃半個也。舊只用匙，今皆用箸矣。」這些南食店以寺橋金家、九曲子周家「最為屈指」。而相國寺之小甜水巷內的「南食最盛」。北宋東京出現這麼多南食店，吳自牧《夢粱錄》說：「向者汴京開南食麵店，川飯分茶，以備江南往來士夫，謂其不便北食故耳。」

　　這些南食店與川飯分茶，紛紛在汴京開設，為了方便北方的南方人不習慣北方飲食，是一個原因。北宋統一五代分裂的局面後，南食得以北傳，歐陽脩〈京師初食車螯〉詩中說：「五代昔乖隔，九州如剖瓜，東南限淮海，邈不通夷華。於時北州人，飲食陋莫加。雞豚為異味，貴賤無等差。自從聖人出，天下為一家。南產錯交廣，西珍富邛巴。」天下一家之後南方的海味運到北方來，四方的美味珍饌，都薈集到汴京來，這也是《東京夢華錄》所謂，當時汴京「會寰區之異味，悉在庖廚」。最初官僚士大夫及富商大賈，嗜食南方的海鮮，後來漸漸普遍到社會各階層，這是南食店在東京興起的原因。

　　雖然南食及川飯在汴京流行，但並沒有影響北食的主導地位，汴京有許多北食店如徐家瓠羹店、馬鐺家羹店、史家瓠羹、橋頭賈家瓠羹店，都是以賣羹為主的食店，饅頭有「在京第一」的萬

家饅頭、孫好手饅頭，包子有王樓山洞梅花包子、鹿家包子等包子饅頭店，另外還有油餅、胡餅店，這些餅店的規模很大，而製作也非常專業化。《東京夢華錄》卷四〈餅店〉云：

> 凡餅店，有油餅店，有胡餅店。若油餅店，即賣蒸餅，糖餅，裝合引盤之類。胡餅店即賣門油、菊花、寬焦、側厚、油碢、髓餅、新樣、滿麻。每案用三五人捍劑，卓花，入爐。自五更卓案之聲遠近相聞。唯武成王廟前海州張家、皇建院前鄭家最盛，每家有五十餘爐。

饅頭、包子、餅是北方人的主食，從上述張家、鄭家餅店，烘烤餅類的爐子就有五十餘座。且捍劑、卓花、入爐各有專人負責，製造不同種類的餅類，他如曹婆婆肉餅、張家油餅，也都是京師著名的餅店，反映出對於這種餅類的食物，食者眾多。餅類原為北人的主食，每個家庭皆可製作，現在竟購於街市，也說明東京汴梁由於商業繁榮，出現了大批的外食人口，也是孟元老所謂「市井經紀之家，往往只於市店旋置飲食，不置家蔬」。

　　東京汴梁不僅是北宋政治的首都，也是全國商業經濟的中心。這個政治和經濟結合的都會，是中國城市發展由中古過渡到近世都會重要的轉變。由於商業的繁榮，促使了飲食業的發展，上述的飲食行業南北雜陳，內容豐富，也是中國飲食文化發展中，第一次南北大規模的交流。這些飲食店是一般市民消費的地方，至於高消費的酒樓，就不是平常一般百姓家去的地方了。包括樊樓在內，東京大的酒店或酒樓，在北宋末年有七十二家，這些大型的酒店都高層樓房建築，並且造酒兼賣酒，資本雄厚，規模龐大，

非一般飲食店可比,稱為正店,沽酒販賣較小的酒店為腳店,《東京夢華錄》卷二〈酒樓〉條下:

> 大抵諸酒肆瓦市,不以風雨寒暑,白晝通夜,駢闐如此。州東宋門外仁和店,薑店。州西宜城樓,藥張四店,班樓,金梁橋下劉樓,曹門蠻王家,乳酪張家。州北八仙樓,戴樓門張八家園宅正店,鄭門河王家,李七家正店,景靈宮東牆長慶樓。在京正店七十二戶,此外不能遍數。

除了正店之外,餘下的就是腳店了:

> 賣貴細下酒,迎接中貴飲食,則第一白廚,州西安州巷張秀,以次保康門李慶家,東雞兒巷郭廚,鄭皇后宅後宋廚,曹門磚筒李家,寺東骰子李家,黃胖家。九橋門街市酒店,彩樓相對,繡旆相招,掩翳天日。政和後來,景靈宮東牆下長慶樓尤盛。

這些都是著名的腳店,當時東京的腳店當然不止此數,宋仁宗時,樊樓賣官麴五萬斤釀成眉壽酒與和旨酒,《宋會要·食貨》云:「出辦課利,今在京師腳店酒戶撥定三千戶,每日於本店取酒沽賣。」樊樓即有腳店三千,所謂「燕館歌樓,舉之萬數」。

　　這些酒樓或酒店「其果子菜蔬,無非清潔。若別要下酒,即使人外買軟羊、龜背、大小骨、諸色包子、玉板鮓、生削巴子、瓜薑之類」。孟元老並舉列當時酒樓各類菜點名目如兩熟紫蘇魚、茸割肉、乳炊羊、炒蛤蜊、渫蟹、假炙獐、鵝鴨排蒸、荔枝腰子、

酒蟹等不下二百種。可謂山珍海味皆備，時果庶羞俱有。而且「諸酒店必有廳院，廊廡掩映，排列小閣子，弔窗花竹，各垂簾幕，命妓歌笑，各得穩便」。彭乘《墨客揮犀》云：「當時侍從文館，士人大夫為燕集，以至市樓酒肆，往往皆供帳為游息之地。」劉攽〈王家酒樓〉詩：「君不見，天漢橋下東流河，渾渾瀚瀚無停波……提錢買酒聊取醉，道傍高樓正嵯峨。白銀角盆大如斗，臛雞煮蟹隨紛羅。黃花滿把照眼麗，紅裙女兒前豔歌，樂酣興極事反覆，舊歡脫落新愁多……」

　　想著當年的東京汴梁，想著明朝將車發中州，我漸漸入睡了，窗外月已斜，水聲仍隆隆。

三、車發中州

　　一早起身，就去看壺口的黃河水了。住的賓館就在壺口瀑布旁，拾級而下，經過一片被沖涮的細沙土地，就到了壺口邊，終於看到了黃河在壺口裡翻騰。不過卻使我非常失望，昨夜聽到隆隆的黃河水，心想那黃河水一定是急湍奔騰，氣勢萬千。但臨近一看，黃河水從峽谷處奔出，跌落下來，水花四濺，非常平常。幾年前有人飛車過壺口，當時看了覺得很驚險，現在站在這邊看對岸，雖然是從山西望河南，其實並不寬。

　　早餐後，登車，車發中州，由壺口過一座橋，就由山西入了河南地。自古以來，河南人認為他們居於中國之中，也就是中國的中心。所以，五岳之一的嵩山稱中岳，「中」在河南語言中普遍應用，說「是」為「中」，「不是」是「不中」，「是不是」就是「中不中」，稱他們的家鄉河南為中州。現在我們要去中州了，要去的

洛陽、開封和鄭州又是中州之中，而且是中國歷史上很多朝代的都城。一路行行看看，在三門峽宿一宵，第二天到洛陽時，已經入夜了，也沒有看見洛陽是什麼樣子。參加旅行團就是這樣，晝行夜宿，都在一定的安排之中，很少有個人行動的自由。

所以，像在西安一樣，第二天一早起身，出得賓館，天還沒有亮，我揉揉惺忪的睡眼，深深地呼吸一口洛陽早晨新鮮的空氣，站在臺階一看，才發現我們住的賓館孤立在大道邊，四週沒有住戶，更沒有街道。於是我下了臺階，招了計程車。上得車來，師傅問我何往，我說也不知道，然後又說我想吃早點，喝碗驢湯。師傅一聽笑了，他說：「中，我帶你去最好的驢鍋。」我們就這樣上路了。洛陽的馬路行人道很寬，道旁種的不是梧桐，而是榆樹，樹梢在微風中搖曳，往來的行人不多。後來車子在路旁停靠，師傅說這就是驢鍋。我邀師傅下車和我一起早點。我們在行人道的樹蔭下的一個小矮桌邊坐下，師傅進去端了兩大碗驢湯過來，我們就吃起來。常言道天上的龍肉，地上的驢肉。這種驢鍋的驢湯肉比滷的驢肉可口多了，香軟滑嫩，而湯清少油，的確是美味與眾不同。後來我進店到後面的驢肉鍋看看，那是一口很大的鍋，裡面煮著大塊的驢肉，店家用鐵勾將鍋裡的驢肉勾起來，待涼後改刀，切成小塊，入碗加湯，灑以蔥花和芫荽，就可上桌了。我們正喝著驢湯，師傅放下筷子問我要不要加點驢血，我點頭說：「中。」於是他端著碗到灶上去，加了驢血回來，我看碗裡好像沒有血，只有像涼粉似的白色的小塊，吃在嘴裡，非常滑韌，師傅說這就是驢血了。

喝罷驢湯回去，遇到早點的攤子，就停下來。我下車看看洛陽的居民早上吃些什麼，後來我又喝了一碗糊辣丸子湯，那是糊

辣湯加小綠豆丸子。糊辣湯是用洗麵筋的水，下麵筋與海帶絲熬成，吃時灑上胡椒加醋，這是中州很典型的早點。還有一種早點是豆沫，那是黃豆榨汁，下黃豆和粉絲、木耳與黃花菜熬煮而成。我問師傅，哪裡可以喝到豆沫，他彷彿沒有聽過這個名字。不過，後來在鄭州終於喝到豆沫。也是早晨起來，叫了計程車，到鄭州火車站。鄭州火車站是大陸鐵路的樞紐，南來北往的旅客很多，我想那裡該有各種早點吃。所以，我就到了車站，但下得車來，東西張望，竟然沒有小吃攤子，我只有向僻街去找尋。最後終在一個胡同口找到了。於是進了一個窄的巷弄，在一間光線很暗的小屋子裡坐下，來了一碗豆沫，和兩個水煎包，我就著碗邊咕嚕嚕地喝起豆沫來。食畢，出得屋來，太陽已爬過屋脊，耀得睜不開眼，這的確是一個明亮的早晨。

　　每到一地，我想探訪的就是民間的舊時味，而且只有這種傳統飲食，才能反映民間的實際生活。因此，我想看看開封的夜市。因為北宋汴京的夜市是出了名的。北宋汴京商業繁華，人民辛勤經營，因而需要更多休閒的活動，往往白晝努力工作，而將休息的活動延展至夜裡，東京的夜市由是而興，為當時東京人民增添了內容豐富的夜生活。孟元老《東京夢華錄》有〈夜市〉條，用很多筆墨描敘當年汴京多彩多姿的夜生活。

　　當然，北宋以前城市夜市已經出現，不過營業時間較短。北宋初年東京的夜市已經很熱鬧，但經營時間限於三更前結束，北宋中期就全取消這種限制，通宵達旦營業。汴京熱鬧的夜市在御街，御街的夜市集中於兩處，一在朱雀門至龍津橋，一在州橋附近。《東京夢華錄》記載朱雀門外的夜市的範圍說：

出朱雀門東壁，亦人家。東去大街，麥秸巷，狀元樓，餘皆妓館，至保康門街。其御街東朱雀門外，西通新門瓦子以南殺豬巷，亦妓館。以南東西兩教坊，餘皆居民或茶坊。街心市井……路心又設朱漆杈子，如內前。

這是御街朱雀門外的夜市，州橋附近的夜市則更熱鬧：

自州橋南去，當街水飯、燻肉、乾脯。王樓前獾兒、野狐肉、脯雞。梅家、鹿家鵝、鴨、雞、兔、肚肺、鱔魚、包子雞皮、腰腎、雞碎，每箇不過十五文。曹家從食。至朱雀門，旋煎羊白腸、鮓脯、㸆凍魚頭、薑豉剗子、抹臟、紅絲、批切羊頭、辣腳子、薑辣蘿蔔。夏月麻腐、雞皮麻飲、細粉、素籤沙糖、冰雪冷元子、水晶皂兒、生淹水木瓜、藥木瓜、雞頭穰沙糖、菉豆甘草冰雪涼水、荔枝膏、廣芥瓜兒、鹹菜、杏片、梅子薑、萵苣筍、芥辣瓜兒、細斜餳餶兒、香糖果子、間道糖荔枝、越梅、鋸刀紫蘇膏、金絲黨梅、香棖元，皆用梅紅匣兒盛貯。冬月盤兔、旋炙豬皮肉、野鴨肉、滴酥水晶鱠、煎夾子、豬臟之類，直至龍津橋須腦子肉止，謂之雜嚼，直至三更。

夜市各類「雜嚼」的小吃種類繁多，營業到三更。除了上述的夜市外，還有以土市子為中心的夜市，土市子夜市包括門內馬行街及門外新封丘門大街，兩旁民居、店鋪、藥店、官家宅第，與諸班直軍營等，「坊巷院落，縱橫萬數」，更是熱鬧：

夜市直至三更盡，纔五更又復開張。如要鬧去處，通曉不絕。尋常四梢遠靜去處，夜市亦有焦酸䑋、豬胰、胡餅、和菜餅、獾兒、野狐肉、果木翹羹、灌腸、香糖果子之類。冬月雖大風雪陰雨，亦有夜市：剗子薑豉、抹臟、紅絲、水晶膾、煎肝臟、蛤蜊、螃蟹、胡桃、澤州餳、奇豆、鵝梨、石榴、查子、榅桲、糍糕、團子、鹽豉湯之類。至三更方有提瓶賣茶者。蓋都人公私榮幹，夜深方歸也。

　　土市子東邊有條十字街，「茶坊每五更點燈，博易買賣衣服、圖畫、花環、領抹之類，至曉即散，謂之鬼市子」。夜市飲食與其他行業互為依存經營，形成夜市的熱鬧繁華，如土市子西、宮城東角樓之東，有潘樓酒店，「其下每日自五更市合，買賣衣物書畫珍玩犀玉」等等。這類夜市依附酒樓營業的時間經營，而汴京的酒樓，《東京夢華錄》說「大抵諸酒肆瓦市，不以風雨寒暑，白晝通夜，駢闐如此」，也是汴京夜市興盛的原因之一。

　　一個城市的夜市興盛，除了這城市的商業繁榮外，更重要的是當地居民是否有空閒時間與閒錢，才有閒情消磨在夜市之中，品嘗各種不同的飲食。當年大陸開放之初，許多朋友都去探幽或交流，但我卻不動心。或問我何時前往，我答等裡面有小吃與夜市之後，因為有了小吃與夜市，說明裡面人民的生活可湊和著過了。我就是在大陸有了小吃與夜市之後，才到裡面行走的。所以，每次到大陸都探訪當地的傳統小吃和夜市，但發現他們越來越有閒而且也有錢了，於是山南海北吃起來。這次下中州，沒有觀光夜市的節目，但開封的夜市不能不去，於是我要求臨時增加了這個節目。

　　開封的夜市場面很大，場子裡桌凳已經擺齊，但卻沒有啟灶營業。後來才知道當地政府規定夜市七時開始，於是我在旁邊巷子裡閒逛，發現售賣飲食的車子裡爐火正旺，鍋裡冒著油煙在那裡等候著，一輛接一輛排列在那裡，真的是升火待發。時間一到，幾個人推著或擁著車子，推進場子，彷彿像野戰演習，各自佔領自己的陣地，開始忙碌起來。四下等待的人群像散兵衝進場子，夜市場子裡的桌椅，剎那間被擠滿了，人聲吵雜，伴著碗盤相碰的響聲，掌灶師傅的鍋鏟敲著鍋邊，鍋裡灶上擴散著菜餚和麵食的香味，這真是過去沒有見過的場面和景象。

　　我並沒有找張桌子坐下，只是在人縫裡鑽行。後來買了個烙餅捲麻葉，輕輕一拍，麻葉碎了，然後咬一口，脆軟香甜。後來在一個滷羊蹄的攤子停下，望著一大鍋滷羊蹄，想起當年汴京是吃羊肉的，現在習慣未改，還是喜愛此味。於是我買了兩個滷羊蹄，用塑料袋盛著，但一轉身袋子穿了，羊蹄跌落在地上。賣羊蹄的連忙又給我兩個，我再付錢給他，他說什麼也不要。我道了聲謝，抓著羊蹄啃食起來，羊蹄味鮮軟爛而微辛，一吮脫骨，非常好吃。最後，實在耐不住場子裡的擁擠和悶熱，於是擠進一家今天剛開幕的肯德基店裡去。但店裡比店外更擠更吵雜，好不容易要了杯冰紅茶，擠了個坐位，大口喝起來。隔著玻璃窗看著夜市的燈火和人影，但在室內擁擠與吵雜聲裡，已沒有閒情欣賞室外夜市的風光了。這種美國式的炸雞自八〇年中期登陸中國大陸，先浸蝕大都會，然後與漢堡向內地氾濫，如今竟在中州鄭州夜市旁落地了，喧譁的歌聲與彩旗飄飄，和旁邊夜市的情調不甚協調。

　　到中州總得吃幾樣地道的河南佳餚，如杞憂烘皮肘子、糖醋溜鯉魚焙麵、兩色腰子、紫蘇肉、滷煮黃香管、琥珀冬瓜等等。

但參加旅行團就沒有這種選擇的自由，像豫菜名店又一新，就在夜市旁邊的街上，來回經過好幾次，想進去點幾味真正的豫菜，但看看腕上的手錶，時間來不及，只有悵然而去。不過，豫菜名餚糖醋溜鯉魚焙麵，還是吃到的，那是在第一樓吃包子宴的時候。第一樓的包子，其廣告說「提起來像燈籠，放下來似菊花，皮薄餡大，灌湯流油，軟嫩鮮」，但是卻不見奇，不如天津狗不理家的包子，至於灌湯流油，也不如西安的賈家包子。所謂包子宴是同樣的包子用不同的餡，一如西安的餃子宴，是非常單調乏味的。於是我對導遊說，我出錢另外每桌加五百塊錢的菜，特別指定要糖醋溜鯉魚焙麵，心想到中州不吃這道菜是白來了。但上來後卻大失所望。這道溜魚理應色澤柿紅，油重不膩，甜中透酸，酸中微鹹，魚肉鮮嫩，用的是黃河的活鯉魚。溜魚和焙麵同時上桌，焙麵用的是現拉的龍鬚麵，先吃溜魚，然後以魚汁回燒，再將焙麵傾入。酥香適口，一餚兩種不同的風味。河南有句俗話：「鯉吃一尺，鯽吃八寸。」但這條鯉魚還不到八寸，縮在大魚盤裡，色澤黯褐，上面灑著一層白素素的龍鬚麵，別說吃了，真的連筷子也不想舉。

　　不過，在洛陽的真不同，吃的一席水席，倒是真的不同。現在的真不同在洛陽華東街，前身是于家飯鋪，由于庭選兄弟三人及其父在西大街賣大碗麵和不翻湯、豆腐湯，當時稱為兩湯一麵。後來遷到西華街路北，改名為新盛長，添了些經濟的炒菜。日本侵華，轟炸洛陽，著名的中州飯莊、萬景樓、春發樓被炸毀，新盛長收容了幾個被炸大飯店的廚師，遷到北大街，經營洛陽地方風味的水席，更名真不同。河南有句土話：「唱戲耍腔，做菜要湯。」河南對於製湯非常講究，分頭湯、白湯、毛湯、清湯、套

湯、追湯。所謂套湯是清湯臨時加厚，用雞帚，即胸肉剁泥，再
套清一次。至於追湯，則是製好的清湯，再加入雞、鴨，微火慢
慢煮，以補追其鮮味。製成的湯，清可見底或濃似白乳。味美清
醇，以濃湯製扒菜，是豫菜的一絕，所謂「扒菜不勾芡，湯汁自
來黏」，這些不同的湯是洛陽水席的基礎。我們吃的這席水席有牡
丹燕菜、洛陽肉片、熬貨、西辣魚片、燴肝花、奶湯吊子、料子
鳳翅、滋補牛寶、酸湯焦炸丸，此外，還四壓桌有腐乳千張肉、
洛陽酥肉、洛陽海參、如意蛋湯，是吃飯用的，上了雞蛋湯就完
席了。最後點心四道，有：雞蛋灌餅、芝麻千層糕、油炒八寶飯、
漿麵條。水席上菜順序，在湯菜之後，是一道燴或扒的菜，但不
論扒燴都是連湯的。

　　水席不論檔次高低，都有牡丹燕菜。這道菜由來已久，相傳
武則天即帝位後，洛陽東關菜園生長出一隻特大的蘿蔔，長約三
尺，上青下白，重三十二斤九兩。進貢宮內，女皇大悅，命御膳
房以此製菜，御廚思考後，製成此味羹湯，奉獻武則天。武則天
食後大悅，以此味鮮嫩爽口，味道獨特，且有燕巢味道，賜名假
燕巢，後稱洛陽燕菜。其製法是取白蘿蔔中段，去皮切成二毫米
粗，六厘米長的細絲，入水浸泡後，瀝乾水分，入乾淀粉中拌勻，
上籠透蒸，取出晾涼，入冷水抖開，再入乾淀粉拌勻上籠略蒸，
然後入湯煮燴，即為素燕巢或假燕巢。更以紅綠蛋膏，製成牡丹
花的紅花綠葉，置於菜上，上籠哈透。哈透是豫菜製作術語，即
上籠作短時間加熱之謂，是為牡丹燕菜。且不論此菜是不是傳於
武則天，這卻是一道粗菜細烹的河南傳統菜，蘿蔔絲晶瑩剔透，
狀似燕巢，湯清鮮利口，造型甚美。真的是洛陽牡丹甲天下，燕
菜開出牡丹來。

　　素菜葷烹的假燕巢與假海參，都是河南傳統的菜餚，常見於民間婚喪紅白的流水席上，改良後成為豫菜名餚。不過，在洛陽、開封、鄭州幾天，吃的都是旅遊餐，當然吃不到什麼地道的豫菜，且舉在洛陽大酒店吃的一張菜單，有野雞炖蘑菇、罐羊肉、溜肝尖、凍豆腐炖白菜、水煮鱔片、蘿蔔炒腊肉。其中除溜肝尖是豫菜，其他如野雞炖蘑菇、凍豆腐炖白菜是東北菜，水煮鱔片、罐羊肉是川菜，蘿蔔炒腊肉是毛家菜，也就是毛澤東歡喜吃的菜。使我想起來中州的途中，經過小浪底，是黃河截流工程的所在地。中午在工程處餐廳午飯，菜單介紹這家餐廳由東北與四川廚師主理，就點了東北菜的凍豆腐炖白菜、野雞炖蘑菇兩味，凍豆腐炖白菜裡有粉條大肉，甚是粗獷，野雞炖蘑菇，蘑菇來自東北長白山，味道與眾不同。他如肉焖子、炒肉漬菜，還有白肉血腸都是東北菜餚。至於川菜則有乾煸泥鰍、家常鱔魚、水煮牛肉、魚香肉絲、麻婆豆腐、乾燒鯉魚、罐煨羊肉。這些東北菜與川菜都非常地道，沒有想到在荒野中，竟能吃到這樣的家常美味，真是這次客中一樂。現在河南流行的是川菜，一路行來，沿途打尖的飯店都以川味為號召，入夜之後霓虹燈閃耀，宛如駛行在蜀道上。除了川味外，粵菜也是河南人喜愛的，手邊留得一份八八八元的結婚喜宴菜單，是向住的飯店附設餐廳要來的，其菜餚有白灼斑節蝦、沙津海鮮卷、花枝炒鮮貝、避風塘焗蟹、夏果牛柳丁、碧綠上雞湯、清蒸桂花魚、北菇扒時蔬菜，單觀這張菜單，真不知今日域中竟是誰家天下了。

　　那天，在開封遊罷為觀光而興建的龍廷，經潘楊二湖，過御街，竟見到復建樊樓，樓高三楹，飛簷畫棟，心中不由一喜，想叫司機停車，下去拍張照片。突然發現大門懸的竟是潮州海鮮酒

家的招牌，於是興趣索然，兀坐在座位上任車子駛過御街。心裡想的卻是在龍廷跨院的紙雕畫展覽，展覽室展出一幅很長，雕作細膩的〈清明上河圖〉，室內竟無人觀賞，我流連了很久。發現屋角坐著一位老者，過去攀談，他就是作者。他非常感謝我，因為我是今天參觀的第一個人。午後的陽光照進室內，映在他含笑的臉上，但那笑容卻是那麼落寞與孤寂。

臉　膛

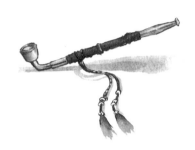

　　我又來到塬上，時近中秋。距我上次由西安到延安，穿越高原，已經十年了。那時正是麥穗垂垂的六月天，一望無際的麥田，在微風裡翻滾著金色的麥浪，一波接一波，湧向遙遠的藍天，藍天高高湛湛，四野靜靜穆穆。我這才真正了解浩瀚的意義。雖然，我也曾乘船穿過浩瀚的海洋，但波濤洶湧，起伏不定，沒有片刻寧靜，不如塬上的浩瀚來得厚實與穩重。讀了這麼久的歷史，來到塬上，才真正了解古代許多朝代，選擇關中建都的原因。

　　這次再來，塬上換了裝扮，麥子收割後種下的玉米，已長得半人來高，濃密的葉幹間，結出玉米來了。新生的玉米被一層層嫩綠的葉子緊裹著，還露出棕色的纓鬚，柔軟似嬰兒的信毛。新生的玉米緊貼著枝幹生長，像襁褓的幼兒依在母親懷裡。玉米田層層疊疊，放眼望去，高原盡是濃濃鬱鬱的深綠，在無垠的綠色裡，偶爾會出現一圈矮籬。籬裡是近年新興的蘋果園，蘋果樹不高，枝頭結滿纍纍的果實，將成熟的蘋果用白紙包裹著，在這片濃綠裡似又綻出的繁花。使我感到興趣的還是那矮籬，因為籬在

遠古時出現，就明確標示出私人財產的所有權。現在籬又重現，那個大家唱歌來耕地的日子，似一去不復返了。

我們在金鎖關到銅川的公路旁歇腳，下得車來，清晨的霧靄已經散去，太陽照在泛白的柏油路上，天氣漸漸燠熱起來。回首來路，再望去路，兩邊的路都筆直沒有盡頭。路旁的白樺樹，仍舊在風裡向天喃喃自語，只是不見三五成群在白樺樹下行走或歇息的麥客，這些生活高原西北邊沿的莊稼漢，在麥子成熟時，穿梭在塬上幫人家收割，一路在田裡工作，現在大概已回自己的家園，收割自己的莊稼了。因為高原西北的天氣比較冷些，麥子晚熟，他們才乘空來到塬上賺些閒錢。一路行來，也沒有看到牧蜂人家的篷帳了。這些在清明插秧以後，就離開自己浙江的家鄉，追逐著各地不同的開花時節，放牧他們飼養的蜜蜂採蜜，由江南而來西南，在麥子成熟時來到塬上，最後放蜂到青海，追趕那裡開放的最後一朵花。那年在塬上遇到牧蜂人，第二年到青海路上，又看見他們。估量著現在他們正在青海收拾篷帳，堆起蜂箱，準備還鄉和家人過團圓中秋了。

塬上少了這兩種充滿詩意漂流的異鄉人，就顯得寂寞了。的確，太陽照射的柏油路，像一把發光的利剪，將高原的田野剪成兩半，兩邊都是一樣的綠，真的是非常單調的。當我將目光收回，發現馬路對面不遠的地方，蹲著一個人在吸菸，然後緩緩站起來，但那瘦小的身影，陽光照射得有些恍惚。只見那身影越過馬路，向我們停車的地方移動過來。待他走近，才看清是一個瘦小、年老的莊稼人。

「打哪來？」那年老的莊稼人停在我面前，他問。

「西安。」我答。

「往哪去？」他又問。

「下洛陽。」我說。

「洛陽。且遠啦，遠啦……」他自言道。的確，洛陽不在塬上，對他來說該是個非常遙遠的地名。這年老的莊稼漢個頭不高而削瘦，戴著頂麥稭編成的圓頂草帽，這是塬上莊稼漢戴的帽子，帽沿寬大遮著他的臉，所以他常仰著臉說話。陽光照在他黝紫色的臉膛上。削瘦臉膛的輪廓顯得非常清晰，額頭和兩腮佈滿橫豎的皺紋，其間，又有許多小的皺紋。這許多皺紋似在他臉上結成一個網。這是一張歲月的網，網著他過往的滄桑和捱過的艱困歲月。他說話和發笑時，往往瞇著雙眼，笑意從眼角浮起，一雙眼睛瞇成一條縫，似網繩牽動他臉膛上的那張網，頷下的花白的山羊鬍，也隨著顫動著。

「聽你的口音，不像塬上的。」我說。

「我原本不是塬上的，六○年從家鄉逃來的，家在皖北南徐州，來時都三十好幾了，口音變不了。」

「南徐州？咱們算是老鄉，我是北徐州人，家在蘇北。」我說。

「老鄉！」那老莊稼漢突然抓住我的手臂，「這山堁子裡很難見到鄉親呀！」他說著有些激動，我用手覆在他的手上，那是一隻乾瘦黑枯的手，青筋突暴的手在我手臂游動，掌上許多勞動的繭，和我的皮膚觸摩著。他那瘦黑的手臂也突出顯明的筋絡，他穿著一件灰色的運動衫，領口敞著露出胸前幾根肋骨。他睜著眼睛望著我，眼睛裡似浮著一層雲霧。

「你從六○年到塬上，現今──」我問。

「現今七十九了。俺弟兄仨一塊逃來的。我姓王，行三。」

他說。

「那你就是王老三。」我笑著說。

「王老三，王老三，我就是王老三。俺哥王老大，王老二，八十出頭，還間天鋤地呢。」

我給他一支菸，點燃。王老三吸了一口，又將菸取下來端詳說：「洋菸？」我點點頭，他笑著說：「沒有吸過。」舉舉手裡的竹結旱菸袋，表示著他都吸這種菸，接著又深深吸了兩口，噴出的煙霧，積在帽沿下，他那削瘦的臉膛也變得模糊不清了。

然後，他緩緩道出當年逃荒的事。他說：「六○年那年月，你是知道的。」我點點頭。他嘆了口氣，然後說：「那年月怎說？餓啊！地裡沒有收成，上面說一畝繳五百斤，下面浮報說得繳一千，囤裡沒有一個米粒，地裡都是荒草，繳啥！」他又吸了口菸吐出，我又遞給他一支菸，點上。他說：「我們村裡的糧票，領不到一兩糧。城裡還好，能領二三兩。二三兩糧還不夠塞牙縫的，城裡鄉裡都挨餓。」

「挨餓的味，可不好受，心裡油煎火燎，坐也不是，站也不是，睡也不是，走又走不動，餓得前胸貼後心，不是人受的。見啥吃啥，生啃活吞，草根、柳葉、樹皮、老鼠、知了猴（蟬）沒有不吃的，到過後連人都吃！」王老三說。

「吃人？」我驚訝地問。

「嗯，吃人！」王老三說著又吸了兩口菸，然後說：「我沒吃過，見過。大伙餓急了，等死不如逃荒。逃荒是這樣的，我們向人家那裡逃，人家又向我們村裡逃，亂了套。要逃也難，腿瘦得像麻稈樣，出村走不了幾步，就倒下了，腿一蹬，吐兩口黃水，一翻眼死了。路上死的人很多，有村裡人，有外路人。是村裡人

大家合力挖個坑，埋了。外路人就管不了了，任由野狗拖，有大膽的乘人剛死，割下大腿和腔上的肉，回去煮，有的賣給城裡包子鋪，包包子。」

「怎煮？」我問。

「怎煮，用洋瓷缸子。」王老三說。

「不用鍋嗎？」我又問。

「鍋，那來的鍋！鍋都給上面收去煉鋼了。」王老三解釋說，他又說：「吃了人肉，人就變性，非得喝狗肉湯才轉性，解了。」

王老三說著，我心裡突然浮現了許多歷史的場景，史書裡常常有「人相食」的記載，卻沒有吃人的描繪。《水滸傳》裡武松醉打十字坡，母夜叉孫二娘賣人肉包，那是小說的場景。眼前王老三說的是自己的經歷，中國的確有過一個吃人時代，而且是在二十世紀的六〇年代，那真是個荒謬的年月。一陣風來，我心裡有些微涼意。

「俺弟兄仁跟鐵道向西走，來到塬上，逃過了這一劫。」王老三說到這裡，笑了。嘴唇向上一翻，露出口中的黃板牙。

「現下——」我問。

「現下俺三支，有四十好幾口人。我有仁兒兩閨女，閨女出閣，離得不遠。仁兒，一個在縣城，一個開車，一個留下來種地。我分了二十畝地。九畝種蘋果園，十一畝種莊稼。」王老三得意地指著馬路對面的低籬說：「那就是我的蘋果園。」

「夠嗎？」我問。

「夠了，夠了。現下我一頓吃一斤多白麵條，不摻雜麵。」王老三滿足地說，過去悲慘的歲月似乎離他已經很遠，很遠了。他敘述那段往事，沒有怨，沒有恨，緩緩而平淡地像是在敘說旁

人的故事。突然他丟掉手裡的菸蒂，抓緊我的手說：「走，鄉親，到俺家喝口水，俺家新蓋的瓦屋，兩層。不遠，兩里來路。」

我說不了，還得趕路，同伴在招手。於是，我匆匆將剩下的半包菸，塞到他手中，緊緊地握了一把，說了聲後會，轉身離去。車子啟動，王老三還楞楞地站在那，車子越走越遠，再回頭，還看見那削瘦的身影，佇在路旁的陽光裡，越來越小。但我卻不能忘了那張佈滿皺紋的黝紫的臉膛，那是一張非常平常的臉膛。只是那張臉膛沒有怨，沒有憎，佈滿了平靜和滿足，因為他的願望不高，只要能活著，而且又能活過來，就是天幸了。

這張平常的臉膛，是真正中國人的臉膛。記得二十年前，我在香港創辦了一個雜誌，名為《中國人》，創刊號想找一幅中國人的臉膛作封面。後來選了一張木刻畫，背景是長城，長城內羅列著四個老中青少的臉膛，為首的是一張老農的臉膛，臉膛上盡是歲月滄桑的皺紋，就像我在路旁遇到的王老三那樣，他們都是最普通的中國人。為了這個封面，我寫了篇〈中國，中國人的中國〉的發刊詞，其中有一句：「即使是一個最普通的中國人，雖然微不足道，卻都是由數千年文化孕育而成，自有其尊嚴！」這是一張普通的臉膛，卻是我一直在尋覓的中國人普通的臉膛。

飲茶及飲下午茶

　　最近，我們又去了香港，沒事，行街而已。行街是粵語，閒來無事街上逛的意思。

　　我在香港住了近上二十年，算是老香港了。但始終是個過客，飄浮在這個城市之中，卻無法生根，只是在那裡活著。不過，這年頭能活著，而且無拘無束，已經是不容易的事了。

　　離開香港後，每年都抽空到香港閒散些時日。對香港我是熟悉的，當年到香港教書，課業負擔不重，最初又住在市區，沒事就香港九通街走，上茶樓下小館，吃吃大排檔，坐坐茶餐廳，略窺香港的飲食門徑，和在地朋友出去上館子吃飯，提調點菜都是我，也可以和報上寫專欄的食評家論道，但仍不敢說諳識香港飲食。飲食雖小道，但五花八門各有門徑，自有淵源，非深知其故者，豈可信口雌黃。

一、尖沙咀飲食圈

　　我是個念舊的人,每次到香港都會探訪些吃過的街坊小菜館。往往是興興然而往,悵悵然而返。因為那些僻街的小食肆,不是因拆樓歇業,或者撐不下去「不玩了」。「不玩了」是一家熟悉的海鮮小酒家,拉下了鐵門,鐵門上貼的斗大的告白:「玩不下去,不玩了!」香港雖為美食天堂,但在迅速的社會轉變中,傳統的飲食業經營不易,每次去香港,都發現熟悉的吃食店又少了幾家。對我們念舊的人而言,每一件熟悉的事物,因環境轉變而消逝或沒落,都會感嘆一番。

　　我一度曾擔心香港會有大變。所以,在九七將臨的那個寒假,到香港住了一個月,並在那裡過了個冷清的春節。節前走訪幾個街市(傳統市場)和超市,依舊人潮洶湧,熙熙攘攘,真的是處變不驚。雖然處變不驚,但一池春水裡仍有些微波瀾:青島水餃進入超市的冰櫃,與叉燒包並列,茶樓多了炸饅頭一品,過去香港人對這些北方食品,不屑一顧的。而且雲南過橋米線在港九新界普遍流行,蘭州拉麵也跟著過來了。看來香港人因為表叔要來,在飲食方面已作了應變的準備。不過,這些外來食品為了適應香港人的口味,似已作了某種程度的轉變。

　　後來表叔真的來了,但易幟之後,象徵殖民統治權威(香港許多街道都是歷任港督的名字)的街道名稱如太子道、皇后道、彌頓道、漆咸道等等並未更改,香港人的生活依舊。於是,我們又去香港閒散。這幾年去香港,都住在百樂酒店。

　　百樂酒店在漆咸道上,左右近臨加連威老道與金馬倫道。港

九有幾個飲食的集中地，尖沙咀是最繁華的一個。這裡又是尖沙咀飲食的中心點，包括附近幾條街道自成一個飲食圈，食肆比鄰，華洋雜處，傳統新潮並列，東西皆有，少說也有百十來家。京菜有鹿鳴春、泰豐樓、樂宮樓、仙宮樓。上海菜有大上海、老正興、一品香。粵菜有嘉麟樓，還有香港最老的中化西餐太平館，茶樓有九記、聯興、翠園，南洋、瑞士、法國、意大利與日本料理都有，最近加連威老道新開了一家專賣滷肉飯、乾麵與珍珠奶茶的臺灣料理店。這裡還有許多二十四小時營業的茶餐廳。……入夜之後，燈火輝煌，人聲沸騰，我行走其間，左右逢源，不必遠求了。

這一帶我原來就非常熟悉，過去加連威老道有許多專售江南食品的南貨店，供應江南時鮮如冬筍、薺菜、馬蘭頭與家鄉肉、黃泥螺、薰蛋等等。尤其秋風起後，蟹字旗滿街招展，這些蟹字旗一式黃底綠邊，中間寫了個斗大的紅蟹字，南來的大閘蟹都集中在這裡。如果仔細挑揀，偶爾也會找到青背白腹金毛爪的陽澄湖大閘蟹，當然價錢就不便宜了，通常吃的都是其他湖泊或江河產的。往往大閘蟹上市，我都會選一簍，約六十隻，置於冰箱中上覆濕毛巾，執螯把盞大嚼起來，最後來一碗現拆的蟹粉麵，人生之樂，不過如此。

但這些南貨店都歇業了。當初這些南貨店之興，為了一解南來上海人的蓴鱸之思，如今老一代的上海人逐漸凋零，而且現在上海與香港往來方便，欲思家鄉味，可以立即還鄉。再說新一代的上海人在香港長大，自幼就習慣香港飲食，早已把他鄉當故鄉了。這些南貨店的消逝是必然的趨勢。南貨店的主要功能雖盡，但大閘蟹的風味卻被港人欣賞。其味鮮美遠超油黃蟹，大家也吃

大閘蟹了。蟹季一到，街邊盡是蟹檔，這些蟹檔做一季可以吃一年。所以，去年留下的殘舊蟹字旗，仍然在擁擠的人群中，炙熱的陽光下沒精打彩地飄著，也是香港社會飲食文化轉變中的一個場景。

在金馬倫道、加連威老道之間，有條小街名曰厚福街，是港九街道名稱中最有中國味道的一條小街。實際不能稱其為街，只是條小巷子，而且是個死胡同。但這條巷子卻隱藏著十家小館子，很少人知道，卻是我過去常流連的地方。現在這條巷子依舊，但兩旁的飲食店已是幾經滄桑了。我懷念的還是歇業已久的順德公小酒家。順德菜是構成廣府菜的一支，其所售皆家鄉俚味，有缽仔鵝、焗魚腸、焗禾虫、韭菜豬紅，冬天有薑蔥焗鯉魚，還有寫在牆上玻璃鏡子中的時菜和撚手小炒，這些小炒都是很夠鑊氣。粵人稱鑊氣，就是我們說的火候。我常歡喜約朋友來此小酌。不僅價廉物美，而且甚有普羅氣氛。

二、洪利粥品與阿大靚湯

如今順德公早已歇業，出奇的是那家洪利粥品店，竟然佇然獨存，而且是厚福街數十年沒有更改門面的老字號。入門一邊是粥檔，一面是炸油器的油鍋，店內散放著幾張簡單的桌凳，桌上有醬油外，還有一大瓶白芝麻和牙籤。白芝麻是灑在腸粉上吃的，牙籤用來叉腸粉的。現製腸粉的灶在裡屋，霧氣騰騰的。這是一家典型的粥品店，除了在傳統菜市場附近，其他地方已經很難找了，沒有想到這裡竟有一家，而且早晨生意興隆。

中國吃粥的歷史淵源流長，各地皆有，但廣東粥卻是一絕。

不過，一般都稱粥為稀飯，但廣東卻不這樣稱，因為稀飯二字，粵語發音甚是不雅。而且廣東粥的煲法，的確與我煮稀飯不同，一般煮稀飯下米加水，待米開花後改文火熬煮即成。廣東粥除米之外，加大骨與干貝，面上滴幾滴生油，明火煲煮至糜狀，稀稠適度又不見米粒，是件既花工夫又費時的事。這種粥煲成後，是為粥底，即白粥，又稱明火或米王。粥的好壞就在粥底，然後將粥底置於小銅鍋中下各類不同的材料，即成艇仔、皮蛋瘦肉、及第、牛肉丸、魚片鯪魚球粥等等，最貴的是鮑魚明蝦粥。港九這類生滾粥品店不少，如富記、妹記、潤記、彌敦等。這種粥生滾的粥品店有白灼腰潤（豬潤即是豬肝，廣東人諱忌多，肝與乾同音、舌與蝕同音，不吉利，所以舌稱脷，淡菜稱旺菜），魚生，與冷拌脆魚皮可吃。最近臺灣頗流行廣東粥，但僅粥底一項，就無法與真正的廣東粥相提並論了。

不過，這類生滾粥品店，吃不到現製的腸粉與剛出鍋的熱油條。要吃這些就得去像洪利那樣的粥品店。洪利粥品店生滾的粥的品類不多，僅牛仔（碎牛肉）、艇仔、魚片、豬紅，偶也有粉腸粥出售，配齋腸、炸腸，炸腸即腸粉包油條，俗稱炸兩，或豉油王炒麵或牛腩酥食之。我吃了粥餘興未了，再來碗米王，以剛出鍋的熱油條沾而食之，確是絕配。廣東油條粗而短且實，甚有口感。沒有想到，在這樣熱鬧繁華的街上，竟容得這樣老舊傳統的粥鋪，真是異事。洪利粥品店距我住的酒店，近在咫尺，晨起即欣然前往，也許是我住在這裡的另一個因由。

在加拿芬道有一家阿大靚湯，在到處都是阿二靚湯的市招，這家阿大靚湯是一枝獨秀別無分店。靚湯，是美好的湯，一如美女稱靚女。香港人嗜飲湯，晚飯餐前必飲湯。他們飲的湯和我們

不同，稱我們的湯為滾湯，立時即可，他們飲的湯經過老火久煲而成。不論窮富每家中必備大瓦罐一隻，用來煲湯，而且香港人對所吃的蔬果畜肉，都有寒燥之分。因此不同季節飲不同的湯水，煲湯除主料外，配料淮山、枸杞、南北杏與其他藥材常有，老薑、陳皮與蜜棗必備。常見是青紅蘿蔔煲不見天，不見天是豬腋下面的那塊肉，久煮仍滑嫩如故。螺頭冬瓜荷葉煲老鴨，夏天可以消暑，小赤豆葛菜煲鯪魚，可以祛濕。而且以形補形，北菇花膠煲鳳爪，可以助足勁，腐竹白果煲豬肺，可以化痰潤肺，天麻燉豬腦，可以補腦。港人隔水蒸稱燉，如燉水蛋就是蒸蛋。

　　湯靚不靚，全憑家庭主婦的巧手。阿大是大太太，阿二是外室或二奶。平時男人在外工作，晚飯必回家飲湯吃飯，在阿二家只能飲點湯，免得回家吃不下飯露了馬腳。所以，阿二必能煲靚湯，攏著男人的心，一如阿二靚湯店裡宣傳的：「阿二祕方，家鄉靚湯。」一日和同事飯於學校對面雍雅山房。雍雅山房在半山，甚僻靜。見一對男女乘靚車而來，男的五十來歲大腹便便，女的青春少艾美目盼兮。剛坐下還沒點菜，女的便從提包取出小暖水瓶，另取自備小碗抹擦乾淨，然後啟開暖水瓶蓋子，傾倒一碗遞給男的，那男的慢慢啜飲起來。真是男的飲得稱心，女的看得開心，這可能就是阿二靚湯了。過去海港城還有家三姐靚湯店。當年香港行大清律，可以納三房四妾，現在已經不興了。於是，在香港社會變遷中，又出現了一種另類的外食人口，阿二也拋頭露面上街做起靚湯的營生來了。

三、雲如茶樓與陸羽茶室

　　到香港總是要飲茶的，在家飲湯，出街上茶樓飲茶，是香港人的生活習慣。我曾寫過〈飲咗茶未〉，敘述廣式飲茶的由來，及港人飲茶的社會意義與功能。生活在香港，如果不習慣上茶樓飲茶，就無法真正了解港人的生活方式。港人晨起，道旁相遇，不互道早，而問飲咗茶未？上得茶樓，來個一盅兩件，再加上一份報紙，如果遇到熟人搭個檯，天南地北聊起來，就可以嘆一個上午了。

　　茶市分早午，早晨的茶市為了方便晨運的老人及清晨工作者，有的清晨五點就啟市，天還沒亮就人聲沸騰，真的是一日之計在於晨了。但午市的茶客就沒有那麼優閒了，多是些在寫字樓打工的，他們匆匆而來，一盅北菇雞飯或豉汁排骨飯，或一碟粉麵，狼吞虎嚥而食，吃完喝杯茶抹抹嘴就走，這是香港的外食人口。這種外食人口是工商業城市發展到一定程度以後才出現的。他們是香港工商業社會轉型的推手，需要的是時間和速度，已經不能再像早市的茶客那樣慢慢嘆了。這批外食的人口，在香港少說也是兩百萬。

　　後來在香港，我們也習慣飲茶了。平日行街，走到那裡飲到那裡，但也有固定的茶樓，每週總會去飲兩三次茶。每逢過年，手執紅封一疊，上茶樓派利市。利市就是壓歲錢，一封十塊二十塊，錢雖不多，討個吉利彩頭而已。領班的部長，帶位的小姐，推車賣點心的阿嬸，見者有份。以後一年大家更親稔，不論再擠，我們總是有位子的。雖然上茶樓吃的點心就是那幾款，飲的茶都

是水仙，但卻漸漸有了飲茶的習慣。回到臺北後，找不到合適的飲茶的所在。兩年前在北新路上，偶然發現一家不大的粵菜餐廳，水滾茶靚，點心數不多，都是現點現蒸現炸的，水準不下於香港茶樓，真的好花開在深山內，美女生在小門庭了，我們每週都來這裡飲茶。

　　每次到香港第一件事，就是飲茶。香港的茶樓來自廣州，廣州的茶樓由清咸豐同治年間的「二厘館」始。所謂二厘館是茶資二厘，當時一個角洋合七十二厘。二厘館設備簡陋，木桌木凳，供應糕點，店前掛有某「茶話」的幌子，專為肩挑負販者，提供一歇腳敘話之所。後來又出現了「茶居」，如五柳居、永安居等等，是有閒者消磨時間的去處。五口通商後，廣州成為南方的通商口岸，原來中國四大鎮的佛山，逐漸衰落，資本轉移到廣州。佛山七里堡鄉人來廣州經營茶樓，遂有金華、利南、其昌、祥珍四大茶樓之興。七里堡鄉人經營茶樓的手法，是先購地後建樓，茶樓佔地極廣，樓高三層，裝潢得金碧輝煌，此後廣府人始有茶樓可上，有茶可嘆。

　　香港的飲茶源自廣府，廣州有惠如茶樓，創於光緒年間，其門首懸有一聯：「惠己惠人素持公道，如親如故長暖客情。」三十年代更推出「星期美點」，八甜八鹹的十六款點心，以大字紅榜張於門首，每週更變一次，這是香港「羊城美點」的由來。早期香港多「如」字號的茶樓，如龍如、鳳如、雲如等等，或與廣州惠如茶樓有關。最後拆樓歇業的是在上海街的雲如茶樓。歇業前我們再去雲如飲茶，雲如茶樓樓分三層，一樓二樓是卡座，也有散座，每一座皆有痰盂一個，偶備茶客傾洗盅筷或吐哺之用。堂倌提著大銅茶壺穿梭往來其間，賣點心的阿嬸負竹筐，筐內盛點心，

往來叫賣。三樓是蹓鳥人專用的，廳裡縱橫拉了許鐵絲，為懸鳥籠之用。沿窗掛著各式不同鳥籠，偶爾籠中鳥也會高唱和鳴一番，座上的茶客一面欣賞鳥語，一面著茶和臨坐客人高聲談論著。在此飲茶，往往有時間停滯的感覺。雲如茶樓有大飽出售，這種奉客的點心，其他茶樓早已絕跡，個大一籠一個，內容豐富，真的是價廉物美，非常有人情味。

後來，雲如真的拆了，也不知那些蹓鳥的茶客又流落何方。現在剩下的老茶樓，只有港島的陸羽茶室了。陸羽茶室的格調比較高，精緻小巧，也樓分三層，家具全是酸枝的。堂裡花瓶擺設都是古董。茶葉不論普洱、壽眉、鐵觀音都自原產自訂自製，點心還保持羊城美點的餘韻，每週調換一次，但其看家點心如蓮蓉粽與煎粉果連湯，卻是不更換的，就像當年廣州的惠如茶樓星期美點，其看家的美點魚脯乾蒸燒賣，也是不更換的。不過，到陸羽茶室飲茶不易，雖堂中空無一人，卻無法找到座位，因為座位早已被人訂了。我每次過海辦事，都在十一點半以前到陸羽，進門先向領班的三叔回好，問他最近關節炎好些嗎，並言明十二點九就走。十二點九就是十二點三刻，因為下午一點訂位的老客人要來了。有的老客人祖孫三代相繼在這裡飲茶，吃的就是那些點心，飲的只是一種茶，真的是百吃不厭，成為他們日常生活中不可或缺的一部分了。

四、洞天深處飲鴛鴦

這次到香港飲茶，發現光景大不如前了。許多大茶樓的茶客大批流失，剩下的多是老弱婦孺。那批流失的青壯茶客，轉向茶

餐廳吃大盤飯了。香港最近幾年百業不振，唯茶餐廳一枝獨秀。在我們下榻的酒店附近，就有十來家茶餐廳，有的是新張，有的是舊店擴裝，內部裝潢較過去光鮮亮麗，座位也增多了。而且這些茶餐廳都二十四小時營業，夜深之後，諸業打烊，街上車靜人稀，唯有茶餐廳的霓虹燈大招牌亮著，直到次日旭日東昇。

　　香港的茶餐廳是香港與西方飲食文化接觸後，產生的一種特殊的景象，由英國人飲下午茶的習慣轉變而來。歐洲夏日晝長，在午晚餐之間，增加了一頓下午茶。英國東來統治香港，也將飲下午茶的習慣帶過來了。最初流行於士紳買辦之間，後來普及各個階層，機關商號都有飲下午茶時間。即使在工地工作的藍領，下午茶的時間一到，立即停下工作，一罐汽水或可樂，加上一個麵包，就算飲下午茶了。下午茶的習慣形成後，多少影響到他們的飲食習慣，一般香港家庭吃晚飯較晚，在酒樓結婚擺酒，都拖到晚上九點三刻才開席，雖然是取「九九」（久久）吉利，但和賀客都飲過下午茶有關，否則誰能挨到那麼晚才吃。

　　香港小市民飲下午茶，大多都在茶餐廳。這類茶餐廳興於三十年代，為了適應消費能力低的小市民，而出現了一種價錢低廉起菜快速的飲食行業，灣仔的檀島咖啡餅店，中環威靈頓街的樂香園，跑馬地的祥興咖啡室，還有九龍城的洞天冰室。當年我們常去洞天。洞天的門面不大，進門櫃臺旁邊，掛著一幅〈呂洞賓乘龍得道圖〉，兩旁是扶乩寫成的對聯，字跡龍飛鳳舞，只是不記得內容了。室內散座卡位都是木桌木椅，木質黝黝，壁上燈光昏暗，都有些年月了。進得店來，宛如進了神仙洞府，真的是別有洞天。我們來這裡飲下午茶，倒不是為了沾些仙氣，而是這裡的鴛鴦特別香滑。這種以煉乳打底，褐色咖啡與紅茶參混，呈褚紅

色的飲料，入口有點苦有點澀，且飄著淡淡乳香，甘濃香滑，甚有回味。其名曰鴛鴦，不知何人取的名字，俗中有雅，恰如其份。這種奶茶與咖啡混合特殊的港式飲料，只有在茶餐廳才能飲到。因為茶餐廳每天清晨沖茶，混合幾種不同的茶葉，以白洋布袋相隔，再加上純熟的撞茶技巧沖冽而成。和用兩隻茶袋泡的奶茶，風味是完全不同的，真的是西體中用了。

我歡喜飲鴛鴦，更歡喜茶餐廳的氣氛，下午新鮮的麵包出爐，座上的客人已滿，和別的茶客搭個檯，來一杯鴛鴦，再添一個菠蘿包或蛋撻，慢慢啜飲起來，靜靜四周觀察。茶客或踞坐或蹲於几凳之上，研究馬經，或抨擊事弊，喧譁丟丟聲盈耳，這才是香港小市民的生活圖象。香港小市民的生活平淡，而且要求不多，得嘆下午茶於茶餐廳中，他們似乎已擁有整個世界了。香港的茶餐廳是香港飲食文化的特色，將一種外來的飲食習慣，轉變成他們自己的生活方式。一如跑馬是西方上流社會消閒的活動，流傳到香港以後，變成港人的全民運動，上至億萬富豪，下至販夫走卒，皆樂此不疲，是世界其他地方少有的。茶餐廳在香港興起，以及普遍於巷里間，也表現香港人對不同飲食習慣兼容並蓄的肚量。

香港的茶餐廳中西兼備，以早餐為例是火腿通粉（或雞絲、沙爹牛肉麵、雪菜肉絲麵）、西煎雙蛋、牛油方飽、咖啡，當然也可以換成鴛鴦。下午茶兩點鐘開始，各式麵包與蛋撻隨時出爐，還有燒味、百搭茶餐、干炒牛河、三絲炒瀨粉、雪菜肉絲炆米粉、上海粗炒麵等等，還有年輕人喜食的西煎豬扒、美式牛扒、炸雞翼拼薯條、西多士等，名目繁多，皆奉奶茶與咖啡。

最近幾年茶餐廳更兼蓄香港大排檔的食品，大排檔是露天食

檔的俗稱，由於最初港府給這些排檔的面積較大，於是便有大排檔的稱謂。後來港府為整頓市容，減少阻街，紛紛將這些大排檔遷入熟食中心，茶餐廳就兼容了這一部分食品。於是，原來售於大排檔的魚蛋（丸）、墨（魚）丸、牛丸、魚餃、雲吞、牛腩、牛肚都進入茶餐廳，甚至外來的清湯牛腩也有。這種清湯牛腩和一般的牛腩不同，以牛骨、雞與大地魚作湯底煮炆而成。

　　大排檔除了一般小吃外，還有小菜出售。一般認為大排檔的炒菜鑊氣佳，大排檔的爐火旺，爆炒起來火苗升得很高，看著打著赤膊的大師傅端起鍋來，幾個翻炒就起鍋了。大排檔生意興旺後，由露天而租房子開店，稱為大排檔上樓，於是有了街坊小菜和搽手小炒。現今這些街坊的小酒家難以維持歇了業，街坊小菜也進入了茶餐廳，如豉汁蒸排骨、西檸煎軟雞、西芹滑雞柳、滑蛋鮮蝦仁、椒鹽白飯魚、椒鹽豆腐海蜇、菜薳炒牛肉、涼瓜炆火腩、炆大鱔、冬瓜豆卜炆火腩、時菜炒魚崧、粟米石斑塊、欖菜肉崧四季豆、豉汁炒鵝腸、雲耳勝瓜炒肉片、蝦醬通菜牛肉、上湯金銀蛋浸莧菜等。蒸菜有豉蒜蒸大膳、豉汁蒸魚雲、雪菜肉絲蒸鯇魚，煲仔菜有鹹魚雞粒豆腐煲、紅燒斑腩煲、薑蔥魚腩煲、南乳蝦米銀絲節瓜煲、啫啫雞煲、梅菜扣肉煲、咖喱牛腩煲等等，香港一般吃的家常小菜盡在此矣，另外還有燒鵝、油雞與燒肉，物雖不盡美卻價廉，每款不過三十多元。並配白飯，例湯或茶。

　　茶餐廳原來是由西方飲下午茶的形式轉化來的，現在卻中西兼備，並將香港大排檔的小吃，流行的坊間小菜納於其中，成為香港人日常外食人口，不可或缺的飲食所在。一日二十四小時營業，不同時段有不同的食客，早晨有起早上工或晚班放工的男女，在這裡吃早餐，午晚有一批自茶樓轉來的白領食客，這幾年經濟

蕭條，得慳就慳，在這裡默默進食，正是港人共體時艱的表現。午夜過後，又換了一批有家卻不願回家的少年後生，他們在那裡嬉鬧高談，喝著可樂，吃著薯條，啃著炸雞脾，又是另一番景象。但值得留意的是，這批少年後生又是將來引導二十一世紀香港飲食取向的人。香港的社會在變，飲食的取向也在變，這種轉變的痕跡，卻反映在茶樓和茶餐廳之間，可能與傳統漸行漸遠了，我抄錄這些菜碼，算是留個紀錄。

　　一晚倦遊歸來，已近午夜，想喝杯鴛鴦，進得茶餐廳，竟座無虛席，只好對坐在檯裡的老闆說：「鴛鴦行街，走糖。」此處行街是外賣，意思是鴛鴦外賣，不要加糖。

饞人說饞

前些時，去了一趟北京。在那裡住了十天。像過去在大陸行走一樣，既不探幽攬勝，也不學術掛鉤，兩肩擔一口，純粹探訪些真正人民的吃食。所以，在北京穿大街過胡同，確實吃了不少。但我非燕人，過去也沒在北京待過，不知這些吃食的舊時味，而且經過一次天翻地覆以後，又改變了多少，不由想起唐魯孫來。

七○年代初，臺北文壇突然出了一位新進的老作家。所謂新進，過去從沒聽過他的名號。至於老，他操筆為文時，已經花甲開外了，他就是唐魯孫。民國六十一年《聯副》發表了一篇充滿「京味兒」的〈吃在北平〉，不僅引起老北京的蓴鱸之思，海內外一時傳誦。自此，唐魯孫不僅是位新進的老作家，又是一位多產的作家，從那時開始到他謝世的十餘年間，前後出版了十二冊談故都歲時風物，市塵風俗，飲食風尚，並兼談其他軼聞掌故的集子。

這些集子的內容雖然很駁雜，卻以飲食為主，百分之七十以上是談飲食的，唐魯孫對吃有這麼濃厚的興趣，而且又那麼執著，歸根結底只有一個字，就是饞。他在〈烙盒子〉寫到：「前些時

候，讀逯耀東先生談過天興居，於是把我饞人的饞蟲，勾了上來。」梁實秋先生讀了唐魯孫最初結集的《中國吃》，寫文章說：「中國人饞，也許北京人比較起來更饞。」唐魯孫的回應是：「在下忝為中國人，又是土生土長的北京人，可以夠得上饞中之饞了。」而且唐魯孫的親友原本就稱他為饞人。他說：「我的親友是饞人卓相的，後來朋友讀者覺得叫我饞人，有點難以啟齒，於是賜以佳名叫我美食家，其實說白了還是饞人。」其實，美食家和饞人還是有區別的。所謂的美食家自標身價，專挑貴的珍饈美味吃，饞人卻不忌嘴，什麼都吃，而且樣樣都吃得津津有味。唐魯孫是個饞人，饞是他寫作的動力。他寫的一系列談吃的文章，可謂之饞人說饞。

不過，唐魯孫的饞，不是普通的饞，其來有自；唐魯孫是旗人，原姓他他那氏，隸屬鑲紅旗的八旗子弟。曾祖長善，字樂初，官至廣東將軍。長善風雅好文，在廣東任上，曾招文廷式、梁鼎芬伴其二子共讀，後來四人都入翰林。長子志銳，字伯愚，次子志鈞，字仲魯，曾任兵部侍郎，同情康梁變法，戊戌六君常集會其家，慈禧聞之不悅，調派志鈞為伊犁將軍，遠赴新疆，後敕回，辛亥時遇刺。仲魯是唐魯孫的祖父，其名魯孫即緣於此。唐魯孫的曾叔祖父長敘，官至刑部侍郎，其二女並選入宮侍光緒，為珍妃、瑾妃。珍、瑾二妃是唐魯孫的族姑祖母。民初，唐魯孫時七、八歲，進宮向瑾太妃叩春節，被封為一品官職。唐魯孫的母親是李鶴年之女。李鶴年奉天義州人，道光二十五年翰林，官至河南巡撫、河道總督、閩浙總督。

唐魯孫是世澤名門之後，世宦家族飲食服制皆有定規，隨便不得。唐魯孫說他家以蛋炒飯與青椒炒牛肉絲試家廚，合則錄用，

且各有所司。小至家常吃的大滷麵也不能馬虎,要滷不瀉湯,才算及格,吃麵必須麵一挑起就往嘴裡送,筷子不翻動,滷就不瀉了。這是唐魯孫自小培植出的饞嘴的環境。不過,唐魯孫雖家住北京,可是他先世遊宦江浙、兩廣,遠及雲貴、川黔,成了東西南北的人。就飲食方面,嘗遍南甜北鹹,東辣西酸,口味不東不西,不南不北變成雜合菜了。這對唐魯孫這個饞人有個好處,以後吃遍天下都不挑嘴。

唐魯孫的父親過世得早,他十六、七歲就要頂門立戶,跟外交際應酬周旋,觥籌交錯,展開了他走出家門的個人的飲食經驗。唐魯孫二十出頭,就出外工作,先武漢後上海,遊宦遍全國。他終於跨出北京城,東西看南北吃了,然其饞更甚於往日。他說他吃過江蘇下裡河的鯝魚,松花江的白魚,就是沒有吃過青海的鰉魚。後來終於有一個機會一履斯土。他說:「時屆隆冬數九,地凍天寒,誰都願意在家過個闔家團圓的舒服年,有了這個人棄我取,可遇不可求的機會,自然欣然就道,冒寒西行。」唐魯孫這次「冒寒西行」,不僅吃到青海的鰉魚、烤犛牛肉,還在甘肅蘭州吃了全羊宴,唐魯孫真是為饞走天涯了。

民國三十五年,唐魯孫渡海來臺,初任臺北松山菸廠的廠長,後來又調任屏東菸廠。六十二年退休。退休後覺得無所事事,可以遣有生之涯。終於提筆為文。至於文章寫作的範圍,他說:「寡人有疾,自命好啖。別人也稱我饞人。所以,把以往吃過的旨海名饌,寫點出來,就足夠自娛娛人的了。」於是饞人說饞就這樣問世了。唐魯孫說饞的文章,他最初的文友後來成為至交的夏元瑜說,唐魯孫以文字形容烹調的味道,「好像《老殘遊記》山水風光,形容黑妞的大鼓一般」。這是說唐魯孫的饞人談饞,不僅寫出

吃的味道，並且以吃的場景，襯托出吃的情趣，這是很難有人能比擬的。所以如此，唐魯孫說：「任何事物都講究個純真，自己的舌頭品出來的滋味，再用自己的手寫出來，似乎比捕風捉影寫出來的東西來得真實扼要些。」因此，唐魯孫將自己的飲食經驗真實扼要寫出來，正好填補他所經歷的那個時代，某些飲食資料的真空，成為研究這個時期飲食流變的第一手資料。

尤其臺灣過去半個世紀的飲食資料是一片空白，唐魯孫民國三十五年春天就來到臺灣，他的所見、所聞與所吃，經過饞人說饞的真實扼要的紀錄，也可以看出其間飲食的流變。他說他初到臺灣，除了太平町延平北路，幾家穿廊圓拱，瓊室丹房的蓬萊閣、新中華、小春園幾家大酒家外，想找個像樣的地方，又沒有酒女侑酒的飯館，可以說是鳳毛麟角，幾乎沒有。三十八年後，各地人士紛紛來臺，首先是廣東菜大行其道，四川菜隨後跟進，陝西泡饃居然也插上一腳，湖南菜鬧騰一陣後，雲南大薄片，湖北珍珠丸子，福建的紅糟海鮮，也都曾熱鬧一時。後來，又想吃膏腴肥濃的檔口菜，於是江浙菜又乘時而起，然後更將目標轉向淮揚菜。於是，金齏玉膾登場獻食，村童山老愛吃的山蔬野味，也紛紛雜陳。可以說集各地飲食之大成，彙南北口味為一爐，這是中國飲食在臺灣的一次混合。

不過，這些外地來的美餚，唐魯孫說吃起來，總有似是而非的感覺，經遷徙的影響與材料的取得不同，已非舊時味了。於是饞人隨遇而安，就地取材解饞。唐魯孫在臺灣生活了三十多年，經常南來北往，橫走東西，發現不少臺灣在地的美味與小吃。他非常欣賞臺灣的海鮮，認為臺灣的海鮮集蘇浙閩粵海鮮的大成，而且尤有過之，他就以這些海鮮解饞了。除了海鮮，唐魯孫又尋

覓各地的小吃。如四神湯、碰舍龜、吉仔米糕、肉粽、虱目魚粥、美濃豬腳、臺東旭蝦等等,這些都是臺灣古早小吃,有些現在已經失傳。唐魯孫吃來津津有味,說來頭頭是道。他特別喜愛嘉義的魚翅肉羹與東港的蜂窩蝦仁。對於吃唐魯孫兼容並蓄,而不獨沽一味。其實要吃不僅要有好肚量,更要有遼闊的胸襟,不應有本土外來之殊,一視同仁。

唐魯孫寫中國飲食,雖然是饞人說饞。但饞人說饞,有時也說出道理來。他說中國幅員廣闊,山川險阻,風土、人物、口味、氣候,有極大的不同,因各地供應飲膳材料不同,也有很大差異,形成不同區域都有自己獨特的口味,所謂南甜、北鹹、東辣、西酸,雖不盡然,但大致不離譜。他說中國菜的分類約可分為三大體系,就是山東、江蘇、廣東。按河流來說則是黃河、長江、珠江三大流域的菜系,這種中國菜的分類方法,基本上和我相似。我講中國歷史的發展與流變,即一城、一河、兩江。一城是長城,一河是黃河,兩江是長江與珠江。中國的歷史自上古與中古,近世與近代,漸漸由北向南過渡,中國飲食的發展與流變也寓其中。

唐魯孫寫饞人說饞,但最初其中還有載不動的鄉愁,但這種鄉愁經時間的沖刷,漸漸淡去。已把他鄉當故鄉,再沒有南北之分,本土與外來之別了。不過,他下筆卻非常謹慎。他說:「自重操筆墨生涯,自己規定一個原則,就是只談飲食遊樂,不及其他。良以宦海浮沉了半個世紀,如果臧否時事人物惹些不必要的嚕囌,豈不自找麻煩。」常言道大隱隱於朝,小隱隱於市。唐魯孫卻隱於飲食之中,隨世間屈伸,雖然他自比饞人,卻是個樂天知命而又自足的人。

〈唐魯孫文集序〉

涼拌海參與《隨園食單》

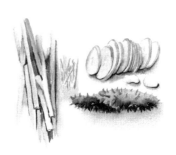

　　近來天熱，難耐廚下的油煎火燎，學孟子所謂的君子，不近庖廚。即使下廚，也甚少舉火。一日午覺醒來，突然想起當年梁實秋與聞一多，執教於青島的山東大學，逢周末或假日，與同事數人，張飲酒樓之上。酒以尚好的紹酒，一罈約三十斤為度，菜餚則隨季節變化。

　　時值盛夏，梁實秋要店家治涼拌海參一品。海參切絲置於冰櫃，臨吃取出，下調味料蔥絲、芝麻醬、蒜泥、芥末、香油、醬油、醋調拌，是消暑下酒的佳餚。於是，立即起身，冰箱裡尚有日前發妥的烏參一條，洗淨，滾雞湯下料酒及蔥薑出水，以冰水淘之，涼透後切絲，置於冰箱，吃時取出，墊以黃瓜絲，拌以調料，並和以嫩薑絲與陳皮絲，再滴太倉糟油少許，即可。是晚，更飲貯於凍格的伏特加數杯，伏特加冰凍後，其稠如油，入口一股冰涼直落丹田，配涼海參食之，端的是絕佳妙品。

　　海參入饌，由來已久。三國時，吳國沈瑩《臨海水土異物志》稱海參為土肉：「土肉，正黑，如小兒臂大，長五寸，中有腹，無

口目，有三十足，炙食。」元賈銘《飲食須知》，分析海參，認為其：「味甘鹹，性寒滑。患泄瀉痢下者勿食。」謝肇淛《五雜組》敘海參之形狀及其性：「海參，遼東海濱有之，一名海男子。其狀如男子勢然，淡菜之對也。其性溫補，足敵人參，故名海參。」初海參多為藥用，明清之際的《本草從新》、《百草鏡》有記載。《百草鏡》謂以海參，充庖煸豬肉，食可健脾。《閩小記》則說：「海參得名，亦以能溫補也。」因海參性溫，與魚翅並為宮廷御食。《酌中志·飲食好尚紀略》條下載：「海參，鰒魚，鯊魚筋（魚翅），肥雞，豬蹄筋，共燴一處，恆喜用焉。」

　　入清以後，對海參的記載漸多。趙學敏《本草綱目拾遺》對海參的生長環境、加工的方法皆有敘述，並謂海參「至伏月則潛伏海中極深處石底，或泥穴中，不易取，其質肥濃，皮刺光澤，味最美，此為第一，名曰伏皮，價頗昂，入藥以此種為上」。郝懿行《海錯》則謂「海人沒水底取之，置烈日中，濡柔如欲消盡，瀹以鹽則定，然味仍不鹹，用炭灰腌之，即堅韌而黑」，其腌製之法與今同。至於海參入饌，袁枚《隨園食單·海鮮》條下有「海參三法」：

> 海參，無味之物，多沙氣腥，最難討好。然天性濃重，斷不可以清湯煨也。須撿小刺參，先泡去沙泥，用肉湯滾泡三次，然後以雞、肉兩汁紅煨極爛。輔佐則用香蕈、木耳，以其色黑相似也。大抵明日訪客，則先一日要煨，海參才爛。嘗見錢觀察家，夏日用芥末、雞汁拌海參絲，甚佳。或切小碎丁，用筍丁、香蕈丁入雞湯煨作羹。蔣侍郎家用豆腐皮、雞腿、蘑菇煨海參，亦佳。

　　《隨園食單》所列的海參三法，一為煨燜，一為作羹，一為涼拌。其涼拌「夏日用芥末、雞汁拌海參絲」，梁實秋涼拌海參的靈感，或得自此。涼拌海參一味，亦售於食肆，《桐橋倚棹錄》記載道光年間蘇州虎丘桐橋間的食肆，出售的眾多的菜中，有燴海參、十景海參、蝴蝶海參、海參雞、拌海參等多種。其拌海參或與《隨園食單》同，已成為市井流行的佳餚。

　　隨園主人袁枚，清乾隆四年進士，翰林院庶吉士，前後歷任江蘇粟水、江寧知縣。年未四十即退官，於南京小倉山築隨園，或謂隨園所在，即曹雪芹家的舊府第。自此隱影山林，廣交賓朋，論文賦詩五十年，是清代著名的文學家與詩人。著有《小倉山房詩文集》、《隨園詩話》、《隨園隨筆》多種。《隨園食單》是袁枚四十年飲饌經驗的集結。《隨園食單》序云：「每食於某氏而飽，必使家廚往彼灶觚，執弟子之禮。」每在外得佳餚，即命家廚前往執弟子禮學習。因此「四十年來，頗集眾美。」《隨園食單》刊於乾隆五十七年，反映了清康乾盛世的江南飲饌風貌。

　　袁枚在《隨園食單‧序》，批評了孟子的飲食觀念，他說：「孟子雖賤飲食之人，而又言飢渴未能得飲食之正。」這種批評不僅突破以往飲饌之書，著錄於〈農家〉、〈方技〉的框限，並將飲饌之書提升至藝術的層面。《四庫總目提要》即將飲饌之書，自〈農家〉與〈方技〉析出，與器物、墨硯、花卉並列，置於〈藝術〉之後，另成〈譜錄〉一類。負責主編《四庫總目》的紀昀與袁枚同時，《隨園食單》更實踐了這種觀念，並引導明清文人食譜更上層樓，進入一個新的境界。飲食雖為小道，但袁枚認為也是一種學問。他說：「學問之道，先知而後行，飲食亦然。」

　　《隨園食單》全書分〈須知單〉、〈戒單〉、〈海鮮單〉、〈江鮮

單〉、〈特牲單〉、〈雜牲單〉、〈羽族單〉、〈小菜單〉、〈點心單〉、〈茶酒單〉等十四種，三百餘品。對於各種材料的處理，一如其寫詩論文，特別重視性靈。所以他說：「凡物各有先天，如人各有資稟。人性下愚，雖孔、孟教之，無益也；物性不良，雖易牙烹之，亦無味也。」中國飲饌之書可分三類，一為敘烹調之，如北魏崔浩《食經》，一為僅載菜餚品目，如唐韋巨源〈燒尾宴食單〉，一為敘飲饌掌故，如宋陶穀《清異錄》。袁枚《隨園食單》敘烹調之法，僅舉大端。但舉一反三，並參照揚州鹽商童岳薦的《調鼎集》，仍有跡可循。此後的淮揚菜系即由此出，也是京蘇大菜的淵源所自。

猶憶十多年前，初訪金陵，寓於南京大學，得識其餐廳的莫師傅。莫師傅是餐廳外包的老闆，特一級廚師。或出自胡長齡門下。胡長齡是金陵的首廚，能治隨園菜。幾次餐敘都是由莫師傅掌勺，吃到地道的金陵美餚。於是和他談到隨園菜。當時剛開放不久，他說材料不易取。的確，後來我臨行，回請接待的諸先生，請莫師傅治一席。席間有冬瓜盅一味，所用的冬瓜，還是莫師傅親自下鄉自個體戶家中搜得。因為當時市上所售冬瓜，既大且老不堪用。後來經濟漸醒，發展觀光，各地紛出現仿古菜，杭州有八掛樓的仿宋菜、西安有曲江宴、紅樓、金瓶飲饌也流行起來，南京的隨園宴也應運而生。我雖皆未嘗其味，但觀其圖片及文字記載，多華而不實，難見神韻。

不久前，飲食文學研討會在臺北召開，於圓山飯店擺過一次隨園宴。不知誰擬的菜單，是日菜餚多不見於《隨園食單》。可考者僅蝦餅，按《食單‧水族無鱗單》，有〈蝦餅〉條下：「以蝦捶爛，團而煎之，即為蝦餅。」夏曾傳《隨園食單補證》：「或以網

油卷而灼之，即為蝦卷。」是日金錢蝦餅頗類粵菜的桂林蝦丸，是油炸而非「團而煎之」。

另有小菜大頭菜一碟。案《食單·小菜單》條下，有大頭菜一味，僅云：「大頭菜出南京承恩寺，愈陳愈佳。入葷菜中，最能發鮮。」臺灣所製大頭菜，過鹹而不香。須入水浸泡半日，始可食用。承恩寺的大頭菜已不可得，揚州三和醬園的大頭菜仍可用。不過夏曾傳《隨園食單補證》，引《雲南記》敘雲南大頭菜，謂「巂州界緣山野間，有菜大葉而粗莖，其根若大蘿蔔。土人蒸煮其根葉而食之，可以療飢，名之為諸葛菜」，因諸葛亮南征時，軍士曾以此菜充糧，故名。諸葛菜之根腌製後即為雲南大頭菜，夏曾傳以此補注《隨園食單》大頭菜，雲南大頭菜或與承恩寺大頭菜味相近。

前時去香港，在街邊南貨店貨架底層，搜得雲南玫瑰大頭菜兩盒。歸來，憶起《食單》所謂大頭菜「入葷菜中，最能發鮮」。於是，試依《食單》所載炒肉絲之方，略以調配，成大頭菜炒雞絲一味。按《食單》所載炒肉絲：「切細絲，去筋袢皮骨，用清醬、酒郁片時，用菜油熬起，白煙變青煙後，下肉炒勻，不停手，加蒸粉，醋一滴，糖一撮，蔥白、韭蒜之類。」以肉絲換雞的里脊絲，以雲南大頭菜，配阿里山發妥的冬筍尖，紅椒一朵，並切細絲。依《食單》之法烹調之，出鍋之後雞絲與大頭菜黑白分明，並襯以筍尖的微黃，椒絲的潤紅，色彩鮮豔，鮮味盡出，配粥下飯，夾饅頭或酌酒，皆宜，置於冰箱亦可冷食。所以一粥一飯一餚，當思來處不易。而且皆有淵源，雖有變化，但不離其宗，不是憑空臆想的。

那日隨園宴，我也應邀敬陪末座，席間要我說幾句話，我僅

說隨園之食，宜小鍋小灶，不適合拜拜，是日席開十餘桌，熱鬧喧嘩非凡，但已無人想到袁枚《隨園食單》的雅致了。袁枚視其《食單》與詩作等同，其〈雜書十一絕句〉詠《食單》云：「吟詠閒餘著《食單》，精緻乃當詠詩看，出門事事都如意，只有餐盤合口難。」不難體會袁枚《食單》所蘊的詩意了。

紅樓飲食不是夢

　　中央大學中國文學系的康來新，酷愛《紅樓》成癖，不僅有《紅樓夢》的研究室，隔一段時間就請世界各地的紅學家來臺討論《紅樓》，今年又與沈春池基金會合辦「引君入夢——一九九八《紅樓夢》博覽會」，各地的紅學家又將在臺北集會，我也應邀敬陪末座。

　　首先我必須說，我絕非紅學專家。因為該看《紅樓》的年紀，在戰亂中渡過，四處飄零，那顧得小兒女情懷。勝利後在蘇州，因讀《茵夢湖》，想到《紅樓夢》。買了本廣文版的《紅樓夢》，但字小行密，讀了幾回真的入夢了。才發現自己是個俗人，無法領悟夢中的情味。後來，治中國大陸史學，因鄧拓的一篇〈論《紅樓夢》的社會背景和歷史意義〉，掀起中國資本主義萌芽問題的討論。中國資本主義萌芽問題，是中國大陸歷史解釋五朵紅花中的一朵。因此，開始翻閱《紅樓夢》。又因近年講「中國飲食史」，其中有明清小說中的飲食，紅樓的飲食是不可缺的，不得不再讀《紅樓》。但都是些吃吃喝喝油油膩膩的材料，既無情趣且不雅，

和紅學家所探索的《紅樓》大異其趣。不過,這次康來新卻引我入夢,派給我的題目是「紅樓飲食夢」。

對於「紅樓飲食夢」這個題目,思之再三,覺得其中似有可討論的地方。因為小說是文學創作重要的一環,文學創作和歷史敘述不同,歷史敘述為了尋覓歷史的真相,文學創作則表現作者個人的才思。蕭統編《昭明文選》,早有區分。所以,小說家對小說人物的塑造,故事情節的結構與發展,可憑個人的經驗與想像而虛擬或創作。不過,小說家對小說中飲食的描繪,卻和作者個人生活的時代與社會環境相應。這種作者時空交匯的生活習慣或經驗,反映在小說創作之中,為我們保存了豐富的飲食資料。中國長篇小說興於明清,討論明清飲食生活與習慣,這個時期的小說是一個重要的源頭。

施耐庵敘《大宋宣和遺事》,傳《忠義水滸全傳》,其中有「燈火樊樓」的汴京名店,有武松醉打的快活林,還有荒村的小酒館,更有賣人肉包子的黑店,梁山好漢大碗喝酒,大塊吃肉,寫的是宋代,表現的卻是元末明初之際的飲食情況。元末明初天下亂,社會民生凋敝,飲食生活非常粗糙,《水滸》寫「五俎八簋,百味庶羞」的瓊林宴,也只是抽象的描繪,不能作具體的敘述。施耐庵完全無法理解孟元老的《東京夢華錄》,所敘述宋代東京繁華的飲食景象。施耐庵和傳《三國》的羅貫中都生於離亂,隱於江湖之中,所以,施耐庵對飲食的敘述,表現了當時社會實際的飲食情況。

同樣地,《金瓶梅》寫的是宋代,但如吳晗所說表現的卻是明代萬曆前後,城市經濟興起,以西門慶為代表的城市居民實際飲食情況,《金瓶梅》飲食文化圈與「孔府」重疊,比《紅樓夢》更

具體表現當時實際的社會飲食情況。吳承恩《西遊記》寫的雖然是唐代神仙飲宴，實際卻是明代後期的人間煙火。吳承恩科場落第，長期流落民間，漂泊於淮揚鄉野寺廟間，所敘的齋宴都是這個地區的鄉食俚味。

　　所以，小說所敘述的飲食，和作者個人的生活經驗，有密切的關係。曹雪芹的好友敦誠〈寄懷曹雪芹〉詩，有「揚州舊夢久已覺，且著臨邛犢鼻褌」，似乎暗示曹雪芹似司馬相如，曾開過料理店。曹雪芹既被舊夢所牽，個人又精於烹調，其所敘《紅樓》飲食皆有所自，且多「南味」。所以，《紅樓》飲食不是夢。

茄鯗

　　茄鯗，非曹雪芹所創。當時以茄子乾製的茄鯗，南北皆有。丁宜曾《農圃便覽》即載有茄鯗一味：「立秋茄鯗，將茄煮半熟，使板壓扁，微拌鹽，腌二日，取曬乾，放好葱醬上，露一宿，瓷器收。」丁宜曾字椒圃，山東日照人。科舉屢試不第，轉而從事農田經營，留心農事。摘錄前人有關農桑著述，並紀錄其故鄉日照縣西石梁村的農事見聞，於乾隆十七年撰成此書。二十年刊刻。此時或即曹雪芹困居西山，撰寫《紅樓》之時。當然，曹雪芹肯定沒有看過《農圃便覽》。不過，丁宜曾所記的茄鯗，行於魯南，是一味流行民間的鄉村俚食，和劉姥姥在大觀園吃的茄鯗不同。

　　其實，茄鯗一味，基本上是茄子乾製久貯，以便隨時食用。因為大陸各地生產是有季節性的。當時京朝大吏出京巡視或上任，不似今日朝發暮至，往往一路行來要段很長的時間，所經並非盡是通都大邑，可能宿於荒村小驛。隨行廚師，多備此物，大人傳膳，廚師自罈中取出，配以在地所取得雞或其他肉類，或炒或拌，立即上桌，可飯可粥，也可以佐酒。所以當時將茄鯗稱為「路

菜」。是一種旅途中風餐露宿之食。

茄鯗原是普通的家常之食，南北皆有。但經曹雪芹粗菜精饌，素食葷烹之後，其中增加些江南的特產，不僅成為細緻的「南食」，《紅樓》的大觀園中又多了一道美味。《紅樓夢》四十一回敘茄鯗的製作：「鳳姐兒笑道：這也不難。你把才下來的茄子，把皮籤了，只要淨肉，切成碎釘子，用雞油炸了，再用雞脯子肉並香菌、新筍、蘑菇、五香豆腐乾、各色乾果子，都切成釘子，拿雞湯煨乾，將香油一收，外加糟油一拌，盛在瓷罐子裡封嚴。要吃時拿出來，用炒的雞瓜一拌就是。」

此處茄鯗的製作過程有三個階段，首先是對茄子的處理，但省略一般製茄鯗的晒乾階段，也就是戚蓼生序本的「切成頭髮細的絲兒，晒乾了」，直接用雞油炸乾。不過削茄子用竹刀，而非另本謂的「鑀」。第二階段是對配料的處理，然後以糟油拌和，置於瓷罐封嚴。最後吃時自罐中取出，和炒過的雞瓜相拌即可。雞瓜即雞的小里脊，或謂雞瓜是雞爪，但雞爪如何炒拌。而且用雞爪相拌，將精緻的菜餚變粗了，除非將雞爪去骨，淖水爆炒，或堪一用，不過菜的顏色就不好看了。

至於配料，新筍、五香豆腐乾、糟油皆江南產。新筍或是春筍，康熙皇帝最歡喜吃江南產的春筍，每次下江南必食此味。曹雪芹的祖父曹寅深體康熙心意，每次向北京進貢「燕來筍」，也就是「筍菜沿江三月初」，燕子歸巢時破土而出的春筍。曹雪芹嗜筍，《紅樓》飲食中有雞皮酸筍湯、鮮筍火腿湯、雞髓筍等味。至於五香豆腐乾，乾隆時蘇州、揚州、杭州的五香豆腐乾是當時名食，尤以揚州最著名。李斗《揚州畫舫錄》載揚州南貯草坡姚家的最好，時稱姚乾。清林蘇門〈邗上名目飲食詩〉云：「晚飯炊成

月正黃，家藏兼味究可嘗，會當下箸愁無處，小菜街頭賣五香。」指的就是揚州五香豆腐乾。茄鯗以糟油拌後封存。糟油俗稱糟滷，其製法八角、丁香等作料，分別炒製，以紗布包妥，置於原罈黃油中，加適當鹽或糖，封存二、三月即成。糟油宜用於清淡的菜餚，炒拌皆可，現以江蘇太倉的糟油最著名。茄鯗經糟油拌後，就成為道地的「南味」了。

　　不過，曹雪芹這樣的茄鯗，配料凌駕主料。夏曾傳《隨園食單補證》說：「《紅樓夢》茄鯗一法，製作精矣。細思之，茄味蕩然。富貴之人失其天真，即此可見。」的確，數年前，廚下存太倉糟油半瓶，於是將茄子淖水曬成鯗，切拇指大塊，與製成的配料以糟油同拌，置冰箱中三數日，取出，與爆炒雞里脊同扣，其味如劉姥姥細嚼了半日茄鯗，笑道：「雖然有點茄子香，只是還不像茄子。」只是臺灣的茄子，瘦長而少肉，製作茄鯗不易。

釋 鯗

《紅樓夢》四十一回有茄鯗一味,是《紅樓夢》所記載的菜餚中,唯一有製作方法,而且將茄鯗製作過程,敘述得非常細緻。劉姥姥聽了搖頭吐舌說道:「我的佛祖,倒得十來隻雞來配他,怪道這個味兒。」

所以,從一九八三年在北京中山公園的「來今雨軒」,請紅學專家吃的那席紅樓宴,其中就有茄鯗一味。雖然,紅學大家周汝昌為這場紅樓宴,留下「名軒今夕來今雨,佳饌紅樓海宇傳」。不過,他卻認為照王熙鳳所說方法,炮製的茄鯗,其實並不好吃。寫《紅樓風俗譚》的鄧雲鄉,似也參加了這次盛會,他說這味茄鯗,黃臘臘的,油汪汪的一大盤子,上面有白色的丁狀物,四周有紅紅綠綠的彩色花配襯著,吃起來味道像宮保雞丁加茄子。其後大陸流行起紅樓宴來,其中必有茄鯗一味,其製法皆仿自「來今雨軒」。我參加過此間舉行的紅樓飲食夜話,品嘗過一位烹飪專家製作的茄鯗,其實是一盤燴茄丁,我嘗了一口,即停箸難以為繼。

　　雖然，他們所製茄鯗，皆取自《紅樓》，但卻忽略了茄鯗的那個鯗字。按鯗，《廣韻》注鯗：「乾魚臘也。」至於鯗字的由來，據《吳地記》載吳王闔閭入海逐夷人，遇風浪而糧盡，吳王向海拜禱，但見金色魚群逼海而來，三軍雀躍。但夷人卻一魚無獲，遂降，因名此魚為逐夷。吳王凱歸後仍思此魚，臣屬奏稱，魚已暴乾。吳王取魚乾食之，其味甚美。因此以魚置於美下，而成鯗字。不論這個傳說真偽，鯗是指乾臘的魚，是沒有問題的。

　　東南沿海人民以鯗入饌，由來已久。吳自牧《夢粱錄》記載南宋臨安多鯗鋪，不下二百家。所售之鯗，有郎君鯗、石首鯗、帶鯗、鰻條彎鯗，名目繁多，不下數十種。臨安即現在的杭州，當時不僅有魚鯗的專賣店，並且「又有盤街叫賣，以便小街狹巷主顧」，由此可知魚鯗在宋代臨安，已是家戶普遍的食品。

　　由於過去沒有冷藏設備，漁民將打來的鮮魚，曝乾以便久藏，供隨時食用，稍予調治即成佳饌。袁枚《隨園食單》有糟鯗一味，「冬日用大鯉魚醃而乾之，入酒糟，置壇中，封口。夏日食之」，江浙餐館的煎糟、川糟，即由此製成。《隨園食單》另有臺鯗，臺鯗即河豚鯗。並謂臺鯗：「用鮮肉同煨，須肉爛時放鯗；否則鯗消化不見矣。」而且臺鯗「肉軟而鮮肥」，可為鯗凍，袁枚說此「紹興人法也」。

　　浙江紹興、寧波一帶，好鯗煨肉，以肋條切塊，入鍋著糖色，加高湯與醬油同煮，適當時入鯗塊，加酒同煮，然不可過久，此為江浙菜館的鯗烤肉，佐酒下飯皆宜。鯗以白鯗為佳，白鯗即黃魚鯗，伏天取黃魚剖晒壓，堅硬色白。或由此得名。以白鯗燉雞，味甚鮮美。燉，浙江方言蒸之意。鯗烤肉，冬日冷食，即為鯗凍肉。鯗凍肉與蝦油雞為寧波人必備的年菜，諺曰：「為過年下飯，

通貧富有之，男女傭工賀年，曰吃鯗凍肉去。」

　　鯗為乾魚，由此引申，浙人對晒乾的菜脯亦稱鯗，瓜脯稱尺鯗。茄子稱茄鯗，也有此意。現在紅樓宴的茄鯗，源於坊間流行的庚辰本《紅樓夢》，其製作的第一過程：「鳳姐兒笑道：這也不難。你把才下來的茄子，把皮籤了，只要淨肉，切成碎釘子，用雞油炸了……」不過，戚蓼生序本的《紅樓夢》則是這樣記載：「鳳姐兒笑道：這也不難。你把四、五月裡的新茄包兒摘下來，把皮和穰子去盡，只要淨肉，切成頭髮細的絲兒，曬乾了，拿一隻肥母雞，靠出老湯來，把這茄子絲上蒸籠蒸的雞湯入了味，再拿出來曬乾，如此九蒸九曬，必定曬脆了……」。庚辰本的《紅樓夢》少了這個過程，所以，後來紅樓宴的茄鯗，才變成黃腊腊的、油汪汪的宮保雞丁加茄子，或一碟燴茄丁，這是烹飪者不好學深思，紅學家又只會讀書不識吃之故。

茄子入饌

　　《紅樓夢》的茄鯗，主要的材料是茄子。茄子在漢代由印度經絲綢之路，傳入中國。晉代以後才開始普遍種植，東晉的京口，現在的江蘇鎮江一帶，所產茄子最佳。不過，茄子產區遍及南北，茄子入饌，最早見於北魏後期賈思勰的《齊民要術》。

　　賈思勰曾任北魏高陽太守，他編著的《齊民要術》，是地方官吏的勸農之書，是流傳至今日最完整的一部農書。中國古代的農書為了解決民食問題，也就是人民吃的問題，所以《齊民要術》的編纂形式，「起自耕農，終於醯、醢，資生之業，靡不畢書」。《齊民要術》所敘「資生之業」之過程，飲食烹飪是一個重要環節。其載有「焦茄子法」一條：「用子未成者，以竹刀骨刀四破之，湯煠去腥氣。細切蔥白，熬油令香，香醬清、擘蔥白與茄子俱下，焦令熟。下椒、薑末。」按焦，《通俗文》稱：「燥煮曰焦。」燥煮則少汁，若今日之燜。這是最早的烹調茄子之法。但較現代講究，因用鐵器剖茄則渝黑，故以骨刀或竹刀，且茄子經水淖後下鍋，以去生腥。

隋煬帝稱茄子為昆侖紫瓜，取其色並敘其所自。《清異錄》則稱茄子為昆味或酪蘇。段成式《酉陽雜俎》謂：「茄子熟者食之厚腸胃。」黃庭堅有〈謝楊履道送銀茄詩〉：「藜藿盤中生精神，珍蔬長蒂色勝銀，朝來鹽醯飽滋味，已覺瓜瓠漫輪囷。」詩敘鹽醯茄子滋味。銀茄即白茄。王禎《農書》謂茄子：「一種渤海茄，白色而堅實；一種番茄，白而扁，甘脆不澀，生熟可食；一種紫茄，色紫蒂長，味甘；一種水茄，形長，味甘，可以止渴。」茄子不論紫白，皆可入饌。熟燜涼拌，蒸煮炒炸，乾鮮鹹甜皆宜，自來就是一味家常菜。

茄子入饌，多見於明清食譜。明高濂《遵生八箋》有糟茄訣：「五茄六糟鹽十七，更加河水甜如蜜。」也就是用茄子五斤、糟六斤、鹽十七兩，並以河水小碗拌糟，製成糟茄子，可久貯食用。元韓奕《易牙遺意》有「配鹽瓜茄」。即以老瓜、嫩茄合五十斤，每斤用淨鹽二兩半，醃一宿出水，再入紫蘇、薑絲、杏仁、桂花、甘草、黃豆一斗。酒五斤，同拌入甕，以泥封口。兩月後取出，再加入花椒、茴香、砂仁，拌勻。「曬在日，內發熱乃酥美。」《易牙遺意》另有「糖蒸茄」，將茄子淖後，瀝乾，用薄荷、茴香、沙糖、醋浸三宿，晒乾，還滷，直至滷盡茄乾，壓扁收藏之。

「糖蒸茄」與「配鹽瓜茄」都是將茄子乾製後，長久食用。「配鹽瓜茄」與《調鼎集》的「醬瓜薑茄」製法相似，醃後「放透風處，半陰半陽，不宜晒」而陰乾。《調鼎集》是揚川鹽商童岳薦的食單，或謂袁枚《隨園食單》，亦多取材自此。《隨園食單》有「茄二法」：「吳小谷廣文家，將整茄子削皮，滾水泡去苦汁，豬油炙之。炙時須待泡水乾後，用甜醬水乾煨，甚佳。盧八太爺家，切茄作小塊，不去皮，入油灼微黃，加秋油炮炒，亦佳。是

二法者，俱學之而未盡其妙。惟蒸爛劃開，用麻油、米醋拌，則夏間亦頗可食。或煨乾作脯，置盤中。」

　　所謂煨乾做成茄子脯，也可久貯。又《西遊記》「鏇皮茄子鵪鶉做」一味，後人不知其意，認為是鵪鶉燒茄子，鵪鶉燒茄子則是一味葷菜，不是神佛或僧道所宜。按《廣群芳譜》有「鵪鶉茄」：揀嫩茄子切細縷，沸湯淖過，控乾，用鹽、醬、花椒、蒔蘿、茴香、甘草、杏仁、紅豆研細末拌，晒乾，蒸收之。用時，以滾水泡好，蘸香油煠之。其製法與戚蓼生序本《紅樓夢》「九蒸九曬，必定曬脆了」，與朱彝尊《食憲鴻祕》之「蝙蝠茄」製法相近。

　　茄子雖然可以入饌，成為一味家常菜，但明清以來的食家，多將茄子乾製後，久藏，以便隨時食用。曹雪芹《紅樓夢》的茄鯗，可能在這個基礎上發展形成的。

老蚌懷珠

　　曹雪芹寫《紅樓》飲食，是小說故事發展過程中，日常生活的一個縮影，隨著不同季節轉換。其實都是些平常的飲食，只是烹調比較細緻而已。嚴格說這些飲食無法湊成一桌筵席。尤其《紅樓》菜饌，短少海河時鮮；所以，當初北京「來今雨軒」複製所謂的紅樓宴，不得不從《紅樓》之外引進幾味佳饌餚，清蒸鰣魚與老蚌懷珠就是其中的兩味。

　　鰣魚是曹雪芹的祖父嗜食之物，老蚌懷珠則是曹雪芹親自烹調，給他的至交好友敦敏、敦誠兄弟吃的。敦敏、敦誠是清宗室裔胄，兄弟皆能詩，敦敏有《懋齋詩鈔》；敦誠字敬亭，有《四松堂集》二卷，《鷦鷯庵筆麈》一卷，皆軼。楊鍾義《雪橋詩話》云：「敬亭嘗為《琵琶亭傳奇》一折。曹雪芹題句有云：白傳詩靈應喜甚，定教蠻素鬼排場。雪芹為楝亭通政孫，平生為詩，大概如此，竟坎坷以終。敬亭輓雪芹詩有：牛鬼遺文悲李賀，鹿車荷鍤葬劉伶。」楝亭，是曹雪芹祖父曹寅。曹雪芹題敦敏《琵琶亭傳奇》詩，是雪芹除《紅樓》外，唯一流傳的兩句。敦敏以李賀

詩才鬼氣，劉伶拚命飲酒輓曹雪芹，可謂知之甚深。

　　敦敏兄弟詩文集雖軼，但《八旗詩鈔》錄有其兄弟詩一卷，其中有敦敏的〈贈曹雪芹〉、〈訪曹雪芹不值〉、敦誠〈寄懷曹雪芹〉、〈佩刀質酒歌〉等四首，亦以敦誠〈佩刀質酒歌〉更見他們兄弟與曹雪芹深厚的情義。〈佩刀質酒歌〉序云：「秋曉，遇雪芹於槐園。風雨淋涔，朝寒襲袂，時主人未出，雪芹酒渴若狂，余因解佩刀沽酒而飲之。雪芹歡甚，作長歌以謝余，余亦作此答之。」詩寫到他與曹雪芹在槐園偶遇，「秋氣釀寒風雨惡，滿園榆柳飛蒼黃，主人未出童子睡，斝乾甕澀何可當。相逢況是淳于輩，一石差可溫枯腸，身外長物亦何有，鸞刀昨夜磨秋霜。」詩寫敦誠與曹雪芹在滿園秋色滿天風雨中相遇，曹雪芹思酒若狂，敦誠解下自己的佩刀為曹雪芹換酒喝。此情此景不僅可以入詩，也可入畫，寫出人間至情，曹雪芹得此知己死而無憾。

　　所以，曹雪芹與敦敏、敦誠的情義，非一般世俗所能理解。敦敏《瓶湖懋齋記盛》敘述曹雪芹為他們「做魚下酒，藉飽口福也」。其製作過程：「余等至復室，移桌就座，置杯箸，具肴酒，盥手剖魚，以供芹圃烹煎……移時，叔度將湯海來，芹圃啟其覆碗，以南酒少許環澆之，頓時鮮味濃溢，誠非言語所能形容萬一也。魚身螯痕，宛似蚌殼，佐以脯筍，不復識其為魚矣。叔度更以箸輕啟魚腹，曰：請先進此奇味，則一斛明珠，璨然在目，瑩潤光潔，大如桐子，疑是雀卵。……後顧余曰：芹圃做魚，與人迥異，……弟不知芹圃何從設想，定有妙傳，願聞其名。叔度曰：此為老蚌懷珠。非鱖魚不能識其變。若有鱸魚又當更勝一籌。」

　　此次曹雪芹所烹的「老蚌懷珠」，以鱖魚烹製，形似河蚌，內藏明珠，以油煎烹而成。但惜沒有道出內藏的明珠為何物。或謂

以蛋清和綠豆粉製成的小丸子。其實是雞頭肉。雞頭肉即春天太湖濱所產的芡實，以雞湯煨之，瑩晶鮮嫩。「來今雨軒」所烹製的「老蚌懷珠」，用的武昌魚，即毛澤東所謂「才飲長沙水，又吃武昌魚」的鯿魚。鯿魚多骨，不宜此味，魚腹所鑲用的是鵪鶉蛋，而且清蒸不是油煎，去曹公遺意甚遠。

曹雪芹的「老蚌懷珠」，其製或由傳統的釀炙白魚法。見《齊民要術》，即「取好白魚肉細琢，裹作弗，炙之」。所謂「裹作弗」，也就是將細琢的肉塞入魚腹內，以鐵籤貫穿。明劉伯溫《多能鄙事》有用鯉魚，腹中鑲肉，杖夾炙熟，似釀炙白魚遺風。清乾隆年間，揚州一帶有「荷包魚」。用鯽魚，以腺子為餡塞魚腹內，形似荷包而得名。「荷包魚」由徽州傳入，是徽州鹽商的故園俚味，由徽菜中的「沙地鯽魚」演變而來。「荷包魚」又名「鯽魚懷胎」。與曹雪芹「老蚌懷珠」相近。但其製法卻是不破腹，而從魚背啟刀，鑲餡，烹煎而成。

櫻桃鰣魚

鰣魚是曹雪芹祖父曹寅嗜食之物。曹寅〈鰣魚詩〉云:「三月
齏鹽無次第,五湖蝦菜例雷同,尋常家食隨時節,多半含桃注頰
紅。」詩後有自注:「鰣魚初至為頭膘,次櫻桃紅。予向充貢使,
今停罷十年矣。」

鰣魚是江蘇名產,形秀而扁,色白似銀,每年春末夏初,從
海內洄游江中產卵,季節性很準,所以稱為鰣魚。至於曹寅所謂
的「櫻桃紅」,鄭板橋有詩云:「江南鮮筍趁鰣魚,爛煮春風三月
初。」指的就是這種的櫻桃鰣魚。不過,這種櫻桃鰣魚數量不多,
網捕不易,被老饕視為珍品。曹寅以雪船上貢北京。明清鰣魚上
貢,多在五月端午前。明何景明有詩云:「五月鰣魚已至燕,荔枝
蘆桔未應先。」

曹寅不僅嗜食鰣魚,特別是「櫻桃紅」,而且吃法也與人不
同。鰣魚的吃法宜蒸不宜煮,袁枚《隨園食單》就說鰣魚貴在個
清字,保存真味,切忌放雞湯,否則喧賓奪主,真味全失。而且
鰣魚的美味在皮鱗之交,所以清蒸鰣魚是不去鱗的。不過,曹寅

卻認為鰣魚不去鱗是鄉野的吃法，其〈和毛會侯席上初食鰣魚韻〉就說「乍傳野市和鱗法，未敵豪家醒酒方」。所以，曹寅不僅嗜食鰣魚，而且是位知味者，他自稱饕餮之徒。撰有《居常飲饌錄》。

　　《四庫全書總目提要‧譜錄類》食譜存目云：「《居常飲饌錄》一卷，國朝曹寅撰。寅字子清，號棟亭，鑲藍旗漢軍。康熙中巡視兩淮鹽政，加通政司銜，是編以前代所傳飲膳之法彙成一編。」包括宋王灼《糖霜譜》、宋東谿遯叟《粥品》及《粉麵品》、元倪瓚《泉史》、元海濱逸叟《製脯鮓法》、明王叔承《釀錄》、明釋智舷《茗箋》、明灌畦老叟《蔬香譜》及《制蔬品法》等等，曹寅對宋元明相關的飲食資料搜羅甚豐，並將這些資料作一個總結性的匯編。又《四庫全書總目提要》有曹寅《棟亭詩鈔》五卷，並謂「其詩出入白居易蘇軾之間」。不過，曹寅的詩鈔中有許多飲饌的資料，菜餚如紅鵝、綠頭鴨、寒雞、石首魚、鰣魚、鮑魚羹、蟹胥。此外，還有蔬果如筍豆、薺菜、櫻桃等等。以及許多點心與茶酒的詩。曹氏家族自曹璽開始，在江南興盛一個多甲子，曹寅前後擔任三年的蘇州織造，二十一年的江寧織造，而且自認為是老饕，他雖然沒有留下部類似食譜的專著，但這些詩就是飲食經驗的紀錄。

　　朱彝尊《曝書亭集》卷二十一，稱讚曹寅家的雪花餅，有「粉量雲母細，糝和雪糕勻」之句，雖然雪花餅是明清之際江南流行的點心，亦見於韓奕《易牙遺意》，但皆不如曹家的細緻。朱彝尊，號竹垞，浙江秀水人。康熙十八年舉博學鴻詞，授翰林院檢討，長於詞，是清初大家，並專研經學，著有《經籍考》，與曹寅友好，其文集《曝書亭集》，即由曹寅刊刻。朱彝尊另有食譜《食憲鴻祕》二卷。《食憲鴻祕》分為飲、飯、粉、粥、餌、餡料、

醬、蔬、果、魚、蟹、禽、卵、肉、香等類，內容非常豐富。朱
彝尊與曹既然友好，稱讚曹家的雪花餅，其《食憲鴻祕》復有雪
花餅的製作方法，方法即傳自曹家。《食憲鴻祕》載有菜餚或麵點
的烹調或製作方法四百餘種，其中或有若干是出自曹府。同樣地，
朱彝尊是浙江人，所以《食憲鴻祕》中有很多火腿與筍的製作方
法，對於火腿與竹筍的烹飪方法，可能直接影響曹府，間接反映
在《紅樓》的飲食之中。

　　食譜之作，儒道二家各有分教，分別見於目錄學的農家或方
技家。明清以後，食譜多出於文人之手，因而食譜之作轉而與書
畫筆硯同著錄於〈譜錄類〉，被視為藝術的一種，《四庫全書總目
提要》即作如此的分類。自此飲食已躍出儒、道二家的維生及養
生的範疇，獨立成類，這是中國飲食文化重大的轉變。曹雪芹與
其祖父曹寅都處在這個潮流轉變中，曹寅的《居常飲饌錄》，曹雪
芹的《斯園膏脂摘錄》為《廢藝齋集稿》的飲食之作，表現了這
種轉變的趨勢。曹雪芹的兩書雖軼，但其製作的「老蚌懷珠」，卻
為這個時代的文人食譜，以及其對飲饌製作的形式，留下一個很
好的注腳。

南酒與燒鴨

　　裕瑞《棗窗閒筆》描敘曹雪芹「其人身胖頭廣而色黑」，但「善談吐，風雅遊戲，觸境生春」，是一支好筆。不過，說曹雪芹嘗作戲語云：「若有人欲快睹我書不難，惟日以南酒燒鴨享我，我即為之作書。」

　　曹雪芹所作之書是《紅樓夢》。至於南酒，是流行江南以稻米釀成黃酒，如金華酒或百花酒等等，金華酒即今之紹興。與北方以稷糧蒸餾的白酒不同，白酒性辛烈，南酒性醇和，明清之際市井間多喜南酒，常與燒鴨並舉。《金瓶梅》三十四回有「一罈金華酒與兩隻燒鴨子」。燒鴨即金陵片皮鴨，最初民間用的是炙法，使用叉燒烤製而成，後經明初宮廷御廚房改良燜爐烤法，然後隨遷都傳到北京，流行民間。其後清宮以烤小豬的掛爐烤法燒烤。仍循其舊，這兩種燒鴨的方法，皆流傳民間，北京老店「便宜坊」用的是金陵燜爐烤法，「全聚德」則用的是掛爐烤法。燒鴨與南酒都是南味，也是曹雪芹嗜食之物。

　　曹雪芹烹調「老蚌懷珠」時，告訴大家這是一道南味。曹雪

芹說：「我謂江南好，恐難盡信。余豈善烹調者，亦只略窺他人些許門徑，君即贊不絕口，他日若有江南之行，遍嘗名饌，則今日之魚，何啻小巫見大巫矣。」曹雪芹生於曹寅往生之年，雍正五年抄家之時，已經十三歲，北上後對少年時江南的金液玉食常魂牽夢縈。所以，敦敏〈贈曹雪芹〉詩，就說曹雪芹「燕市狂歌悲遇合，秦淮殘夢憶繁華」，敦誠〈寄懷曹雪芹〉詩也說「揚州舊夢久已覺，且著臨邛犢鼻褌」，所以曹雪芹將許多過去的懷念，寄託於飲饌，反映在《紅樓夢》的日常生活之中。當年「來今雨軒」複製《紅樓夢》菜餚的紅樓宴，計有：

一、菜餚：油炸排骨、火腿燉肘子、醃胭脂鵝脯、籠蒸螃蟹、糟鵝掌、糟鵪鶉、炸鵪鶉、銀耳鴿蛋、雞髓筍、麵筋豆腐、茄鯗、五香大頭菜、老蚌懷珠、清蒸鱘魚、芹芽鳩肉膾。

二、湯：酸筍雞皮湯、蝦丸雞皮湯、火腿白菜湯。

三、甜品：建蓮紅棗湯。

這些菜餚都是當時江南的名餚，或售於酒樓茶肆，或存於名家的食譜，其來歷與演變，皆有跡可循，有些至今仍流行於淮揚菜系中。所以曹雪芹《紅樓夢》中的南味，並非杜撰，而皆有所自來。其所謂的南味，以淮揚菜系為主，並且包括了蘇州、金陵的江南風味。

不僅《紅樓夢》的菜餚是江南風味，其主食也以南食為主。所謂南食就是米食。徐珂《清稗類鈔·飲食類》云：「南人之飯，主要品為米，蓋炊熟而顆粒完整者，次要則為成糜之粥。北人之飯，主要品為麥，屑之為饝，次要則為成條之麵。」即所謂的粒食或粉食。《紅樓夢》第五十三回，記載黑山村莊主烏進孝過年向賈府稟呈的禮單中，有「胭脂米兩石，碧糯五十斛，白糯五十斛，

粉粳五十斛，雜色粱穀各五十斛，下用常米一千擔」。卻沒有麥也沒有麵粉。《紅樓夢》寫的主食計二十三種，其中有米飯十二種，粥七種，另有粱豆各一種。至於麵食，只有六十二回，眾人為寶玉祝壽，提到的銀絲掛麵及麵條子，此外七十一回寫尤氏吃的餑餑，所以《紅樓夢》裡日常生活與宴飲所吃的主食，以飯或粥為主。

　　當然，這是很容易理解的。曹雪芹的曾祖曹璽，康熙二年出任江寧織造，後來到他祖父曹寅，曹氏家族前後在江南生活了一個多甲子，曹雪芹誕生在金陵，童年及少年在那裡渡過，遷歸北京後，雖然往日的繁華已如煙似夢，但他一直懷念著江南的舊家，所謂「秦淮殘夢憶繁華」，在他「醉餘奮掃如椽筆」寫《紅樓夢》時，不自覺地就將這些南味寫進去。曹雪芹寫《紅樓夢》之初，留下「滿紙荒唐言，一把辛酸淚，都云作者癡，誰解其中味」的謎題，那麼謎底呢？

味分南北

　　曹雪芹歡喜江南飲食,將少年時的飲食記憶,有意或無意寫入《紅樓夢》的日常生活之中,為後人留下一個「誰解其中味」的謎題。

　　味分南北,古來有之。當年韓愈貶官潮州,途抵廣州,初嘗嶺南生猛海鮮,印象深刻,寫成〈初南食貽元十八協律〉一首。元十八即元集虛,隱居廬山韓愈的河南同鄉。這次韓愈南來,路經廬山,與元十八相聚,臨行,寫成〈贈別元十八協律〉六首。其中有「不意流竄路,旬日同食眠」之句,二人相處甚得。所以,韓愈將初嘗南食的新奇經驗,「聊歌以記之」,寄贈元十八。〈南食〉詩云:「鱟實如惠文,骨眼相負行。蠔相黏為山,百十各自生。蒲魚尾如蛇,口眼不相營。蛤即是蝦蟆,同實浪異名。章舉馬甲柱,鬥以怪自呈。其餘數十種,莫不可嘆驚。我來禦魑魅,自宜味南烹。調以鹹與酸,芼以椒與橙。腥臊始發越,咀吞面汗騂。」

　　韓愈初嘗南味,先後吃了鱟、蠔、蒲魚、石蛙、章魚、帶子,

及其他幾十種「莫不可嘆驚」的海鮮。他說既南來蠻荒地，就該享受南方獨特的異味。以酸鹹的汁配以花椒與橙和成的醬，以去腥臊，活剝生吞，吃得面紅耳赤，滿臉是汗。韓愈初嘗「南食」，顯然不是愉快的經驗，遠不如後來的蘇東坡，謫貶儋耳，現在的海南，大嚼野味瀟灑。蘇東坡在海南島，苦無肉可食，寫詩寄其弟蘇轍：「五日一見花豬肉，十日一遇黃雞粥，土人頓頓食薯芋，薦以熏鼠燒蝙蝠，舊聞蜜唧嘗嘔吐，稍近蝦蟆緣習俗。」詩後有注：「儋耳至難得肉食。」不得不遷就當地習俗，吃些野味，怡然自得。於是，蘇東坡超越南北味的邊際，詩作更上層樓，有了陶淵明的韻味。

　　常言道靠山吃山，靠水吃水，不同的地理環境與氣候，提供不同的飲食資料，形成不同的飲食習慣與文化。就活動在長城之內的漢民族而言，以秦嶺至淮河流域為界，黃河與長江流域的農業生產環境不同，南稻北粟的主食文化早已形成。戰國以後麥的普遍生產與磨的改良，粒食與粉食的主食文化逐漸固定，至今仍未改變。不同的主食配以不同的副食，而有南味北味之別，徐珂《清稗類鈔》云：「食品之有專嗜者，食性不同，由於習尚也。茲舉其尤，則北人嗜蔥蒜，滇、黔、湘、蜀人嗜辛辣品，粵人嗜淡食，蘇人嗜糖」，口味各有不同。因此，在南北主食文化區之中，又有華北、西南、東南、華南飲食文化圈的存在。這些不同的飲食文化圈，就是日後菜系形成的張本。

　　飲食習慣形成之後，基本的口味改變甚難。晉武帝平吳之後，陸機兄弟由江南入洛陽，不僅有山河之異，更有口味的不同。《晉書‧陸機傳》云：「至太康末，與弟雲俱入洛，……嘗詣侍中王濟。濟指羊酪謂機曰：卿吳中何以敵此？答云：千里蓴羹，未下

鹽豉。」陸機以江南的蓴羹來比北方的乳酪。又《世說新語‧識鑒》說張翰入洛,「辟齊王東曹掾。在洛見秋風起,因思吳中菰菜羹、鱸魚膾。日:人生貴得適意爾,何能羈宦數千里以要名爵!遂命駕便歸。」張翰在洛陽因秋風起,思念故鄉的南味,遂棄官還鄉,非常瀟灑。

　　兩宋時代中國飲食文化的發展,進入另一個新的階段。孟元老《東京夢華錄》所載,北宋末年,東京汴梁的飲食業非常發達,除大的酒樓外,還有食店、酒店、麵店、餅店、肉食店,並且也有沿街叫賣的飲食擔子。在這些飲食行業中,而有南食與川食的飲食店,這些南食與川食,最初為了南方入京者不習慣北方口味而設,後來竟成東京的時尚,此風宋室南渡臨安二百年仍未改變。吳自牧《夢粱錄‧麵食店》條下云:「向者汴京開南食麵店,川飯分茶,以備江南往來士夫,謂其不便北食故耳。南渡以來,幾二百餘年,則水土既慣,飲食混淆,無南北之分矣。」飲食習慣,積習難改,由此也可以了解曹雪芹在《紅樓夢》中堅持南食的心境了。

二分明月舊揚州

　　李斗《揚州畫舫錄·虹橋錄》載盧見曾，字抱孫，號雅雨山人，山東德州人。乾隆時官至兩淮轉運使，築蘇亭於使署，「日與詩人相酬詠，一時文宴盛於江南」。盧見曾曾修禊虹橋，作律詩四首，和詩者七千餘人，其詩有「綠油春水木蘭舟，步步亭臺邀逗留，十里畫圖新閬苑，二分明月舊揚州」。

　　「二分明月舊揚州」，緣於唐徐凝的「天下三分明月夜，二分無賴是揚州」。《尚書·禹貢》云「淮海惟揚州」，淮是淮水，海指東海，惟雖是虛字，古惟、維相通，其後詩人詠揚州，多稱維揚。杜甫〈奉寄章十侍御〉云：「淮海維揚一俊人，金章紫綬照青春。」劉希夷〈江南曲〉：「潮平見楚甸，天際望維揚。」由此維揚成為揚州的別稱，明初於此置維揚府，所謂淮揚名饌，維揚美點，即出於此。所以淮揚菜又稱維揚菜。

　　揚州臨江近海，隋唐運河穿城而過，地近運河入江口處，與淮南各地水陸相連，自來是茶、鹽的集散地。對外交通海陸相接，珠寶、藥材、香料經此轉運。所以，工商行旅雲集，人文薈萃，

市容繁華鬧熱，甚於長安。唐代詩人常詠讚揚州的「十里長街」，張祜〈縱遊淮南〉：「十里長街市井連，月明橋上看神仙。」杜牧〈贈別二首〉：「春風十里揚州路，卷上珠簾總不如。」又：「街垂千步柳，霞映兩重城。」于鄴《揚州夢記》描述揚州市容：「揚州勝地也……九里三十步街中，珠翠填咽，邈若仙境。」入夜之後，全城燈火輝煌，笙歌通宵達旦，陳羽〈廣陵秋夜對月即事〉：「霜落寒空月上樓，月中歌吹滿揚州。」王建〈夜看揚州市〉：「夜市千燈照碧雲，高樓紅袖客紛紛，如今不似時平日，猶自笙歌徹曉聞。」李紳〈宿揚州〉：「夜橋燈火連星漢，水郭帆檣近斗牛。今日市朝風俗變，不須開口問迷樓。」這樣繁華的城市，詩人也想「腰纏十萬貫，騎鶴上揚州」了。

　　揚州是個繁華的城市，也是個飄逸著詩意的城市。李白、杜甫、白居易、王昌齡、杜牧、李商隱都留下詠唱揚州的詩篇。後來歐陽脩、蘇軾曾任揚州太守、知州，從平山堂覽望揚州，也寫下不少膾炙人口的詩。有詩就有酒，詩酒風流，最後總是離不了吃。帝王巡幸揚州，更是「恆舞酣歌」、「宴會嬉遊」，盡嘗東南美味。揚州所在的江淮地區，湖泊星羅棋布，自漢唐以來，就是著名的魚米之鄉，「水落魚蝦常滿市，湖多蓮芡不論錢」。於是，揚州水產野味，成為宮廷內膳供應的佳品。隋代揚州上貢，食品有魚鮹、糖蟹、蜜薑，還有葵花大斬肉，即蟹粉獅子頭。隋煬帝幸揚州，喜食以松江四腮鱸魚製成的金齏鱸膾，認為是東南佳味。後來鱸魚製成乾膾，以冰船上貢長安，成為隋唐士人嗜食之物。皮日休「唯有故人憐未替，欲封乾鱠寄終南」，說的就是這種鱸魚膾。

　　唐代揚州的繁榮，後經唐末戰亂破壞，至北宋尚未復原。到

了南宋江淮又成宋金爭奪之地，後來揚州被金主完顏亮佔領，經過十六年的破壞，已是滿目瘡痍。姜夔過揚州，寫下一闋〈揚州慢〉，其序描述揚州：「予過維揚，夜雪初霽，薺麥彌望。入其城，則四顧蕭條。」詞中云：「自胡馬窺江去後，廢池喬木，猶厭言兵。……二十四橋仍在，波心蕩，冷月無聲。念橋邊紅藥，年年知為誰生？」

明清以後，設兩淮鹽轉運使於揚州。《兩淮鹽法志》載：「鹽課居賦稅之半，兩淮鹽課又居天下之半。」江浙、皖、贛的富商來揚州經營鹽業。《淮安府志》說「四方豪商大賈鱗集麇至」，揚州鹽商富甲天下。「衣物屋宇，窮極華奢，飲食器具，各求工巧，宴會嬉遊，殆無虛日」。鹽商不僅促使揚州經濟繁榮，文化興盛，同時也將揚州的飲食提升到一個新境界。

揚州盛於清康熙、乾隆之際，尤其是乾隆的五六十年間，是全盛時期。這個時候出現了一本記載揚州風貌的書，就是李斗的《揚州畫舫錄》。李斗花了三十多年輯成此書，刊於乾隆六十年。李斗說他的《揚州畫舫錄》「上之賢士大夫流風餘韻，下之瑣細猥褻之事，詼諧俚俗之談，皆登而記之」。在瑣細俚俗之事中，飲食是一個重要的部分，包括市場、茶肆、酒樓、食店、食擔、家庖、船菜、滿漢全席、文會，以及著名的菜餚、麵點、茶、酒等皆有記載，透過這些豐富的資料，可以探索維揚菜系的舊時路。

富春園裡菜根香

　　那年冬季，再去江南，懷著滿襟的朔風，下了揚州。揚州是初探，但時間倉卒，去來僅一天。所以，看罷平山堂歐陽永叔的飲酒吟詩處，就順路下山去瘦西湖。瘦西湖的湖水靜穆含煙，凝住兩岸枯柳萬千條。然後又到梅嶺，弔史可法的忠魂，梅嶺的蠟梅綻放，滿枝黃色的花蕊，顫顫在初露的冬陽裡，另是一番風骨。最後趕去富春茶社。

　　遊揚州必去富春茶社。所謂「瓊花芍藥紅梅春，湖瘦山平皓月光，游罷興餘思去處，富春園裡菜根香」，菜根香是正宗的維揚菜館，在距富春茶社不遠的街上。不過，菜根香的「金鑲銀」的蛋炒飯，名聞遐邇，是當年楊素隨隋煬帝幸揚州，所嗜食的碎金飯遺風，惜沒有時間一嘗。富春茶社由陳步雲初創於辛亥後不久，快九十年的老店了。最初原為賞花的花局，供文人雅士吟唱聚談之所，後來賞遊者日多，漸漸發展成食肆，供應維揚美點。

　　揚州茶坊之興，來自蘇州。《揚州竹枝詞》云：「問他家本是蘇州，開過茶坊又酒樓，手植奇花供君賞，三春一直到二秋。」

蘇州的茶坊是供四方遊手好閒輩聚談，商賈晨起聚會交換商業資訊之所，稱為茶會。揚州興盛後，許多蘇州工藝匠人前往謀生，將茶坊開到揚州，最初士大夫不屑一顧，其後鹽商巨賈涉足其間，漸為人接受。於是茶坊起於街衢巷陌，遍處皆是，所謂「揚州茶坊之盛，甲於天下」，形成揚州人早晨皮包水，下午水包皮的生活，也就是早晨去茶坊喝茶，下午到澡堂泡澡。

富春茶社是目下在揚州最老最著名的茶坊。上樓坐定，點了肴肉，淮魚干絲、三丁包子、翡翠燒賣、春卷、湯包、雪筍包子、千層油糕，還有一碗魚湯麵，都是維揚名點，最著名的就是三丁包子。三丁包子由來已久，當年乾隆下江南，駐蹕揚州。不過，他認為做包子有五要件：「滋養而不過補，美味而不過鮮，油香而不過膩，鬆脆而不過硬，細嫩而不過軟。」揚州師傅尊上諭，以海參、雞肉、豬肉、筍、蝦仁切丁和餡，做成五丁包子。三丁包子即承其餘緒，以雞肉、五花肉、鮮筍切丁，雞丁較肉丁、筍丁大，再以雞湯煨後調餡製成。包出來的包子「荸薺鼓形鯽魚嘴，三十二紋折味道鮮」，全憑手上工夫。

包子的成敗全在麵粉的發酵。袁枚《隨園食單》云：「揚州發酵最佳，手捺之不盈半寸，放鬆仍隆然而高。」維揚美點就以此為基礎製成。翡翠燒賣其餡以青菜剁成泥狀，用熟油調餡，皮薄似紙，蒸後透翡翠綠色，故名。燒賣上撒以火腿末，紅綠分明，非常好看，其出處則由糯米燒賣轉化而來。千層油糕則由清代揚州「其白如雪，揭之千層」的千層饅頭而來。千層油糕將麵皮擀成十六層，層置油丁，糕面撒青紅絲，蒸後半透明，呈芙蓉色。翡翠燒賣與千層油糕，是富春茶社的雙絕。

至於湯包，現在一般稱湯包為蘇式湯包，但湯包在蘇州則稱

徽式湯包。《揚州畫舫錄．虹橋錄》下載「乾隆初年，徽人於河下街賣松毛包子，名徽包店」，徽州環山，山多馬尾松，蒸包子的籠以松針墊底，既有松香味，又不黏底，故名松毛包子。明清以後徽商遍天下，揚州鹽商多徽商，徽商鄉里之味的徽菜，也隨著進入揚州，對淮揚菜影響甚大，松毛包子即為一例。現今臺北小籠包仍以松針墊底者，僅呂氏夫婦經營的郁芳小館。郁芳小館治淮揚菜餚與麵點。

　　揚州富春茶社的湯包，餡鮮、湯滿。惜我去時河不出蟹，無法吃到蟹粉湯包。湯包不僅揚州、鎮江、泰州、淮安等淮揚菜系所在皆是佳品，作家王辛笛詠其故鄉淮安的湯包云：「凍肉凝脂拌蟹黃，薄皮敞開一包湯，蒸籠抓取防傷手，齒舌從容著意嘗。」頗為傳神。

我住長江頭

　　臺北的維揚菜，以銀翼為首，但銀翼卻以川揚風味為號召。川是四川，揚是揚州，二者一在長江頭，一在長江尾，而且四川味好辛辣，維揚菜尚鮮甜，二者並舉，甚不搭調。好有一比：「我住長江頭，君住長江尾，日日思君不見君，共飲長江水。」

　　川揚並列，究其原因，緣於上海的海派菜。所謂海派，鴉片戰爭後上海開為商埠，五方來會，華洋雜處，紙醉金迷的十里洋場，迅速發展成現代化的都會。為了突現其文化特色與北京不同，海派斯興。海派的特色是兼容與創新，但稍嫌浮誇。於是戲有海派京戲，菜有海派菜色。雖然滬菜以甬、杭、蘇、錫菜為骨架構成，但各地菜色也向上海輻輳。二十年代流行一段彈詞，名為〈洋場食譜開篇〉，將當時上海著名的菜館酒樓的特色，以韻語道出，開始唱道：「萬國通商上海城，洋場店鋪密如林，蘇杭勝地從來說，比較蘇杭勝幾分。市肆繁華矜富麗，中西食品盡知名。」所謂「中西食品盡知名」，已道出上海的海派菜逐漸形成。

　　最初進入上海的外地菜是徽菜，可追溯到鴉片戰爭以前。徽

商善經營，此時已察覺中國未來經濟的動向，資金由揚州向上海轉移，壟斷了上海的典當業，準備向其他新興行業過渡。這是中國近代社會經濟重大的變動，也是中國近代飲食文化重大的轉變。前此，漕運或鹽商聚集之所，必有佳饌。此後，通商口岸，洋商所處之地，促成菜系的形成。徽菜來滬，前後著名的菜館有八仙樓、勝樂春、華慶園、鼎新樓、大中華等。抗戰前上海的徽菜有五百多家，通衢皆是，其著名的菜色有炒鱔背、炒划水、走油折燉，尤其是餛飩鴨與大血湯被滬菜吸收，成為上海的名饌。徽式麵點也為滬人所喜。不過，上海的徽菜並非來自皖南徽商故鄉，與上海的徽商一樣，由揚州過渡而來。淮揚菜因鹽商已受徽菜的感染，同時揚州的徽菜也有淮揚菜的風味。

不過，川菜和淮揚菜最初在上海，各行其是。淮揚菜在光緒初年到上海，當時最著名的揚州菜館有新新樓與復興園，本世紀初則有大吉春與半醉居。半醉居榆柳夾道，環境雅潔，滬上詞人墨客多詠唱其間。三十年代後則以老半齋最著名。老半齋來自鎮江，其肴肉清搶用的是鎮江香醋。四十年代初，揚州名廚莫有庚來上海，主廚於中國銀行，後與其兄弟有財、有源組莫有財廚房，是現在著名的揚州飯店的前身。淮揚嘉饌在上海有醋溜鯽魚、清蒸刀魚、紅燒獅子頭、煮麵筋、清腰片、魚麵、玫瑰豬肉饅頭等，莫有庚所創的松仁魚米，也膾炙人口。淮揚菜在上海或新創，或承舊統，皆能保持故有風味。

川味於清末出現上海，始於英租界四馬路（現福州路）一帶，有川人經營的川味小館，頗受歡迎。國民軍北閥，軍中有不少川人，於是川味隨國民革命軍進入上海，三十年代著名的川菜館有都益處、大雅樓、共樂春、陶樂春等，其菜饌有米粉肉、奶油廣

肚、蹄筋臘肉、鍋燒羊肉、菊花鍋、紅燒大雜燴等。不過川味到上海後，為適應在地人口味，去其辛辣，已非其鄉里正宗。尤其勝利後，接收大員攜眷順流而下，復員上海，因八年抗戰侷居山城，一旦離去，頗似陸游離蜀以後，「東來坐閱七寒暑，未嘗舉箸忘吾蜀」，對川味念念不忘。於是，海派的川菜興焉。海派川菜附淮揚菜行於滬上，而有綠楊春與梅龍鎮等酒家出現。綠楊春取名自王漁洋詩句「綠楊城郭是揚州」，梅龍鎮則採自京劇〈梅龍鎮〉，除保持淮揚菜餚的特色，並增供川菜，有魚香肉絲、乾煸牛肉絲、樟茶鴨、陳皮牛肉等等。其後錦江飯店也是川揚合流，我曾在錦江飯店吃過一味乾煸牛肉絲，麻而不辣，微甜，其味絕佳，又多點了一盤。海派川菜與淮揚菜合流後，因而出現了「川揚」的招牌。

　　臺北銀翼的川揚，非來自上海。銀翼原是抗戰時昆明空軍的福利餐廳，並供應陳納德飛虎隊的飲食，後復員杭州筧橋，撤退來臺後，獨立而出。初張於臺北火車站旁，室內裝潢仍是空軍藍色，又名為銀翼，以示不忘本。不過，現在幾經遷移，已多不知其源流了。

案：此篇言海派菜意有未盡，故更撰〈海派菜與海派文化〉續論之。

也論牛肉麵

　　焦桐在《聯副》上，發表了一篇〈論牛肉麵〉，是篇談吃的好文章。談吃的文章不易寫，若梁實秋的《雅舍》、周作人的《知堂》、汪曾祺的《五味》以及陸文夫的《美食家》，既談吃且有情趣而不俗。談吃沒有情趣，若牛啃草，療飢而已。

　　我也好牛肉麵，但僅止於好。所謂好，只要對味就好，不像焦桐獨沽一味，竟至酷愛的程度，但卻品出其中之味。多年前，《世界日報》在美創刊，劉長官（潔）囑我寫稿一篇，我寫了一篇〈牛肉麵及其他〉，在紐約與臺北同步刊出。這篇文章頗膾炙人口，論談者頗多，且有後話。

　　文章發表的當晚，就接到信義路「牛肉麵大王」寄來的請帖，請我吃麵，務必賞光。因為在文章裡批評這家牛肉麵店服務態度，伙計與老闆都非常傲慢，我的朋友曾在那裡掀過桌子。於是我約了劉長官，因為文章是他約的。心想宴無好宴，所以帶了一個黑帶三段的學生，屆時前往。但我並不認識老闆，我介紹餐館，有一個原則，一定和餐廳老闆互不相識。因為吃人家的嘴軟，以免

有廣告之嫌。我們在樓上點了幾樣小菜和麵，淺酌起來，卻沒有通知老闆。飯罷付帳，並留一張名片，意說我已經來過了。服務生接過名片匆匆下樓，接著老闆堆著滿臉笑容，上得樓來，他說他剛接手，原來的王老闆移民了。他頂下這個鋪子，過去一切請多包涵，並且說希望以後常來吃，記他的帳。我也笑著回答：「麵味道不錯，只要將湯裡整粒的花椒大回挑撿出來，就好了。」

　　還有一談的是當時開在杭州南路仁愛路口，招牌寫著「獨一無二」的「老張擔擔麵」，我在〈牛肉麵及其他〉寫老張擔擔麵：「的確有它獨特的地方，選牛肉是上等的，絕無牛腩，湯醇厚而不膩，佐以泡菜與小籠包食之，其味絕佳。我欣賞的倒不是這個，而是這些年轉變很大，老張擔擔麵一直保持著原來的模樣。一樣的牛肉，一樣的店面，一定的開堂時間，在四週高樓雲起裡，走進這家店吃麵，還能使人發思古之幽情。」

　　文章發表以後不久，我再去老張擔擔麵來一碗紅燒，發現湯味已不似以往，付帳後留下一張名片，並寫了幾個字。過去和現在我都不習慣用名片，印名片為了上飯店用的。當年逯耀東三個字，在飯館還有點名頭，不似今日後生拿了名片說這個逯字沒見過，怎麼讀法。當晚就接到老張擔擔麵老闆的電話，他說他準備不做了，都是我惹的。平時他一天賣七十斤的牛肉，從我的文章後，一天賣一百三十斤牛肉的牛肉麵，實在累得受不了。我安慰他說保持原來的味道就好。但我們始終沒見過面。

　　後來那老闆的確不做了，將招牌頂給別人，又因為原地改建，遷到旁邊巷子裡去了。我曾去吃過一次，真的已非舊時味了。去時正是晚飯上座時分，但座上只有愚夫婦二人，不似當年火紅了。幾年前，路對面開了一家老張川味牛肉麵，依稀當年口味，但不

知是否是原來的老張擔擔麵再開張。不過,此店仍售豬肝麵過橋,當年僅此一家。靠牆的桌子坐著一老者,背後襯著個泡菜大玻璃罐子,罐裡白色泡菜間浮著幾支鮮紅的辣椒,老者神情木拙而落寞,在座上的喧嘩聲中,備覺淒清。當爐的是些中年婦人,也許薪火相傳到第二代了。

這篇〈牛肉麵及其他〉,引起不少讀者的關注,來信告知他們認為好吃的牛肉麵。當時牛肉麵遍街皆是,順手拈來,難免有遺珠之憾。不過,其中永康街三角公園旁的一家牛肉麵攤,倒值得一提。我按圖前往,擺攤的是一個五十多歲的漢子。我稱他是條漢子,因為頗有性格,颱風下雨,身體心情不爽都不開市,攤旁樹幹上貼出張條子說明原由。我去了幾次終於吃了一碗,湯裡似稍加一點芝麻醬,比較香稠,的確與眾不同。

擺攤的老闆也許是軍中退役,才有這種豪爽卻彆扭的性格。我在鳳山步校受預官訓時,鳳山橋頭有一家牛肉麵店,鋪子用竹子搭成,非常簡陋,老闆五、六十歲,削瘦的臉上沒有表情,嘴上老叼著一支香菸,一口川音,是軍中退役的士官。灶上店中只他一人打理,專售牛肉與蹄花麵。店裡僅竹板桌三張,木凳八九個。永遠客滿,門外還有許多軍官等候。一次我正在店中低頭吃麵,忽然聽到老闆大聲說:「不吃,出去,囉唆!」我抬頭一看,一位三顆梅花軍官正無奈地起身,嘴裡還吶吶說:「我要的紅燒,不是蹄花。」他還沒有走出門,站在門外的一位中校已擠進來,喊著:「蹄花,我要。」小店沒有招牌,後來我對人稱其為「司令官牛肉麵店」。

再論牛肉麵

　　當年在臺灣吃牛肉並不普遍，但牛肉麵卻在此興起，並且流行，是個異數。牛肉麵在此興行，和過去半個世紀社會經濟的發展，文化的變遷與族群融合都有關係。的確值得一論而再論。

　　先民初移民臺灣，拓墾田野，牛是主要的勞動力，不僅對牛寵顧，更不忍食其肉。所以，牛肉丸隨客人傳來臺灣，改以豬肉製作，而成今日的新竹貢丸。一般家庭是不吃牛肉的，想吃牛肉只得到外面去，市場有賣牛雜的攤子，以大鍋煮牛雜，香膩無比。並將新鮮的牛肚、牛心或牛肉在牛雜鍋裡汆燙，其名曰切，尤其切毛肚，更是鮮嫩無比，如北京的水爆肚。不過，這種大鍋煮的牛雜，現在已經無處可覓了。我曾去潮州與中壢探訪，都不是那種烹調法。過去南昌街還有一家大鍋煮牛雜，現在也改成中壢式了。至於切牛雜臺南還有一家，但不是原鍋原汁切燙，原味全失。

　　麵條是麵粉的加工品，臺灣吃的多是以米磨粉，製成米粉與粿條。至於麵粉製的麵條，即是大麵又稱油麵，雖有來自福州的意麵卻不普遍。油麵的烹調方法很簡單，一是以蔥在油鍋爆香後

下肉絲同炒，但肉絲切得粗如手指，然後加湯入麵共煮，其麵湯蔥油香與麵中鹹味並現，不下上海城隍廟的蔥油煨麵。過去街旁露店都會煮，但現在卻變味了。另一種是切仔麵則更簡單，將麵在湯鍋燙後，加綠豆芽和韭菜數條，兩片瘦肉即可。現在麵攤買的陽春麵，粗細皆有，則來自上海，江南稱加蔥花的光麵為陽春，即陽春白雪之意，其名甚雅。如今街頭有傻瓜麵，則緣於福州的乾拌麵，配福州魚丸湯而食，起於小南門榕樹下的麵攤，價廉物美，因為我的女朋友在附近醫院工作，當時常去吃。

　　但將牛肉與麵條合成的牛肉麵，卻創於臺灣。牛肉麵冠以川味，但四川卻不興此麵。那年西北壯遊歸來，在成都歇腳，風塵未掃，就出得旅店，包了輛計程車，去尋覓地道的川味牛肉麵。穿街過巷兩個小時，竟無所獲。最後吃了兩盤夫妻肺片與一碗鍾水餃，拎了一斤郫縣豆瓣醬回來，雖然價錢甚廉，但車資卻不貲。

　　郫縣豆瓣醬是調製川味必備之物，紅燒牛肉麵不在川味小吃之列，川味小吃中有小碗紅湯牛肉一種。其製法將大塊牛肉入沸水鍋汆去血水後，入旺火鍋中煮沸，再用文火煮至將熟，撈起改刀，然後將郫縣豆瓣剁茸，入油鍋煵酥去其渣成紅油，以清溪花椒與八角等綑成香料包，與蔥薑入牛肉湯鍋中，微火慢熬而成，其湯色澤紅亮，麻辣滾燙，濃郁鮮香。臺灣的川味牛肉麵或緣此而來，和紅湯牛肉與麵而成，即為川味牛肉麵。只是臺灣的川味牛肉麵內加番茄，當年大同川菜的牛尾湯，紅豔誘人，即如此做法。

　　當時臺北的川味牛肉麵，除了街邊巷內的牛肉麵攤外，設有門面的不多，只有杭州南路的老張擔擔麵、上海路（現林森南路）唐矮子擔擔麵、松江路的小而大等。不過，川味牛肉麵雖在臺北

流行，最初可能出自岡山的空軍眷區。三十八年大陸人民或流離，或隨軍倉惶來臺避難，驚魂甫定，舉目四顧而有山川之異，青春結伴還鄉之期漸渺。臺灣四季如春，雖無秋風，但仍興蓴鱸之思，想念故園的鄉俚風味，於是大陸各地的風味紛紛雜陳。大陸各地的小吃在臺灣出現，一來是為了療治鄉愁，二來是維持生計。尤其當時軍人待遇偏低，軍眷集居的眷區之外，多有各地不同風味的小吃出售，以此貼補家計，於是軍眷區成為地方風味小吃的發祥地。岡山空軍眷屬多來自成都，所以，岡山辣豆瓣醬在此出產。最初的岡山豆瓣醬，以蠶豆瓣和辣椒製成，有幾分似郫縣的豆瓣醬。臺灣的川菜興起後，多用岡山豆瓣醬烹調。不過，現在的岡山豆瓣醬已在地化，偏甜已不堪治川味了。岡山既有豆瓣醬，且多四川同鄉聚集，就地取材，製成紅湯牛肉加麵的川味牛肉麵，也是很可能的。

　　不過，川味牛肉麵初興之時，我正在臺北讀書，因為牛肉來源不易，就當時價錢而論，並不算便宜。臺大門前就有兩攤，只要袋中有餘錢，打牙祭時才吃一碗。一次我們同學打賭，一位同學一口氣寫出一百個外國電影明星的名字，且是英文的，我們輸給他四碗紅燒牛肉麵。不過，那四碗牛肉麵他也是一口氣吃完的。

還論牛肉麵

　　當年和川味牛肉麵同在臺北流行的，還有清真牛肉麵。清真牛肉麵是清湯的，和燒餅、豆漿、饅頭一樣，多由山東老鄉經營。清真牛肉麵攤子上支著一口鋁製的大鍋，鍋上架著個鐵箅子，鐵箅子上擺著幾大塊剛出鍋的牛肉，現吃現切。清真牛肉都是當天現宰的黃牛肉。鍋裡的牛肉湯微滾，湯裡的黃油向四下擴散。在微滾的湯中浸著已煮熟的牛肉，還沉浮幾個「反共抗俄餅」。「反共抗俄餅」是硬火燒上蓋著這樣幾個標語式的字眼，真的是吃飯也「不忘在莒」了。

　　清真牛肉麵攤前有一條長凳子，顧客坐在凳子上，指著箅子上的牛肉挑肥揀瘦。老闆一面切著牛肉，一面和顧客有一句沒一句的話著家常。尤其在冬天寒冷的晚上，鍋裡飄散一團朦朦的霧氣和肉味，滿座盡是鄉音，此情此景，真的是錯把他鄉當故鄉了。清真牛肉麵集中在懷寧街和博愛路一帶的廊下。後來清理這一帶的交通，這些清真牛肉麵的攤子就星散了。現在還剩下搬到延平南路的兩家，但牛肉不是現切，湯口也不如從前了。

　　清真牛肉麵沒落以後，剩下的只有川味牛肉麵一枝獨秀。川味牛肉麵鼎盛時期，巷口和街邊的違建都有川味牛肉麵。一條桃源街雖然不長，比鄰而張竟有十幾家牛肉麵大王。臺灣這個地方別的不多，就是大王多，各行各業都有自封的大王。於是在喧囂的市塵中，竟出現了個「桃花源」，成為北市一個觀光的景點。因此，川味牛肉麵變成桃源街牛肉麵。後來桃源街牛肉麵衰退後，各處出現了桃源街牛肉麵為名的字號，一如永和豆漿散布全省各地，甚至擴張到海外。

　　不僅在臺北市或全省各地城鄉市鎮，都可以看見川味牛肉麵的市招。這種現象說明了一個事實，就是吃牛肉麵的人口普遍增加。吃牛肉麵不再是為療治外地人的鄉心，而且還包括眾多的在地人。這是一個重要的轉變，已突破過去在地人不吃牛肉的禁忌。這是臺灣過去幾十年飲食文化發展一個重要的突破，為後來速食文化的「麥當勞」登陸臺灣作了奠基的準備工作，如果沒有川味牛肉麵的先行，臺灣就沒有那麼多吃牛肉的人口，誰願意吃那種半生不熟、腥氣又重的麵包夾牛肉餅。

　　川味牛肉麵由鄉土小吃變成大眾食品，不是沒有原因的。因為方便快捷而味道還不錯。不論麵攤或專賣牛肉麵的店家，只需備特大號的鋁鍋一只，燉妥的牛肉盛於鍋內，麵下妥後澆上一勺即可。這樣吃法頗適現代社會快速發展的飲食速簡的需要。雖然臺灣的速食文化，由美國的速食進軍臺灣以後而迅速發展起來，不過，飲食文化和社會經濟發展步調相互配合，六十年代中期臺灣的經濟已有起飛的跡象，速食文化也開始萌芽，維力麵與生力麵就在這時出現。現在速食麵在超級市場中自成一個單位，雖然速食麵的品味眾多，但每一種品牌必有紅燒牛肉麵，是唯一可以

與美國速食抗衡的中國速食。所以，川味牛肉麵從最初的外來鄉里小吃，變成我們在地的大眾食品，然後隨著社會經濟的轉型，又成為速食文化重要的一支，其間的歷程是經過許多轉折的。

最初的牛肉麵以老張、老王、老李為招牌，現在已經變成張家、王家、李家的牛肉麵，也就是牛肉麵已經薪火相傳到了第二代。由當初單獨個人的經營，現在成為家族相承的生意。但在承傳之間卻發生了口味的轉變，最初的川味牛肉麵，雖然各有各的特色，但卻大同小異，口味相去不遠。但隨著社會多元化的發展，各人有不同的意見，口味也各有不同。為適應各種不同的口味，以過去的川味牛肉麵為基礎，作了不同的口味轉變。這種口味的轉變使川味牛肉麵徹底本土化，變成臺灣牛肉麵。所以，臺灣牛肉麵揚名海外，登陸美國，然後回流臺灣，並傳至大陸，稱其名為加州牛肉麵，但仔細品嘗，還是臺灣牛肉麵的味道。

一次在電視上，看到施明德一面招待記者，一面低頭扒食一大碗牛肉麵。後來讀他的〈心牢三帖〉，其中有牛肉麵一帖。敘述他在死囚牢中，晚上常吃一碗牛肉麵，那是監獄福利社買的。在他吃麵時，總看到對面號子另一個死囚羨慕的眼光，他想買一碗送給他吃，還沒來得及，那死囚就被處決了。這位死囚是情治人員，文章非常感人。施明德真是浪漫的「革命者」，但不論「革命」或「不革命」，大家都吃過牛肉麵，是可以肯定的。因此，飲食文化的變遷，融入歷史發展過程中，只是一個客觀的存在，其中的你和我不是絕對的。川味牛肉麵就是一例，其可論處在此。

何處難忘酒

　　白居易好酒，常至薄醺。他認為這樣可以有陶淵明飲酒的境界：「一酌發好容，再酌開愁眉，連延四五酌，酣暢入四肢，忽然遺我物，誰復分是非。」的確已有陶詩的韻味了。他寫了不少效陶淵明的詩，都在淺酌微醺之後。

　　陶淵明嗜酒，他的〈飲酒詩序〉就說：「余閑居寡歡，兼比夜已長，偶有名酒，無夕不飲。顧影獨盡，忽焉復醉，既醉之後，輒題數句自娛。」酒醉之後，還能題詩數句，顯然已和他以前的魏晉名士阮籍、劉伶拚命喝酒，爛醉如泥完全不同。

　　劉伶自稱「天生酒徒」，《晉書》本傳說他「常乘鹿車，攜一壺酒，使人荷鍤而隨之，謂曰：死便埋我！」醉死了隨地就埋，真的是拚命喝酒了。阮籍聽說「步兵廚營人善釀，有貯酒三百斛」，於是求為步兵校尉，這樣就近水樓臺，恣意酣飲了。阮籍的侄子阮咸一族也善飲，所謂「宗人間共集，不復用杯觴斟酌，以大盆盛酒，圓坐相向，大酌更飲。時有群豕來飲其酒」，喝酒不用酒杯，就盆而飲，且與豬狗同槽。劉伶、阮籍、阮咸都是竹林名

士，「竹林七賢」人人能飲，最不濟的嵇康也有二斗之量。

竹林名士縱酒長嘯，向道羨仙，藉飲酒擺脫現實的苦悶，真的是飲酒傷身，不飲傷心了。但陶淵明不同，他的〈連雨獨飲〉詩說：「運生會歸盡，終古謂之然，世間有松喬，於今定何間。故老贈余酒，乃言飲得仙，試酌百情遠，重觴忽忘天，天豈去此哉，任真無所先，雲鶴有奇翼，八表須臾還。」陶淵明雖然對自己生活的現實世界，也不滿意，但卻不像他以前的魏晉名士，藉酒逃避，他僅以酒作剎那的昇華，然後又回歸自己生活的土地，將醉意和胸中隱藏的理想融合起來，於是在現實世界裡可能存在的桃花源，就漸漸隱現了。魏晉思想至此一變，在文學領域裡續招隱仙遊詩之後，詠讚自然的山水詩也隨著出現了。也許這是讀陶詩該尋覓的境界。

白居易雖然歡喜陶淵明的〈飲酒詩〉，但飲酒的方式卻和陶淵明不盡相同，除了獨飲獨醉之外，還歡喜與人共飲。他有〈勸酒詩〉十四首，詩前有序：「予分秩東都，居多暇日，閒來輒飲，醉後輒吟，若無詞章，不成謠詠，每發一意，則成一篇，凡十四篇，皆主於酒，聊以自勸。故以〈何處難忘酒〉、〈不如來飲酒〉命篇。」

詩以〈勸酒〉命篇，必須有勸飲的對象，那就不是陶淵明的獨酌獨飲獨醉了。在〈勸酒詩〉中有〈何處難忘酒〉七篇，是白居易與人勸飲，觀察後的詠敘，發現在某種情景之中，是必須有酒寄情的。他認為初登高第喜氣新，朱門少年春分理管絃，青門送別涕淚收，將軍凱歌慶還鄉，逐臣逢赦歸故里，老病翁獨步霜庭，故友天涯又重逢，在這種情景之中，都該有酒一醆。

不過，白居易詩中所敘該有酒的情景，現在已經不存在了。

但故友重逢該有酒一酸，卻是古今相同的。他的詩所寫：「何處難忘酒，天涯話舊情，青雲俱不達，白髮遞相驚，二十年前別，三千里外行，此時無一酸，何以敘平生。」所謂「十年生死兩茫茫，不思量，自難忘」，道上不期而遇，已白髮蒼蒼，風塵滿面，把肩相視，無言以對，此時無酒，何以共話滄桑。在魯迅的小說中，我比較喜歡的是〈在酒樓上〉，寫兩個分別十年的朋友，落大雪的天氣，在小酒館的樓上，不期而遇的故事。兩人把盞話舊以後，最後下得樓來，在大雪紛飛的暮色中別過，相背而去。可能是魯迅尖刻文章中，最有人情味的一篇，因為既有酒又有情。

　　飲酒，與朋友對飲而不過量，是雅事。日前，卜少夫先生招飲於天香樓，才知道他不久前摔斷腿，因為他見報知我也曾開腸破肚，算是同病相憐，約我相敘，然後我請他在全聚德，吃烤鴨和魚羊鮮，賀他康復。少老已經九十一歲的人了，豪情依舊，只是不再豪飲，淺酌而已。朋友勸他戒酒，他說酒不能戒，戒了就沒有朋友了。猶記二十年前在香江，我辦的《中國人》月刊，獲得一批大陸「四五」地下刊物，為了保存這批歷史材料，出版了一期北京《民辦刊物》專刊，魏京生在《探索》發表的〈第五個現代化〉也在其中，少老來電話說該浮一大白。於是，我請他在銅鑼灣的老正興歡飲，一桌七人共飲了六瓶拿破崙，是日大醉，不知如何過海回家的，因為第二天早晨發現自己躺在家裡的客廳地板上。前些日子，魏京生竟來了，在臺灣搖擺了兩個星期，左右逢源，一點也不像個知識份子，倒似個不入流的小政客，沒有想到被資本主義社會腐蝕得這麼快！真後悔當年為他「何處難忘酒」了。

「佛跳牆」正本

　　要過年了。過年，是中國人的習俗，即使世道不好，百業蕭條，年還是要過的。年是一關，日子再難窘，也希望過個好年。不論好歹，總期待年關過後，日子會好過些。如朱淑真〈除日〉詩所說：「爆竹聲中臘已殘，酴酥酒暖燭花寒，朦朧曉色籠春色，便覺春光不一般。」年前年後光景不同，端的是年年難過年年過了。

　　最近些年，社會變得太快，人情薄了，年味也淡了，我也隨俗，懶得再廚下周旋，僅治一品鍋配以臘味數種，湊和著過年了。的確現在不興過年了，但主持中饋的主婦，平時上班，到時也不得不虛晃一招，到市場買些現成的菜餚回來應景。這幾年時興的佛跳牆裝罐出售，有湯有菜，熱透上桌圍而食之，算是過團圓年了。不僅市場有現成的佛跳牆，各大觀光飯店也推出各式的佛跳牆，有藥膳佛跳牆、養生滋補佛跳牆、九華佛跳牆、魚翅佛跳牆，名目繁多，售價驚人，一罐售價竟至兩萬五千元，就不是我們小民可以染指的了。

　　這些名目不同的佛跳牆，各吹各的號，各唱各的調，各有不同的製法。並且各有神奇的淵源所自，有的說遠溯源於唐代，有的則說是道地的本土佳餚。一切事物都可以本土化，唯獨飲食一道，不可自我設限，截斷其源流，而說起自我民我土。佛跳牆一味，猶復如此。所以，該對佛跳牆作一次正本清源的解說。

　　佛跳牆是福州佳餚，興於清朝同光年間，初名「罈燒八寶」，後易名「福壽全」，最後稱「佛跳牆」。由創辦「聚春園」的鄭春發推廣而流傳。

　　至於佛跳牆的由來，一般都說是廟裡的小和尚偷吃肉，被老和尚發現，小和尚一時情急，抱著肉罈子跳牆而出，因而得名。其實佛跳牆的由來有各種不同說法，其中之一是和「叫花雞」一樣出於乞丐之手。乞丐拎著破瓦罐沿街乞討，在飯店討得的殘餚剩羹，加上剩酒混在一起，當街回燒，奇香四散，他們稱為雜燴菜。菜香觸動一家飯館的老闆的靈感，於是將各種材料加酒燴於一罈中，因而有了佛跳牆。另一說法是福州新婦過門，有「試廚」的習俗，以驗其將來主持中饋的工夫。相傳有一個在家嬌生慣養的新婦，從不近庖廚，臨嫁，其母將各種材料以荷葉包裹，並告知不同的烹調方法。但待新婦下廚，卻丟了方子，一時情急，將所有的材料置於酒罈中，上覆荷葉紮口，文火慢燉。菜成啟罈，香氣四溢，深獲翁姑的歡心，於是有了後來的佛跳牆。

　　不過，鄭春發的徒孫強祖淦所說，較為可靠。此菜創於光緒丙子年，當時福州官銀局的長官，在家宴請布政使周蓮，長官的夫人是浙江人，為烹飪的高手，以雞、鴨、豬肉置於紹興酒罈中煨製成餚，布政使周蓮吃了讚不絕口，回到衙內，要掌廚的鄭春發如法調製，幾經試驗，總不是那種味道。於是周蓮親自帶鄭春

發到官銀局長官家中，向那位官夫人請教，回來後，鄭春發在主料裡又增加鮑參翅肚，味道甚於官銀局的。

鄭春發十三歲習藝，後更去京、滬、蘇、杭遍訪名師，學得一身好手藝，辭廚後，自立門戶，開設「三友齋菜館」，後更名「聚春園」。承辦布政、按察、糧道、鹽道等官府宴席，供應此菜。初名「罈燒八寶」，後來繼續充實材料，主料增至二十種，輔料十餘種，並換了個吉祥的名字，稱為「福壽全」。一日幾個秀才到「聚春園」聚飲，堂倌捧來一個酒罈置於桌上，罈蓋啟開，滿室飄香，秀才們聞香陶醉，下箸更是拍案叫絕，其中一個秀才吟詩一首，其中有「罈啟葷香飄四鄰，佛聞棄禪跳牆來」之句，因而更名「佛跳牆」。而且「福壽全」與「佛跳牆」，在福州話的發音是相近的。

製佛跳牆取紹興酒罈，加清水置微火熱透，傾去。罈底置一小竹箅，先將煮過的雞、鴨、羊肘、豬蹄尖、豬肚、鴨肫等置於其上，然後魚翅、干貝、鮑魚、火腿，用紗布包成長形，置入罈中，其上置花菇、冬筍、白蘿蔔球後，傾入紹興酒與雞湯，罈口封以荷葉，上覆一小碗，置於炭火上，小火煨兩小時，啟蓋，置入刺參、蹄筋、魚唇、魚肚，立即封罈，再煨一小時，上菜時，將罈中菜餚倒入盆中，滷妥的蛋置於其旁，配以小菜糖醋蘿蔔、麥花鮑魚脯、酒醉香螺片、香糟醉雞、火腿拌菜心、香菇扒豆苗等，就湊成一席地道的福州佛跳牆宴了。

太史蛇羹

　　廣東人對吃雖非常堅持，但吃的範圍卻很廣，套句現成相聲段子的話，「天上飛的，地上跑的，草裡爬的，水中游的」都吃。歸納起來，只要背脊朝天的，都可以入饌。而在諸多飲食料中，對爬蟲類的蛇卻情有獨鍾。當中秋過後，市招便扯起來，所謂秋風起，三蛇肥，吃蛇的季節開始了，一直吃到過年。於是蛇王源、蛇王林、蛇王陳等，以店主姓氏為名的蛇品專賣店，如冬眠的蛇，在一陣綿綿的春雨後，又都甦醒了。

　　所謂蛇王是劏蛇的專業者，劏即粵語生殺之意。這些蛇品專賣店裡，裝蛇的鐵絲籠子層層堆積，籠內的蛇或盤臥而眠，或蠕蠕欲動，或昂首吐信。蛇本來是種可嫌的動物，但擁擠籠裡待宰，卻有些可憐。當劏蛇之時，蛇王從籠裡取出一條，掛在店前廊下的鐵鉤上，當街當眾劏殺，身手快捷俐落，每日少說也劏百兒八十條，蛇皮堆積如小丘。

　　劏過的蛇可製成不同的蛇饌，其中最普遍的是蛇羹。蛇羹不論高下，一概稱「太史蛇羹」。「太史蛇羹」出於羊城江太史府第。

江太史名孔殷，字少泉，南海人，傳為猴子轉世，少年好動，若活蹦亂跳的蝦子，時人又稱其為江蝦，後以別號霞公傳世。其先世以營茶致富，同光間人尊稱為江百萬。江霞公少聰慧，但讀書並不用功，善為文，氣勢長江大河。嘗言其逢九利於科場，其十九歲入庠，二十九歲中舉人，三十九歲中進士，次年入翰林，時在光緒二十九年，是清最後一科會試，此後科舉就廢了。江霞公與譚延闓同科。譚延闓是陳履安的外祖父，是國民政府奠都南京後第一任行政院長，也是知味大家，有畏公翅、畏公豆腐，流傳於世，臺灣湘菜流行即承其餘韻。

江霞公性詼諧玩世，其考鄉試時，出重資請著名的槍手鄭玉山代他入場考試。他自己卻以低廉的代價，替別人做槍手。結果雙雙高中舉人，他擬聯自炫：「作手請槍，要瞞人非為好漢；闊佬響炮，過得海便是神仙。」民國後為南洋菸草公司總代理，廣交遊，揮金如土，妻妾成群，席開不夜，家中私廚有中廚、西廚、齋廚，內眷另由六婆打理，太史第江府的菜細緻譽滿羊城。抗戰後江霞公避難香江，家道中落鬻字維持生計，家廚四散，「太史蛇羹」因而流落於茶樓酒肆。

最近接江獻珠女士寄贈《蘭齋舊事》。江獻珠女士是江霞公的孫女，也是烹飪名家，在美國曾出版食譜，頗為暢銷。後來其夫陳天機任中文大學聯合書院院長，我曾在陳家作客，由江獻珠女士下廚，菜色既有太史遺風，且有新創，江女士甚健談，是夕賓主盡歡。蘭齋是江太史書齋名，《蘭齋舊事》敘太史蛇羹製作與外傳頗詳。

江太史家廚前後有盧瑞、李子華與李才三人，其中李才在江府服務最長，自興盛至遷港後一段時間。離開江家後在塘西居可

俱樂部工作，鬱鬱不得志，後恆生銀行何添推荐入恆生的宏興俱樂部工作。李才有姪名煜霖，十二歲隨李才習藝，練得治蛇羹的好手藝。

江家興盛時江獻珠女士尚幼，對太史蛇羹製法不甚了了，後來詢之李煜霖，是時李煜霖也入恆生銀行服務，已廿餘年。太史蛇羹最大的特色是蛇湯與上湯分別烹製，蛇湯加入陳年的陳皮與竹蔗同熬，湯渣盡棄不用，再調以火腿、老雞與精肉同製成的頂湯為湯底，湯的高下決定蛇羹的品質。上湯雖然重要，但刀工更非尋常，蛇是蛇羹的主料，副料有雞肉、鮑魚、廣肚、木耳、冬菇、生薑、陳皮等，必定切得均勻細緻，諸料同燴，加薄芡即成。佐料青檸檬葉切得細如髮絲，都由大廚親自料理。菊花瓣則取自花園自種的菊花，薄脆現炸，此即為太史蛇羹。一席太史第的蛇宴，先上四熱葷：雞子鍋炸、炒響螺片、炒水魚絲、太史豆腐，水魚即甲魚，水魚絲以甲魚裙邊切絲。蛇羹之後，押席的大菜是雙冬火腩燜果子狸，以陳皮與炸香的蒜頭同燜，再入廣肚，其汁鮮稠。其後則上飯菜大良積隆鹹蛋、炒油菜、蒸鮮鴨肝湯，及煎糟白魚加香醋與沙糖少許，飯用蘭齋農場特產的泰國黑米製成。

記得早年讀過一則筆記，記江太史請其同年譚延闓吃蛇宴，作陪的是胡漢民、汪精衛。譚延闓與江霞公是翰林，胡漢民是舉人，汪精衛最年少只是個秀才，除了江霞公，他們都是開國的革命元勳，席間卻大談科舉的美妙，胡漢民突然喟然而嘆說：「如果科舉不廢，誰還來革命！」胡漢民此一嘆，事關近代中國知識份子的轉變，就不是茶餘酒後可論的了。

一封未遞的信

最近我的糊塗齋搬了家，因為現在居處的書房過於狹窄，多年侷促其間，日久天長竟窩出病來。如今雖然退休，但幹我們這行的，無所謂退或不退，而且仍有些未成的舊業待理。於是，在居處附近，覓得二樓公寓一層，作為書屋。公寓面對公園，且無鐵柵相隔，立於陽臺，可攬整個公園的翠綠，公園時有兒童嬉戲其間，雖有些吵雜，但頗有稚趣，案頭獨坐，不甚寂寞。

書房三十幾疊，一人獨擁，讀了大半輩子的書，從來也沒有這麼豪華過。現在大致整理就緒，書已上架，書架倚壁羅列，頗可一觀。只是還有些雜物箱堆積一旁。雜物箱多是些陳年舊物，每次搬遷無法清的舊稿，札記或一些沒有撕的信件，置於其中，越積越多。一日偶翻雜物，竟抽得一封已寫妥卻沒有寄出的信。

對我來說，信寫妥卻未投遞，也是常有的事。我非常佩服人家能寫出文情並茂的信，但我卻不行。雖然我也能寫幾筆文章，但卻懶得寫信，往往是寫好信箋，卻找不到信封，信箋信封齊備又沒有郵票，為一封信跑一趟郵局，是很麻煩的事。好在自己交

遊不廣，不必作無謂的應酬。雖然也有幾個至交，但大家都懶，雖然遠在天涯，只要知道彼此粗體尚健，就不必聞問了。

不過，這封信卻不同，是寫給一個從未謀面的人，而且談的是飲食之道，也是目前為止唯一一封與人談飲食的信。信寫給陳非，是香港的一位食家。香港對於在報紙寫飲食專欄，一概以食家名之。香港的食家不少，但寫得好的卻不多。因為他們多歡喜往臉上貼金，並為一些茶樓酒肆「賣廣告」。不過，陳非卻是其中佼佼者，他不僅知味，而且能論其源流，是我歡喜讀的一個專欄。不過，香港食家論食，也許受了「食在廣州」的影響，對於他們自己的飲食習慣不僅堅持而且也是非常固執的。因此，他們對廣東以外的「上海菜」了解不多。所謂「上海菜」，是最初對廣東以外的菜統稱上海菜，廣東以外的人，皆稱上海人，彷彿偌大的中國只有一個上海。現在對中國大陸的情況了解較多，已將上海易為北方了。廣東以外的菜改稱為北方菜。

但這些食家對上海或北方菜，知道得不多，每有談論，往往出錯。陳非談臺灣的「復興鍋」就是一例。案復興鍋出於當年北投幹校的復興崗，一雞、一鴨、一蹄膀與大白菜置於一鍋之中，其鍋以白銅打製，若大號的地球儀，諸物置於鍋中，多加剝殼的雞蛋十枚，外配小菜四碟，其名曰梅花餐。鍋密封，食時揭開，以保暖，有湯有菜，湯清澈鮮美。當年老總統每年開春，宴北部大專教師於中山樓，用的就是這種復興鍋。

復興鍋配小菜四碟，其中必有一碟油燜筍，是老先生嗜食的家鄉俚味。老先生坐於臺上，飯前開講，開講沒有講稿，閒話家常，閒話離不了我帶你們來的，還要帶你們回去，頗有人情味，不似他講演訓詞的威嚴。

　　但陳非卻將復興鍋誤為香港「肥杜」的邊爐，的確錯得太離譜。因此，我投書更正其誤，並說老先生設瓊林宴於中山樓，席開兩三百桌，若一桌一邊爐，生涮熟燙，廟堂之上，煙霧四起，成何體統。陳非接信後，即覆函稱謝，並將我更正的原函刊於他的專欄中，文後附注說他寫不出這樣的文章，不敢掠美，故原函照登，題曰〈逯耀東〉。我看後覺得不好意思，就回了一封信給他，沒想到這封信原封不動，隨我由香港遷徙返臺，擠在雜物箱中十多年，實在對不起陳非先生。

　　信雖寫了十多年，現在讀來仍有可取之處，信上寫的：

　　陳非先生：手教敬悉。日來讀先生專欄，多所稱譽，實不敢當，實在太客氣了。飲食雖是小道，然涉及範圍甚廣，且有南北之殊，東西之異，治之不易。耀東來港前後近二十年，且常流連於小食肆大排檔之間，然迄今仍無法了解魚豆腐之製法，鮮奶何出自大良，所謂一地不知一地事也。飲食事關文化，今日社會文化迅速轉變，傳統飲食亦隨之沒落。昨日進城，特去西環天發，除吃碗仔翅外，並配以燜苦瓜，芝麻醬拌麵。然其店將因改建而拆除，地道潮州老字號又少一家，思之黯然。

　　近年有暇即去大陸，非為探幽攬勝，亦無關學術交流，對飲食懷舊而已。去年底再去江南，在揚州春日茶社吃三丁包子、肴肉、干絲，再轉無錫吃三鳳橋之肉骨頭、聚豐園之梁溪脆鱔、油爆蝦，更去蘇州松鶴樓吃炒蝦蟹，最後在上海大同吃雪花蹄筋。皆和當地人民共食，更可解其真正飲食情況，發現內地飲食與其文化一樣，與傳統間存在一

　　斷層，此為「六四」發生之潛在原因。

　　這是我這麼些年唯一一封與人討論飲食的信，但這封信卻未遞出，而陳非先生已歸道山了。

兩肩擔一口

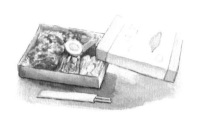

　　對於吃，在社會迅速轉變的今日，我的確有些感慨。因為吃雖是小道，但源遠流長，體系自成，別具一格。過去吃都在家裡，但如今飲食一道，也隨社會轉變而轉變。家中雖有灶腳，卻常不起炊，往往兩肩擔一口，踏遍市井處處吃了。

　　處處無家處處吃，現代的名詞稱為外食。據調查現在外食的人口，越來越多了。但外食也有其社會緣由，是社會現代化的結果。社會現代化的特質是方便快捷，人隨著方便快捷的節奏活動，相對的卻變懶了。不知為什麼，現在大家都忙，偶有閒暇，就不願將時間浪費在灶腳，洗菜、切菜、配菜，然後下鍋煎炒或煮燉。忙前顧後，等菜上桌，就懶得下箸了。最好的方法是外食。外食既無須準備，又不要善後，吃罷，抹嘴就走，然後攜手漫步街頭，狀至瀟灑。

　　外食還有另一個因由，中國自來婦女主中饋，也就負責家庭的飲食起居。不過，時至近代倡導女權解放，五四時所喊的一句口號，就是婦女走出家庭，也就是從廚房解放出來。現在我們家

裡的巧婦，已變成了社會的女強人，女強人下班歸來，已累得喘不過氣，那還顧得灶腳。不過，男人也不爭氣，放不下大男人的優越，又不能巧婦不為拙夫自己做。最後，兩性平權最好的妥協，就是外食。

外出覓食，雖然方便，但出得家門，躑躅街頭，食肆林立，市招滿眼，品目繁多，而且店名又奇特，真的是四顧茫然，不知何去何從。因為這年頭只要會五六個菜，而且又能把菜炒得半生不熟，就可以豎招牌立字號。至於價是否廉，物是否美，主人是否親切可喜，都是次要。反正現代人吃的不是滋味，為的只是療飢，療飢是不講滋味的。

受到現代的感染，我也變懶了。過去也歡喜在灶腳摸摸弄弄，但現在的灶腳，侷促難以轉身，雖儲有鮑參翅肚、黃耳紅菇、野竹參、裙邊與哈士蟆，皆束置高閣，任其落塵，卻無興趣料理，不如外食方便。我不是美食者，只要合情趣的都吃，近在唇邊，遠處也有些常常思念的飲食料理的朋友，所以，兩肩擔一口，臺北通街走。但每次出門訪問，就多一次感慨，過去的古早味越來越少了。尤其這幾年在大學歷史系開了一門「中國飲食史」，選課的人不少。所以，特別留心身邊的飲食變遷，常有吹皺一池春水的閒愁，老是擔心有一天，我們下一次吃飯不用筷子了。

灶　腳

　　灶腳，廚房之謂。舊時有家就有灶腳，灶腳必有灶。灶腳供應全家的飲食，是家的心臟，生活的依賴。

　　記得兒時天寒下學歸來，一頭就鑽進灶腳，因為母親準在那裡。然後窩在灶旁，一面向灶內添火，一面取暖。母親在灶上準備晚餐，忙著蒸包子或饅頭，切菜炒菜。蒸籠冒著饅頭已熟的香氣，飄撒滿屋，鍋裡的菜咕嚕嚕滾著。腹中飢餓，心裡卻充滿溫暖的等待，只等母親一聲傳喚拿筷子拿碗，我一躍而起，請父到廚下開飯。一家人圍灶而坐吃晚飯，此情此景，真想唱出：「我的家庭真可愛。」

　　家有灶腳，有灶腳就有灶王爺，舊俗臘月二十三更盡時，灶王爺上天言事，家家祭灶。唐段成式《酉陽雜俎》說灶爺：「常以月晦日上天白人罪狀，大者奪紀，紀三百日，小者奪算，算一百日。」按家人罪狀，大小不同，奪陽壽若干。灶王爺是玉帝遣派常駐各家的督使，這個時辰上天匯報，所以家家戶戶祭灶祈福，是為小年夜。宋范成大〈祭灶〉詩說：「古傳臘月二十四，灶君朝

天欲言事。雲車風馬小留連，家有杯盤豐典祀。豬頭爛熱雙魚鮮，豆沙甘鬆粉餌圓。男兒酌獻女兒避，酹酒燒錢灶君喜。婢子鬥爭君莫聞，貓犬觸穢君莫嗔。送君醉飽登天門，杓長杓短勿復云，乞取利市歸來分。」對祭灶情景描敘甚詳。

灶王爺是家的守護神，對家人的喜怒善惡，觀察皆有考紀，準備上天稟報。但灶王爺並非鐵面無私，頗有人情味的。所以，祭灶那天將糖飴抹在灶王爺神像口中，使他上天口不能多言，或將酒糟塗於灶口，使他酒醉不能說長道短，只能「上天言好事，下地保平安」。

不過，自從大同電鍋上市，天然氣普遍使用後，灶腳的情況改變。使用大同電鍋，家庭主婦無須晨起引火，煲粥煮飯，只要將米淘妥，置於內鍋之中，然後外鍋添水覆蓋，最後，像彈鋼琴似的將鍵向下一按，即可。不必再擔心飯夾生或焦糊。是中國主食體系的粒食文化，重大的超越與突破。中國人不可一日無飯，當年留學生出國，都抱了個大同電鍋飄洋過海，表示雖飄泊異域也不忘本。

天然氣的使用，更徹底改變傳統灶腳的形態。從此灶腳煮飯用電鍋，煮菜則有瓦斯爐，無須另外設灶。接著又有快鍋慢鍋、微波爐的出現，灶腳無煙無火也有飯吃，這是臺灣半世紀來飲食文化重大的轉變。灶腳無灶，灶王爺失去居住之所，我們從此失去家庭的守護神。

灶腳從傳統邁向現代之後，容積縮小，僅能容一身周旋其間，兩人已嫌太擠，不再是家庭聚會之所，缺少了往日的溫馨和諧。許多細事的爭端被擠了出來，家庭成員生了外心，其名曰外食。灶腳沒有灶，我們不僅失去了家庭的守護神，黃昏的田野也失去

了詩意，因為再也看不到裊裊上升的炊煙了。沒有炊煙，只剩冷灶，我們的生活也變得單調了。

厝　邊

　　如今，人居高樓之上，電梯直上直下，很少遇到厝邊。即使偶爾梯間相左，也不過作露齒微笑狀，齒間生硬地迸出個早或好，再多就說句真熱或下班放學了，都是些沒有油鹽的無謂話。簡單冷漠，早已沒有厝邊的情意了。

　　厝邊，左鄰右舍的意思。過去的厝邊，比屋而居，門庭相對。閒來無事，倚門話個家常，談得興起，不覺日移，往往會忘了灶腳的焢肉，沒有關火。平常所談，非關緊要，只是些身旁細事，如剛剛從市場買了些什麼，準備如何調理之類。的確，當年的厝邊灶腳相連，往往是一家煮菜幾家香，門首的匯談，成了飲食經驗的交流。有時缺鹽少醬，互通有無，吃忙當緊，相助相攜。

　　當初選定在此落戶，圖的是個鬧中取靜。社區不大，百來戶人家，四合院的建築，中庭寬廣，花草樹木有專人料理，修剪得很齊整。前後門有人守望，前臨馬路，後有巷道，入得院來而無車馬喧囂，凌晨的庭院竟有雀鳥攀樹枝啾啾。庭院不深，但厝邊卻近而不親。不得已只好出門另覓厝邊。

　　出門數步，有個公園，公園不大，樹木森森，非常清幽，成了我晨夕漫步的場所。園中有池，池上架有拱橋，池旁植柳，不知何時多了兩隻白鵝浮游其間，尤其斜風細雨，柳絲飄拂含煙，景物似是四月江南。池塘外的林蔭裡，有步道環繞，人在道上或跑或行。林蔭間散著練拳舞刀的，隨音樂節拍起舞的，還有練香功或養氣的……人多不雜，卻有小犬奔跑往來吠叫。

　　公園外只要警察不來，吵嘈得像個集市，豆腐青菜，水果乾貨，饅頭包子，廚具衣物皆有。偶爾還有個山東老鄉賣牛筋的，他賣的牛筋是牛面頰和牛眼，是當年大千所嗜紅燒牛頭的原料。這時環繞著公園的各家吃食店也開門了。這些吃食店就是我厝邊外的厝邊了。

　　環繞這一帶的吃食店種類不少，屈指算來，有豆漿、素食與地瓜粥、蚵仔麵線、廣東粥、米粉湯與豬腸、肉丸、涼麵、意麵、米糕、油飯、福州乾拌麵與福州魚丸、還有三家「美而美」的漢堡和三明治……這是早市，也都是我的好厝邊，每天在公園裡行走，心裡就盤算著去哪家，輪流拜訪，才不冷落厝邊。

　　不過，我常去光顧的還是家豆漿店。當初搬來的時候，為了這家豆漿店高興了一陣子。在外飄流多年，想的就是碗熱騰騰的豆漿，和一套剛出爐的燒餅夾油條。開店的兄弟二人，其中一個是啞巴，和我交情很好，每次去都比手畫腳一番，然後再為我燃上一支菸。和啞巴交朋友有個好處，沒有語言的是非。後來知道他們是客家人，他們的母親告訴我，她四女三子在臺北開了七家豆漿店。只有忍勞耐苦的客家人，才能從山東人手裡接下這種起早睡晚的行業，從永和擴展到臺灣各地，再發展到海外並且回流到大陸去，這是臺灣飲食本土化轉變中很重要的過程。半年前馬

路對面，新開了一家二十四小時營業的永和豆漿店，老闆娘也是
客家人，巴拉圭的歸僑，他們在那裡就是經營永和豆漿的。

飲食與文學

　　談飲食文學，我還是從歷史的角度來看這個問題。在儒家的價值體系裡首先注意飲食，但卻不讓人民吃飽，因為吃飽會生事，吃不飽又會造反，讓老百姓有得吃，不餓死就行了。所以在正史裡關於飲食的資料不多，飲食材料很多存於文學作品中。在文學作品裡有很多描繪不同時代的飲食生活，包括蔬果、茶酒與飲食習慣或飲食行業的經營。透過這些文學作品，可以了解飲食在社會變遷中的影響。

　　去年在政大中文系開了一門「中國飲食與文學」的課程，從文學討論飲食的變遷。在唐詩中有大批的飲食資料，有一次我為了寫茶的文章，統計過唐詩中有關於茶的詩有六百多首，關於酒更多。因為由酒變茶，是魏晉至隋唐飲食文化重大的轉變，我寫了一篇〈寒夜客來茶當酒〉分析這個問題。因為「茶」這個新飲料的出現，使得喝酒的風氣變了，轉變的開始大約在東晉陶淵明的時期，陶淵明天天喝酒且好酒，但他不像魏晉初期的竹林七賢這麼狂放與拚命飲酒，他在喝酒的時候，把生命與歷史時代融合

為一，因而產生了〈桃花源記〉。

　　再說我們大家都吃東坡肉，東坡肉是蘇東坡被貶到黃州時所發明的。黃州的豬肉好又產竹筍，經東坡慢著火少著水的烹調，而出現東坡肉。在黃州時蘇東坡的詞有一大轉變，從平常走向豪放。後來他到了海南島，心情更為超越，因為海南島更沒有東西好吃，他只吃些野味，連蝙蝠都吃了。所以他的詩又超越了出來，他自己認為已達到陶淵明的境界，因此，從文學作品中我們可以看出很多飲食的習慣。

　　明清的小說隱藏了豐富的文學資料，像《水滸傳》、《金瓶梅》、《西遊記》、《儒林外史》、《紅樓夢》，這些小說都反映了一個時代的飲食風貌，譬如《水滸傳》寫了快活林的酒店，寫了賣人肉包子的黑店，而梁山上是大碗喝酒大塊吃肉，寫的雖是宋代，卻表現了施耐庵生活的原貌，當時因為戰亂社會經濟還沒有恢復，所以他不能寫精細的飲食。《金瓶梅》是一個時代城市經濟發展後的產物，表現城市居民的生活奢侈，著墨於聲色和飲食層面，過去我們往往只注意到其中的豔情而忽略飲食。《金瓶梅》的飲食是城市興起的經濟狀況展現，錢的使用不再投資於土地，而是商業的流通與消費。《金瓶梅》的飲食發展在黃河以南、淮河以北的飲食文化圈，和孔府的飲食文化相重疊。很奇怪的，《西遊記》寫了很多神仙的飲食，雖是唐代，卻表現了明代晚年揚州江淮一帶的飲食習慣，因為吳承恩生活在這個的鄉間，生活很清苦，吃的都是素菜。《西遊記》所描寫的那些神仙的食物其實都是人間食譜，表現了江淮一帶鄉里的食品。《紅樓夢》的金液玉食，表現了豪門的飲食。曹雪芹的家族是漢化的滿人，但在金陵六十年，已習慣漢人的生活。雪芹十三歲被抄家到了北京後，他又回到滿洲人的

生活文化圈裡，他很明顯是一個邊際人。他在北京卻嚮往南京的繁華，表現在他小說的飲食裡面。透過小說的飲食，我們可以了解一個時期文化的形態。

　　比如說近代的小說，魯迅很少寫飲食。但我比較喜歡魯迅的一篇〈在酒樓上〉，寫分別很久的朋友在下雪天不期而遇，主角在酒樓叫的豆腐乾、蘭花豆，都出自紹興，小說表現了紹興的飲食習慣。五四時代作者往往將自己的生活經驗寫進小說裡去，這個小酒樓就在紹興魯迅故居旁，是魯迅接待朋友的地方，我曾去探訪過。

　　所以，許多的飲食資料，隱藏在文學作品之中，待我們探索，待我們發掘。

　　　　　　　　　　　飲食文學國際研討會之圓桌會議引言

袁枚與明清文人食譜

周中孚《鄭堂讀書記》，其〈子部‧譜錄類〉之首，著錄袁枚《隨園食單》說：「《隨園食單》，無卷數，國朝袁枚撰。」並且說：

> 枚，字子才，號簡齋，錢塘人，乾隆四年進士，選庶吉士，散館為江南溧水縣。四十後，絕意仕宦，世稱隨園先生。簡齋本役志於飲饌，每食於人家而飽，必使家廚往彼灶，觚執弟子之禮。四十年來，頗集眾美，因問其方略，集而存之，以為是編。一須知單，二戒單，三海鮮單，四江鮮單，五特牲單，六雜牲單，七羽族單，八水族有鱗單，九水族無鱗單，十雜素菜單，十一小菜單，十二點心單，十三飯粥單，十四茶酒單。每單又各分子目，凡三百二十餘品，雖欲不謂之飲食之人而不可得矣。然考《說郛》所載飲食之書三十餘種，則自昔有之矣，非簡齋之所創也，前有自序。

周中孚稱袁枚是「飲食之人」。當然，袁枚不僅是「飲食之人」，而且是清代前期的詩人領袖，文壇祭酒。袁枚之摯友趙翼〈讀隨園詩題辭〉說袁枚「其人與筆兩風流，紅粉青山伴白頭。作宦不曾逾十載，及身早自定千秋」，是袁枚退官後生活最好的寫照。袁枚生於康熙五十五年（一七一六年）卒於嘉慶二年（一七九七年），歷康熙、雍正、乾隆三世，正是所謂清代盛世。乾隆三年，袁枚二十三歲中舉，次年中進士，選庶吉士，乾隆七年外放江南，歷任溧水、江浦、沭陽、江寧等知縣。乾隆十三年（一七四八年）兩江總督尹繼善薦袁枚為高郵知府，被吏部駁回，次年即辭官乞養。自此絕於仕途，於金陵購得江南織造曹頫後任隋赫德的舊園，隨山營造為隨園。以後半個世紀，袁枚退居隨園與詩友歡聚，吟風唱月，或出外探幽，悠遊於山水之間，紅袖添香，詩酒風流過了一生。

一

　　袁枚詩文冠江南，著作等身。最初自刻《隨園三十種》，其中除《小倉山房詩集》、《文集》外，並有《食單》一卷，即後來的《隨園食單》。嘉慶元年自訂其著作時，作〈雜書十一絕句〉，其第十云：「吟詠餘閒著《食單》，精微仍當詠詩看。出門事事都如意，只有盤餐合口難。」袁枚將其《食單》與詠詩等同齊觀。《隨園食單》是明清文人食譜，最膾炙人口的一種。

　　《鄭堂讀書記》著錄《隨園食單》於譜錄類，其來有自，緣於《四庫總目提要》。《四庫總目提要》依《遂初堂書目》之例，立〈譜錄〉一目，置於〈子部・藝術類〉之後。其〈小序〉云：

古人學問各守專門，其著述具有源流，易於配隸。六朝以後，作者漸出新裁，體例多由創造，古來舊目遂不能該，附贅懸疣往往牽強。……明知其不安，而限於無類可歸，又復窮而不變，故支離顛舛遂至於斯。惟尤袤《遂初堂書目》創立〈譜錄〉一門，於是別類殊名，咸歸統攝，此亦變而能通矣。

中國傳統目錄學，始於《漢書·藝文志》，魏晉以後，政治權威降低，個人意識醒覺，而且由於書寫工具改進，出現了許多新的著作形式與體裁，因而目錄學的發展，由《漢書·藝文志》的〈七略〉轉變為《隋書·經籍志》的四部，所統攝的書籍十倍於前，但仍然無法將新的著作體裁作明確的歸類。飲饌之書的食譜之作，分屬〈諸子·農家〉與〈方技·醫方〉，就是一個非常明顯的例子。《四庫總目提要》的〈譜錄〉又說：

案《齊民要術》備載飲食烹飪之法，故後之類於是者，悉入農家，其實賈思勰所言閭閻日用之常耳。至於天廚珍膳，方州貢品，連而入之，則非農家所有……今於近似農家者，竝改隸〈譜錄〉，俾均不失其實焉。

《齊民要術》，北魏高陽太守賈思勰撰，是一部總結自漢以來《氾勝之書》，崔寔《四民月令》的農書。是賈思勰任地方首長，教民取食的過程，其編輯的自序：「起自耕農，終於醯、醢。」也就是起於種植，終於烹調，反映了當時黃河中下游自給自足的自然經濟社會形態。書中烹飪資料多取自崔浩《食經》。

　　崔浩是北魏前期中原士族的政治領袖。後因「國史之獄」被殺，株連甚眾。崔浩《食經》為其母口述，由其筆錄而成，是中國最早的一部飲饌之書。反映了永嘉風暴後，流離在黃河流域中原世家大族，日常生活實際的情形。特別重視禮法傳家的規範，是一部表現儒家飲食思想的典型著作。但在《隋書・經籍志》卻著錄在〈方技・醫方類〉之中，方技的醫方類是道家飲食思想所繫，就非「農家所有事矣」。這是《四庫總目提要》將飲饌之書，重新歸類的原因。《四庫總目提要》說「收諸雜書之無可繫屬者」，都歸入〈譜錄類〉，所以〈譜錄類〉的內容的確非常複雜，包括鼎彝圖錄，文房四寶，錢錄香譜，奇石花卉，百寶總珍，茶經酒譜，飲饌之書，都著錄其中，《四庫總目提要》將〈譜錄類〉列於〈藝術類〉之後，似有意將〈譜錄類〉作〈藝術類〉的輔助，而飲饌之書亦在其列。於是飲饌之書超越了過去儒家維生與道家養生的範疇，提升到藝術的層次，這是中國飲食思想在明清時代一個重要的轉變。

二

　　《四庫總目提要》將飲饌之書與金石圖錄、文房四寶、清玩百珍、花卉香譜，並列於〈譜錄類〉。象徵著中國飲食文化，在明清時期一個重要的轉變。飲饌之書自農道兩家析出，入〈譜錄類〉。〈譜錄類〉列於〈藝術類〉之後，其所著錄的著作，似作為〈藝術類〉輔助的旁支，於是飲饌之書超越儒道兩家的範疇，與其他日常生活事物相結合，形成一種生活的藝術。因此飲食不僅是單純維生或養生的工具，像其他的文學與藝術一樣，必須具有

一定的品味、格調與情趣。明清出現大量的文人食譜，反映了這種發展的趨勢。在明清的文人食譜，明高濂的《飲饌服食箋》與清李漁的《閒情偶寄》具體表現了這種發展與轉變的趨勢。

《飲饌服食箋》的作者高濂，字深甫，別號瑞南道人、湖上桃花魚，生平卒年不詳，萬曆時，曾任職主管廟堂祭祀的鴻臚寺，工樂府，是明代著名的詩人、戲曲家，著有南曲《玉簪記》、《節孝記》及《尚雅齋詩稿》、《遵生八箋》等，當時戲曲家說高濂「家世藏書，博學宏道，鑒識清朗」。

所謂「博學宏道，鑒識清朗」，也就是高濂受當時儒道混同的思潮的影響，有顯明道家的傾向，尤其在飲食方面，將道家養生的服食觀念，作了高度的發展與實踐。所以如此，高濂「余幼病羸，複苦瞶眼」，因而有「憂生之嗟」故而「癖喜談醫」。不論客遊或家居，多方咨訪奇方祕藥，用以施治痼疾，其後竟疾除，恢復康壯，目瞶復明，於是發其所藏，及平日博覽群書所記並參與己意，輯成《遵生八箋》。

遵生即尊生。所謂尊生，《八箋》自敘云：「尊生者，尊天地父母生我自古，後世繼我自今，匪徒自尊，直尊此道耳。不知生所當尊，是輕生矣。輕生者，是天地父母罪人乎，何以生為哉。」所以，高濂《遵生八箋》之作，為「無問窮通，貴在自得，所重知足，以生自尊」。

《遵生八箋》以尊生為主題，從八個方面討論與介紹延生益壽之術與卻病之方。其一，〈清修妙論箋〉，以培養德行為養生第一要義，高濂從儒、釋、道三方面，摘錄名言確論，闡釋修生養生之道。其二，〈四時調攝箋〉分春夏秋冬四卷，根據四時季節不同，闡明不同的養生之道。其三，〈延年卻病箋〉，是八箋最精粹

的部份,以氣動引導為主要內容。其四,〈飲饌服食箋〉,將飲饌作為養生主要的內容。其五,〈燕閒清賞箋〉將鑒賞清玩為養生的主要內容。其六,〈靈祕丹藥箋〉以醫藥方劑為主。其七,〈起居安樂箋〉,以「節嗜欲、慎起居、遠病患、得安樂」為主旨。其八,〈塵外遐舉箋〉,所謂「隱德以塵外為尊」,列舉塵外高士凡百餘人。

　　《遵生八箋》以卻病養生為主,但〈飲饌服食箋〉卻是以日常生活飲食為主要內容,也是《八箋》重要部份。雖然〈飲饌服食箋〉以「日用養生,務尚淡薄」為主旨,高濂說:「余集首茶水,次粥糜、蔬菜,薄敘脯饌醇醴,麵粉糕餅、果實之類,惟取適用,無事異常。」這些平常飲食與「大官之廚」、「天人之供」的珍饈美味完全不同。因為高濂認為飲食與養生有密切關係,他說:「飲食,活人之本也,是以一身之中,陰陽運行,五行相生,莫不由於飲食。故飲食進則穀氣充,穀氣充則血氣盛,血氣盛則筋力強。」所以〈飲饌服食箋〉除茶泉類討論茶水外,並收錄了粥糜三十八種,除此之外,還有藥品類二十四種,神祕服合類等共三百餘種。高濂對於飲饌似偏重養生,其釀造類為其自釀的酒類,也是以養生為主,他說:「此皆山人家養生之酒,非甜即藥,與常品迥異,豪飲者勿共語也。」但其飲饌的調治,並無祕方,與平常一般無異,試舉其「炒腰子」:「將豬腰子切開,剔去白膜筋絲,背面刀界花兒,落滾水微煠,漉起,入油鍋一炒,加小料蔥花、芫荽、蒜片、椒、薑、醬汁、酒、醋,一烹即起。」這是平常炒腰花的方法。他如製甜品,高濂說:「凡做甜食先起糖滷,此內府祕方也。」

　　雖然,〈飲饌服食箋〉所收飲饌之方,都是日常家居飲食,同

時卻反映當代文人生活的閒情雅趣。〈飲饌服食箋〉首論〈茶泉類〉，但對茶品的論述，有藏茶、煎茶、擇水、洗茶、候湯、擇品，以及試茶時的滌品、熁盞、擇果等都有細緻的討論，因為高濂認為「人飲真茶，能止渴消食，除痰少睡，利水道，明目益思，除煩去膩，人固不可一日無茶。」但飲茶除了實際的效用，還必須與其他情景相襯，才有其雅趣。高濂〈掃雪烹茶玩畫〉說：

> 茶以雪烹，味更清冽。所為半天河水是也。不受塵垢，幽人啜此，足以破寒。時乎南窗日煖，喜無齎發惱人，靜展古人畫軸，如〈風雪歸人〉、〈江天雪棹〉、〈溪山雪竹〉、〈關山雪運〉等圖，即假對真，以觀古人模擬筆趣，要知實景畫圖，俱屬造化機局，即我把圖，是人玩景，對景觀我，謂非我在景中？千古塵緣，孰為真假，當就圖畫中了悟。

煮雪烹茶已是雅事，而南窗觀畫，古今同參是非常高雅的境界。高濂另有〈山窗聽雪敲竹〉，是一篇境界高雅的小品文：

> 飛雪有聲，惟在竹間最雅。山窗寒夜時，聽雪洒竹林，淅瀝蕭蕭，連翩瑟瑟，聲韻悠然，逸我清聽。忽爾迴風交急，折竹一聲，使我寒毡增冷，暗想金屋人歡，玉笙聲醉，恐此非爾歡。

若此時故人叩扉，披衣而起，倒屐相迎，取雪煮茶，則杜耒「寒夜客來茶當酒，竹爐湯沸火初紅」的境界盡出。

不過，明清文人的飲食，必須與其他情景相配，形成一種生活的藝術。高濂的〈飲饌服食箋〉為其《遵生八箋》之一，並且有和飲食相配的〈燕閒清賞箋〉。雖高濂將燕閒清賞作為養生的內容，但涉及的器物十分廣泛，有古銅器、玉器、磁器的辨識與鑒賞，有歷代碑帖、繪圖、古琴的鑒別與玩賞，有文房四寶的品評與製法，並詳敘葵箋、宋箋、松花箋的製作方法，並且有花、竹、盆景的鑒評，還有牡丹、芍藥、蘭、菊、竹的栽培與護養的方法，以及玉華香、龍樓香、芙蓉香等十餘種香的製法。這許多豐富的內容，正是《四庫總目提要‧譜錄類》著錄各種不同類別著作的範疇，並且將飲饌、茶、酒包括在內。於是飲饌之書單純之口腹之欲提升到生活藝術層次，飲食不僅是為維生或養生，還有情趣在其中。這是中國傳統飲饌之作的發展，在明清文人食譜出現後重要的轉變。

三

《四庫總目提要‧譜錄類》著錄飲饌之書的種類並不多，其中出於文士之手的有韓奕的《易牙遺意》。韓奕，字公望，號蒙齋，平江（蘇州）人，生於元末明初，出身醫學世家，入明後，終身不仕，浪跡山水之間，與王賓、王履齊名，並稱明初吳中高士。書名《易牙遺意》，易牙，是齊桓公的重臣，春秋時著名的廚藝高手。韓奕以此為名，是他個人飲食經驗的匯集，書分兩卷，分醞造、脯鮓、蔬菜、籠造、爐造、糕餌、湯餅、齋食、果實、諸湯、諸茶、食藥等十二類，記載了一百五十餘飲饌製作與烹調的方法。

　　《易牙遺意》的烹調方法非常精細，如其「帶凍薑醋魚」，製法：「鮮鯉魚切作小塊，鹽醃過，醬煮熟，收出，卻下魚鱗及荊芥同煎，滾去查（渣），候汁稠，調和滋味得所，用錫器密盛，置井中或水上，用濃薑醋澆。」製作過程甚是繁複。《易牙遺意》若干材料，取自《吳氏中饋錄》，書收入陶宗儀《說郛》，作《浦江吳氏中饋錄》，浦江即蘇州，周履靖《易牙遺意》序謂其菜餚烹調「醲不鞍胃，淡不槁舌，出以食客，往往稱善」。

　　《四庫總目提要‧譜錄類》食譜存目又有曹寅《居常飲饌錄》一卷。並云：「寅字子清，號楝亭，鑲藍旗漢軍。康熙中巡視兩淮鹽政，加通政司銜，是編以前代所傳飲膳之法彙成一編。」其中包括宋王灼《糖霜譜》、宋東谿遯叟《粥品》及《粉麵品》、元倪瓚《泉史》、元海濱逸叟《製脯鮓法》、明王叔承《釀錄》、明釋智舷《茗箋》、明灌畦老叟《蔬香譜》及《制蔬品法》等，曹寅搜羅飲饌之書甚豐，編成此書，似有意對宋明以來的飲饌之書作一個總結的匯編。

　　曹寅是《紅樓夢》作者雪芹的祖父，是一位知味者，自稱饕餮之徒。有《楝亭詩鈔》五卷。《總目提要》稱「其詩出入白居易蘇軾之間」，其詩鈔中有許多歌誦食物的詩篇，菜餚如紅鵝、綠頭鴨、寒雞、石首魚、鰣魚、鮑魚羹、蟹胥等等，此外還有蔬果，如筍豆、薺菜、櫻桃等，以及許多有關點心與茶酒的詩篇。曹氏家族在江南興盛一個多甲子，曹寅個人任三年的蘇州織造，二十一年的江寧織造。而且自認為是老饕，其家飲饌製作精緻，朱彝尊《曝書亭集》稱讚曹寅家的雪花餅，有「粉量雲母細，糝和雪糕勻」之句，雪花餅是明清之際江南流行的點心，亦見《易牙遺意》，但皆不如曹家製作精細。

　　朱彝尊，號竹垞，浙江秀水人，康熙十八年舉博學鴻詞科，授翰林院檢討，長於詞，是清初大家，並專研經學，著有《經籍考》。與曹寅友好，其文集《曝書亭集》即由曹寅刊刻，朱彝尊另有飲饌之書《食憲鴻祕》二卷。全書以〈食憲總論〉為首，論飲食的宜忌，下列飲之屬，飯之屬，粉之屬，粥之屬，餌之屬，餡料，醬之屬，蔬之屬，果之屬，魚之屬，蟹，禽之屬，卵之屬，肉之屬，香之屬，書末附有汪拂雲所錄食譜，內容非常豐富，有菜餚飯點烹調或製作方法四百餘種。朱彝尊認為飲食之人有三種，一是餔餟之人，「食量本弘，不擇精粗，惟事滿腹，人見其蠢，彼實副其量為損為益」。一是滋味之人，「嘗味務遍，或肥濃鮮爽，生熟備陳，或海錯陸珍，奉非常饌當其得味，儘有可口」。一是養生之人，「飲必好水，飯必好米，蔬菜魚肉，但取目前，常物務鮮，務潔，務熟，務烹飪合宜，不事珍奇，而有真味」。所以，朱彝尊認為「食不須多味，每食只宜一二佳味，縱有他美，須俟腹內運化後再進，方得受益」。

　　和朱彝尊《食憲鴻祕》同時的，還有李漁的《閒情偶寄》。李漁是清代著名的戲曲家，文學家，字笠鴻、謫凡，號笠翁，浙江蘭溪人，才華藻翰，雅諳音律。著有《笠翁十種曲》和小說《十二樓》、《笠翁一家言》。《笠翁一家言》收集其所著詩文，內有《閒情偶寄》，將園林居室，飲食器皿的器玩，花木種植，飲饌烹調，養生，作為一個整體，飲饌是其中的一個單元，反映了明清文人的生活情趣。雖然飲饌為了口腹之欲，但李漁認為飲饌應有接近自然的生活情趣，他說：「聲音之道，絲不如竹，竹不如肉，為其漸近自然。吾謂飲食之道，膾不如肉，肉不如蔬，亦以其漸近自然也。」他又說：「草衣木食，上古之風。人能疏遠肥膩，食蔬蕨

而甘之，腹中菜園，不使羊來踏破，是猶作羲皇之民，鼓唐虞之腹，與崇尚古玩同一致也。」所以，《閒情偶寄》的飲饌在求生活的情趣，雖一粥一飯之微，蔬蘆魚蝦之饌，都有一定的講究和情趣。

　　韓奕《易牙遺意》、高濂《遵生八箋》、曹寅《居常飲饌錄》、朱彝尊《食憲鴻祕》、李漁《閒情偶寄》都是明清著名的文人食譜。這些飲饌之書等著作，已超越以往食譜維生與養生範疇，和這個時期文人生活相結合，形成一種生活的藝術。這是中國傳統飲食，發展至明清一個重要的轉變，《四庫總目提要》立〈譜錄類〉，將飲饌之書自〈農家〉與〈方技家〉析出，與彝鼎圖錄，文房四寶、清玩珍器、花卉香譜並列。自此，飲饌之書不僅為滿足口腹之欲，而提升到生活藝術的層次，〈譜錄類〉的出現，正反映了中國飲食文化發展與轉變的趨勢。

四

　　討論明清文人食譜，袁枚《隨園食單》不僅是膾炙人口，也是總結明清文人食譜的重要著作。《隨園食單》分〈須知單〉、〈戒單〉、〈海鮮單〉、〈特牲單〉等等十四個部份，共列了蔬餚、麵飯與茶酒的烹調與製作方法三百二十六種。這些飲食資料，都是袁枚四十年飲食經驗的積累與結晶。袁枚在其《食單》序說：

　　　　每食於某氏而飽，必使家廚往彼灶觚，執弟子之禮，四十
　　　　年來，頗集眾美，有學就者，有十分中得六七者，有僅得
　　　　二三者，亦有竟失傳者。余都問其方略，集而存之。雖不

> 甚省記，亦載某家某味，以志景行。自覺好學之心，理宜如是。雖死法不足以限生廚，名手作書，亦多有出入，未可專求之于故紙，然能率由舊章，終無大謬，臨時治具，亦易指名。

袁枚說他的《食單》是他「四十年來，頗集眾美」飲食經驗的紀錄。如其「煨鶺鶉黃雀」說：「蘇州沈觀察煨黃雀，并骨如泥，不知作何制法？炒魚片亦精，其廚饌之精，合吳門推為第一。」又「鰒魚」：「楊中丞家削片，入雞湯豆腐中，號稱鰒魚豆腐，上加陳糟油澆之。莊太守用大塊鰒魚煨整鴨，亦別有風趣。」又「素麵」：「先一日將蘑菇蓬熬汁定清，次日將筍熬汁，加麵滾上，此法揚州定慧庵僧人製之極精，不肯傳人，然其大概亦可仿求。」袁枚每出遊，必有家廚自隨，習得其方，歸家仿製，並敘其所自，載於《食單》。《食單》有未載出處者，則多出自揚州鹽商童岳薦的《調鼎集》。《調鼎集》由北京圖書館抄本《童氏食規》、《北硯食規》合成。北硯是童氏的字，《調鼎集》湮沒數百年，至今始重見天日，這段公案當另為文討論。

袁枚人品誠有可議之處，但卻是懂得生活情趣，而且是知味的人。自稱是飲食之人，在他〈答（尹）相國書〉中說：

> 魏文帝《典論》云：一世長者知居處，三世長者知服食。錢穆父亦云：三世仕官，才曉得著衣吃飯，枚窶人子耳，腹如唐園，半是菜根充塞，雖有牛羊，未必遽能踏破，何足當諄諄見委之盛心哉！然傳說調羹之妙，衣鉢難傳。而易牙知味之稱，古今同嗜。謹當持三寸不爛之舌，仔細平

章。凡一切蒸鳧炙鴰，鴨臕羊羹。必加去取之功，列長名
之榜。

所以，《食單》所載，都是袁枚「以三寸不爛之舌，仔細平章」
後，加以去取的記載，由此形成其個人飲食理論的體系，《食單》
前有〈須知單〉與〈戒單〉，就是袁枚飲食理論具體的實踐。其
〈須知單〉小序云：「學問之道，先知而後行，飲食亦然。」而
〈戒單〉小序則云：「為政者興一利，不如除一弊，能除飲食之
弊，則思過半矣。」

　　袁枚不僅將飲食與為學從政相提並論，並且將飲食與詠詩等
量齊觀。前引他的〈雜書十一絕句〉就說：「吟詠餘閒著《食單》，
精微仍當詠詩看。」他更有〈品味〉詩：「平生品味似評詩，別有
酸鹹世莫知。第一要看香色好，明珠仙露上盤時。」袁枚不僅將
飲食視為一種生活藝術，並且將飲食提升到詩意的境界。

　　梁章鉅《浪跡續談》說：「《隨園食單》所講求烹調之法，率
皆常味蔬菜，並無山海奇珍，不失雅人清致。」「清雅」是袁枚品
味評詩的標準。他說：「平生諸般能耐，最不能耐一庸字。所謂庸
字，不過人云亦云。」所以，他在〈答（尹）相國書〉說：

　　　每見富貴人家，堂懸畫一幅，製〈行樂圖〉，往往不畫玉几
　　　金床，而反畫白蘋機杼，竹杖芒鞋，何哉？味濃則厭，趣
　　　淡反佳故也。……如平日詩文自出機杼，不屑寄人籬下。
　　　……飲食之道，不可隨眾，尤不可務名。

袁枚認為品味與詠詩，應「自出機杼，不屑寄人籬下」，而且「味

濃則厭，趣淡反佳」，因此，飲食與論詩，以清冽為佳。其〈陶怡雲詩序〉云：

> 伊尹論百味之本，以水為始。夫水，天下之至無味者也。何以治味者，取之為先？蓋其冽然，然後可以調以甘鹹，加群珍引之至鮮，不病其膏腐。詩之道亦然，性情者，源也。辭藻者，流也。源之不清，流將附焉？迷途乘驥，逾速逾遠。此古人有清才之眾也。

「清才之眾」各有稟性，飲食亦然，《隨園食單》第一是〈須知單〉。〈須知單〉首論食物稟性：「凡物各有先天，如人各有資稟，人性下愚，雖孔孟教之，無益也。物性不良，易牙烹之，亦無味也。」

　　稟性與清雅，是袁枚所倡性靈詩派兩大標誌。被稱為「一代騷壇主」、「當代龍門」的袁枚，姚鼐〈袁隨園君墓誌銘并序〉說：「士多效其體，故《隨園詩文集》，上自朝廷公卿，下至市井負販，皆知貴重。」袁枚馳騁乾嘉詩壇近半個世紀，是性靈詩派的旗手。所謂性靈詩派，完全掙脫儒家詩教的束縛，而且不落入唐宋的格律中，詩的內容表現個人的感情，與作者獨立的個性與獨創性，突出個人的才華，袁枚〈蔣心餘藏園詩序〉說：「作詩如作史也，才學識三者宜兼，而才為尤先，造化無才，不能造萬物，古聖無才，不能制器尚象，詩人無才，不能役典籍運心靈。」詩是心靈的反映，貴獨創。袁枚〈靜裡〉具體表現了他所標榜的性靈：

　　靜裡工夫具性靈，井無人汲泉自生；
　　蛛絲一縷分明在，不是閒身看不清。

信手拈來，自然天成。探索袁枚性靈詩的思想根源，他自道是
「鄭、孔門前不掉頭，程、朱席上懶勾留」與李贄「六經、《語》、
《孟》，乃道學之口實，假人之淵藪也」是一脈相承的。李贄直接
對宋明理學「存天理，去人欲」的批判，形成晚明一股不可抗拒
的社會思潮。另一方面李贄所謂的童心說，認為「詩非他，人之
性靈之所寄也，苟其感不至，則情不深；情不深，則無以驚心而
動魄，垂世而遠行」，直接影響了以袁宏道、袁宗道、袁中道為
首，反對前後七子復古主義的公安派。開創了明代的性靈詩派，
是袁枚性靈詩的啟導者。

　　袁宏道〈龔惟長先生〉倡導「真樂」，他說：「目極世間之色，
耳極世間之聲，身極世間之鮮，口極世間之譚。」正是明代士人
突破理學的籬藩，放縱欲望，追求世間聲色和美味的具體表現，
也是「食色，性也」的實踐。「食色，性也」反映當時在文學上，
出現了一系列的豔情小說，另一方面則是明清文士飲宴酬唱的雅
集，追求人生快樂享受。詩人高啟〈送唐處敬序〉說：

　　　　余以無事，朝夕諸君間，或辯理詰義，以資其學，或賡歌
　　　　酬詩以通其志，或鼓琴瑟以宣湮滯之懷，或陳几筵以合宴
　　　　樂之好。雖遭喪亂之方股，處隱約之既久，而悠遊怡愉，
　　　　莫不自有所得也。

「陳几筵以合宴樂之好」，悠遊怡愉是明清文士所追求的真樂。張

岱《陶庵夢憶》有篇〈蟹會〉的小品：

> 食品不加鹽醋而五味全者，為蚶，為河蟹。河蟹至十月與
> 稻粱俱肥，殼如盤大，……掀其殼，膏膩堆積，如玉脂珀
> 屑，團結不散，甘腴雖八珍不及。一到十月，余與友人兄
> 弟輩立蟹會。期于午後至，煮蟹食之，人六隻，恐冷腥，
> 迭番煮之。從以肥臘鴨、牛乳酪，醉蚶如琥珀，以鴨汁煮
> 白菜如玉版，果蓏以謝桔，以風栗，以風菱，飲以玉壺冰，
> 蔬以兵坑筍，飯以新餘杭白，漱以蘭雪茶。緣今思之，真
> 如天廚仙供，酒醉飯飽，慚愧慚愧。

張岱的祖父張如霖，曾在杭州組織飲食社，品嘗各種美味佳餚，
撰成《饕史》，後經張岱修訂為《老饕集》。明清文人不再視飲食
為俗事，而是一種閒情逸趣的生活藝術，將他們的飲饌經驗，撰
成食譜，這是《四庫總目提要》立〈譜錄類〉，將飲饌之書與其他
文人生活藝術並列的原因。袁枚〈熊庶泉觀察序〉所謂「得一味
之佳，同修食譜，賞半花之豔，各走吟箋」，將飲食與吟詩相提並
論，不過他又說「調鼎衣缽，難傳粗糲之儒」的原因也在此。

守著書店的日子

一

　　我又換了工作，下海經商了。

　　我原來在臺北附近的雙溪教書。到雙溪中學教書很偶然，而且是毛遂自薦的。我到雙溪看朋友，發現這裡有青山有綠水，環境很清幽。在朋友家的後門隔河相看，河那邊山旁有個學校，於是我就過橋到學校看看，當時正在放暑假，只有校長留守，而且校長是新換的。恰好我身上帶了張臨時畢業證書，我說想到這裡來教書，他接過我的臨時畢業證書，對我說等等，就出了校長室，沒到五分鐘，就拿了張寫妥的聘書遞給我，並且笑著說以後請多幫忙，我帶著聘書回臺北，向原來服務的單位上了個「請辭，乞准」的報告。就到這裡教書了。

　　開學以後，才發現這個小鎮雖然寧靜，學校裡卻不平靜。生活非常單調寂寞，入冬以後常下雨，同事放了學無處可去，窩在

宿舍裡沒事幹，百無聊賴，就告校長，我去了不到一年，就告掉三個校長，其中還包括一個督學代校長，就這樣我成了三朝元老，由於我教書的口碑不錯，而且不參加鬥爭，很有人緣，還當了訓導主任。不過，心想這個是非之地，非長久安居之所。

再說，當時剛結婚，妻在臺北一家醫院工作，為了回家方便，換了個大夜班，每天通勤，晚出晨歸。雖然雙溪距臺北不遠，卻得坐一個半小時的火車，還得穿過很長的山洞，當時的火車都是燒煤的，車過山洞，車廂裡煙霧瀰漫，來回非常辛苦。因此，想再回臺北找個工作。

恰巧我大哥的一位同學，剛接任一個書店的經理。這間書店是公家的附屬機構。新創，缺少人手，他問我大哥，現在我在哪裡工作，希望找我幫忙，擔任他書店的門市部主任。我不知道書店的門市部主任做些什麼。不過，當學生時常逛重慶南路的書店，書店門市很熱鬧，是賣書的。只是當時剛畢業不久，覺得自己沒有什麼雄心壯志，也沒有偉大的理想，教書或從商，都是為了啖飯，沒有什麼兩樣，而且自己已經成家，養家活口是非常現實的。於是，我接受了這份工作。

不過，我們的書店不在書店聚集的重慶南路，而在僻靜的延平南路武昌街口，靠近中山堂，上任之後，才發現是個光桿的門市部主任，既無業務員，也沒有工友，凡事都得一腳踢。上午九時開店，到晚上九時歇店，都得枯守在店中。所謂枯守，書店的門面不小，但書的種類不多，不要說買書，來翻書的人都很少，我只是坐在櫃檯內，手托著臉，眼看著店外走廊過往的行人。當時為妻上班方便，在小南門醫院附近陋巷中租間違建屋，每天早晨騎著破腳踏車穿過中山堂廣場，到書店下了店門，然後，用抹

布擦擦書架玻璃的灰塵，然後，到後面燒壺開水，沏杯茶，坐進櫃檯燃著一支菸，翻開昨夜閱讀未完的武俠小說，繼續看下去，單調孤寂的一天又開始了。我守著書店，守著中山堂過了一年。

二

當年的中山堂是臺北市的心臟，前對博愛路，右邊是衡陽街。當時的博愛路上大綢緞莊一間接一間，都是山東人的生意，店裡的伙計說話都帶青島味，服務的態度，還有過去北京做買賣和氣生財的遺風。衡陽街雖然不長，卻是臺北市最熱鬧的街道，銀樓、百貨商店集中在這裡，在衡陽街博愛路轉角處還有家百貨公司，樓高四層有電梯，是當時臺灣唯一有電梯的百貨公司。外地人來臺北必逛衡陽街。衡陽街上人來人往，夏天男士多戴大甲草帽，女士撐五顏六色的花陽傘，半高跟鞋，婀娜多姿。當時就有位作家，寫過一本《臺北街頭多麗人》的小說，那個街頭指的就是衡陽街。如今衡陽街沒落了，入夜後燈火昏暗，往日的風韻已無處覓尋了。

中山堂後向中華路，中華路自中華商場建妥以後，八幢大樓一字排開，從北門到小南門，臺北市又出現了一道發光的城牆，各種不同的小百貨商店向這裡輻輳，各種不同地方風味的餐廳向這裡集中，尤其在新生大樓擴建後，樓下的新生大戲院開幕，入夜之後，這一帶地方燈火輝煌，人聲與過往火車聲交織在一起，成為當時臺北市最嘈雜也是最有活力的地方。逛罷衡陽街到中華路吃飯，成了臺北或外地人到臺北休閒的例規。過了中華商場，跨越鐵道就是西門町，當年臺北的電影院和娛樂場所都在這裡，

原本就是臺北市繁華的所在。

　　在各種不同的聲色燈火環繞裡，歷經滄桑沉默佇立在那裡的中山堂，就顯得陳舊蒼老多了。不過，這座似在現代建築群中遺留下來的古厝，卻自有其歷史的光輝與尊嚴。象徵臺灣光復，對日本的受降典禮在這裡舉行，自此以後，日本殖民的統治沉澱到歷史裡去了。雖然，到現在還有極少數人，陶醉在皇民化的殘影裡，但那畢竟去年的黃曆不能翻了。歷史是歷史，現實是現實，不能等同視之，拿高爾夫球桿當武士刀耍，那是非常可笑又可悲的事。

　　中山堂雖然陳舊，但當年臺北沒有容納人數眾多的室內集會場所，所以許多重要的集會都是在這裡舉行的。當年我們大學畢業典禮，因為學校是我們人數多，沒有禮堂，就借中山堂舉行。但我們的畢業典禮，沒有學士袍、沒有鮮花，也沒有家人的祝福，一襲黃色的青年裝，那是當年的校服，像平常趕到學校上課一樣，在宿舍喝完稀飯，就到公館搭公車去中山堂，參加畢業典禮，沒有喜悅與興奮，當然也不記得誰主持典禮或祝福我們鵬程萬里了。然後典禮完畢，我覺得非常平常，就像讀小學時中午放學回家吃午飯一樣平常，最後大家麇集在中山堂大門外面拍照留念。我想算了，這麼多人也不缺少我一個，乘著人還沒散，不如先到中山堂的大眾食堂，來一客火腿蛋炒飯吧。

　　從中山堂側門進去，一間理髮廳，理髮的都是上海來的揚州師傅，很多達官貴人是這裡常客。轉過去就是大眾餐廳了。餐廳供應簡單的酒菜和客飯，還有炒飯與麵點。價錢很大眾化。當時逛西門町時，常在這吃價廉物美的火腿蛋炒飯，其他的吃不起，這裡的火腿蛋炒飯兩塊五角一碟。火腿切成極小的細粒，蛋散碎，

飯粒粒晶瑩剔透，而且現炒。端上來後香氣撲鼻，的確是窮學生苦中作樂的一種享受。猶憶兒時隨父母乘津浦線的綠網皮火車，車上餐車有蛋炒飯出售，上車後等待的就是一盤蛋炒飯。那盤蛋炒飯的味道，與中山堂大眾餐廳極似，不意在此，竟重拾兒時的舊歡。

中山堂的餐廳由聯勤總部承包。當年聯勤承包的餐廳廚師來自勵志社。勵志社在火車站狀元樓旁，專供高級人員的住宿和餐飲。勵志社提供的是以江浙菜為底的京蘇大菜，我有位廚師朋友周阿芳，就是出自勵志社。他出來後在金華街開過芳園，他在江浙菜行裡的輩分很高，所作米線黃魚羹、紅燒鯊魚、禿肺極佳，後來江浙菜在臺北流行，勵志社有推波助瀾之功。中山堂餐廳也包辦筵席，我曾在二樓參加過一次同學結婚的喜筵，其火腿羹養雞，湯清見底，而味醇香，事隔多年，記憶猶新。

中山堂門外的廣場很寬敞，因為時常有重要會議在這裡舉行，有憲警把守，車輛不得通行。所以周圍沒有店鋪經營。廣場左邊的角落有座中山先生的銅像孤獨地佇立著。塑像旁有幢兩層樓的洋房，是美國新聞處的圖書館。我到新生戲院看電影，買了票等開場時，會到這裡翻翻雜誌或書報。一九五七年五月二十四日，劉自然事件發生，這個圖書館被憤怒的群眾砸燒了。

劉自然事件是這樣發生的，當時美軍顧問團的士官長雷諾賣美軍福利社的物資，謀殺了合夥的中國人劉自然，當時的美軍顧問團的官兵，享有治外法權，經他們自己組成法庭審問，二十四日上午宣判，雷諾僅罰勞役若干天。因此，激怒了所有的中國人，砸了美國大使館，燒了美國圖書館，滿街追打美國洋人，不過，卻很有風度，只打美國男人，不打美國女人。這是過去半個世紀

以來，最具有民族意識的劉自然事件。

　　當時我們的西洋史教授到中山堂看了這場「暴民」的舉動。他後來說憤怒的人民在圖書館外面與軍警對峙，最後民眾衝破封鎖線，軍警開槍，有人受傷，民眾後退，然後再集結，終於衝進圖書館，書一本本地從窗子裡拋出來，接著煙與火苗從窗子冒出來，民眾歡呼，軍警向空鳴槍，消防車扯著喇叭趕來救火……最後，他說大家該去看，法國大革命的巴黎暴動，可能就是這樣的。所以，他特地帶他的孩子去看這個歷史的場景。

　　美國圖書館被燒了，空了些時日，不知為何山西餐廳搬到這裡來，門前裝置了斗大字的霓虹燈招牌，有刀削麵、貓耳朵、熬魚、過油肉，冬天有紫銅火鍋涮羊肉，伙計吆喝，食客舉杯喧笑，也許歷史就是這樣的，再沒有人記起當日屋外群眾的怒吼了。

三

　　和博愛路、衡陽街的熱鬧繁華相較，我的書店所在的延平南路就冷清多了，這條街多是些公司行號，開門做生意的，似乎只有我的書店，和書店斜對面的是趙大有。趙大有是間上海弄堂式的飯店，只占半間門面，中午燒妥的菜一字長蛇擺放在門前的案板上，也可以炒幾味如紅燒划水、沙鍋小黃魚，都是江浙家庭口味，到那裡吃飯的，都是附近上班的單身漢，趙大有可能是老板的名字，老板四十來歲，坐在擺菜的案板後面，笑容滿面地招呼客人。我往往站在路這邊向對面一喊，一會兒一碟炒飯或粗炒麵，外加一碗豆腐羹加滷，就送過來了。送飯的是個矮胖的五十來歲的老人，一頭花白的頭髮，一口濃濁浙江話，有時他來收碗盆，

我們會聊幾句，有天送飯來的是個十來歲的孩子，我問老者呢？
那孩子說前一天腦中風死了。我心裡難過了好一陣子，因為每天
說幾句話的人也沒有了。

　　當初這書店由我一人獨守，進得店來成一統，我真的君臨天
下了，書架上排滿了書，而且各有分類，櫃檯裡堆的新到還沒有
開封的書。可是卻沒有人來買書或看書，我終日和這些沉默的書
為伴，稱得上獨擁書城了。記得剛考上大學初進圖書館，看到架
上列的圖書，一陣欣喜，回到宿舍擬定計畫要遍讀架上的書，但
去了幾次，三天打魚兩天曬網，然後在日記裡幾句悔恨自己不用
功，再畫幾個驚嘆號之後，連圖書館也不進了。每年寒暑假回家，
總會帶一摞書回去，都是怎麼帶去怎麼帶回來，假期結束回學校，
臨行父親都會說：「這樣帶來帶去，你不累嗎？」所以，我發現自
己不是念書的材料。現在面對滿屋的書，卻是書我兩不涉，而且
哪有賣書去讀書呢。不過，書我是讀的，讀的是武俠小說。

　　我讀武俠小說的歷史不算短，當年犯案解臺北，進了號子，
在號子裡發現半本殘破不堪的武俠小說，是前面難友遺留下來的，
沒頭沒尾，也不知什麼名字。鐵窗漫漫不知蹲到幾時，生怕讀完
了，每天只讀幾行，讀完了再讀，讀了好多遍，我還是沒有出獄。
那小說的內容如何，完全不記得，只記得是用文言寫的，文字很
不錯。出獄後，父親一再告誡要潛心向學，就和武俠絕了緣。後
來大學畢業在鳳山受入伍訓練，一日下午在操場上大課聽訓，不
知何處傳來一本王度廬的《寶劍金釵》，一口氣讀完。但只是其中
的一本，也不知前情如何，後事怎樣，於是晚飯後搞一個外出證，
到鳳山街上租了一套，以後課堂上課，野外出操就沒有那麼無聊
了。

　　我在書店工作的日子，正是臺灣武俠小說盛行，名家輩出的時候，臥龍生的《驚虹一劍震江湖》、《飛燕驚龍》，司馬翎的《關洛風雲錄》，諸葛青雲的《一劍光寒十四州》，古龍的《孤星傳》，都膾炙人口，人手一冊。武俠小說在這個時期風行，不是沒有原因的，因為當時物質生活條件窘困，前途茫茫，人心苦悶，武俠小說可以使讀者暫時超越現實世界，進入一個清幽脫俗的山林境界，胸中有多少不平事，都託付給那個玉樹臨風、倚劍行走江湖的少年俠士了。至少我當時讀武俠小說的心情是這樣的。這時諸葛青雲的《奪魂旗》剛上市，腥風血雨，最後也不知江湖上出現了多少面奪魂旗，頗令人著迷。諸葛青雲文筆清雅，行文間出現的詩詞不俗，我頗喜好。恰巧一個和書店有來往的印刷廠，正在印刷他的《鐵劍朱痕》，印刷廠先裝訂兩本，一本給我，一本趕送中興新村，因周至柔也在等著看。最初裝訂的幾本很快就讀完了，然後讀校稿，最後竟將諸葛青雲手書的原稿送來，原稿字跡娟秀不苟，讀起來非常舒服。

　　我守著書店不能遠離，偶爾有同學或朋友逛西門町，到店裡喝杯茶，閒聊幾句，常來的萬家茂，當時他在醫學院生理研究所，做完實驗就來店裡，等我打烊後，騎車經過中山堂，回到我陋巷的家中。家中家具僅有藤椅兩把，各據一張，你追我趕地讀起武俠來了。有時妻回娘家，我們往往讀到鄰家的雞啼。有次，我們從店裡出來，在衡陽街廊下的麵攤坐下來，來了一碗餛飩湯，一盤豬頭皮，又要了杯米酒，慢慢對飲起來。萬家茂推杯說：「這樣看來看去，不是一回事，不如我們自己寫吧。」於是，我們又要了幾杯米酒，議論著寫些什麼，當時夜已深沉，衡陽街往來的人稀少了。背後的中山堂被黑影環繞著，似變得更蒼老了，一陣風

吹來，似隱隱地傳來幾聲低微的嘆息。

　　後來，我的確寫了半本《滄桑劍》。因為我去了香港，他去了美國，沒有寫下去。幾年後等他從美國回來，我也從香港回來，我們還談起那本《滄桑劍》。萬家茂非常有才情，除了他研究的專業，能詩、能文、能畫、能拉鋼鋸琴，歸來後，在臺灣研究院工作，不幸因心臟病猝逝，算來迄今近二十年了。人生際遇難料，豈止滄桑而已。

記憶是把尺

　　記憶是把尺，丈量著走過的萬水千山，衡度著以往的悲歡合離。只是年事越長，可驚異與激動的事越少，那把記憶的尺卻越來越長了。

　　那日車過臺大，司機突然發問：「先生，你知道臺北的水餃，那家好吃？」此問甚是突兀，水餃與川味牛肉麵，早已納入民間飲食系統，種類繁多有售，只是要吃到像樣合口的，卻已難覓。我答：「你說呢？你臺北跑的地方多。」他用手向旁邊的路一指，說：「那邊，大史。」接著又說：「過去是手擀的皮，現在機製了。不過，餡還是一樣。豬肉牛肉都好吃，而且便宜。」我說：「大史嗎？我吃過，只是很久沒有去了。」

　　於是，晚飯我們去了大史。這一帶我們是熟悉的。當年她讀國防醫學院，我唸臺大。常穿過萬新鐵路去找她，相伴到河畔看落日。萬新鐵路拆了，成了現在的汀州路，原來的水源地車站也扒了，留下一大片空地，成了小吃攤集中的地方。入夜之後燈火燦然，熱鬧吵雜起來，臺大學生的生活也活潑豐富起來。後來，

這裡被學生吃出個「大學口」。

　　我在外飄泊了一陣，又回來教書，租的房子就在旁邊巷子的大樓。賃屋在此，為的是上課方便，不會遲到，不過，也有例外。一日醒來，已是八點，離早課的時間只有十分鐘。於是，披衣而起，抹了把臉，夾著講稿，往學校跑，趕到後面新生大樓，已經上課了。我腦子一片空白，竟然記不起上課的教室，從走廊這頭走到那頭，每一個教室都有人講課。最後看到一個教室似班代表的青年，在講臺上宣布些什麼。心想就是這裡了。

　　於是，推門走進教室，整個教室頓時靜下來，百隻眼睛望著我。我揀了個前排的位子坐下來，向講臺上遲疑望著我的青年人說：「你講，你講完了，我再講。」其實當時我的年紀也不大。於是那青年人滔滔不絕地講下去，並且還在黑板上寫了很多符號。我定下神來，發現他講的是微積分，這才發現自己跑錯了教室。我立即站起身來，說了聲：「對不起，我走錯了教室。」然後跟蹌出門，身後響起一陣哄笑。這才猛然想起我的課在普通教室，不是新生大樓。

　　就這樣，我在這個學校濫竽充數，誤人子弟三十多年。三十年是一世，不是短時間了。如果合著初來的時候，當大一新生計算，我的學號是四十二頭的，到現在恰恰五十年，五十年是半個世紀。五十年風雲變幻，有許多的事都沉澱到歷史裡去了。我隱藏在這個寧靜的角落，冷眼觀察，人來人往，載沉載浮。的確有很多事可回憶的，雖有時我會離開這裡，出外雲遊，最後還是回到最初起步原點。因此，這裡是我生活的圈子，「大學口」是生活環節的重要一環，只是退休後這幾年很少過來了。

　　一個學校附近，如果沒有書店或飲食店，學校就像座冷清的

廟，生活是非常寂寞和單調的，連蹺課也沒有一可流連的地方。離開之後，真的是春夢了無痕，連點可記憶的事物都沒有。好在這裡有個「大學口」，還可以撿拾到一些過去生活的碎片。

當年我初來的時候，當然沒有「大學口」，走五步就可以過羅斯福路。有路八號公車可到市區，但卻隔很久才有車來，等車一來，大家都喊「八路來了」，其名頗為敏感，因而改為四路。但四路又觸及忌諱，於是四路改成零南路。就在公車改名的時候，「大學口」就出現了。

「大學口」出現的時候，大史的違建已佇立在路旁了，記得門前還有棵樹，現在那棵樹，因為拓寬馬路被挖了。老闆是個四五十歲的山東老鄉，他家的餃子個大，油大，皮薄卻有咬勁，而價廉。除了餃子，大史還有炸醬和打滷麵也不錯，麵是自擀自切的。這裡的飲食店開開關關，竟然撐到現在，真是異數。

我們進得店來，店裡的陳設，一如往日那麼簡陋，兩張木板桌子，靠牆搭著木板是散座。我們撿了近門的一張桌子坐下，要了三十個餃，一半牛肉一半豬肉的，只是數量不像以前吃得那麼多了，另外又叫一碗蛋花湯，結帳只有一百二十元，真的價廉了。於是，我問灶上料理餃子的中年婦：「大史開了這麼多年，換過老闆嗎？」她說她不是老闆，說著用手一指：「是她。」我看過去，也是個中年婦人，正在案上切麵。是的，大史已薪火相傳到了第二代。只是在燈火輝煌的夜市裡，顯得有些單薄。

出得店來，就去對面的咖啡館喝杯咖啡，沒有登樓，坐在靠街的長几上，隔著落地的玻璃窗，看著窗外的街景。現在「大學口」夜市開始了，人車壅塞，看著許多年輕人在我們面前走過，他們喁喁相擁而行，或一群人相扶著向天狂笑而過，現在他們都

年輕，沒有什麼可回憶的，正像我當年把酒瓶擲向藍天的年紀。我看著對面的皮鞋店，當年是沙茶火鍋的門面，突然想起店裡的阿美來。那個胖胖的兩眼靈活的小姑娘，非常討人喜愛，每次去的時候，總是選幾碟肥膩的牛肉給我們，於是我放下咖啡，問旁邊的太太：「阿美可能已經長大了。」太太笑道：「豈止。」

　　平常的日子，平淡的生活，回憶都變得瑣碎了。

餓與福州乾拌麵

　　那一年，該是民國四十五年，我大三的那個暑假。不知誰說的，大學是人生的黃金時代，但到了大三，已是夕陽無限好了。因為過了這個暑假，到了明年驪歌唱罷，出得校門，就前途未卜了。

　　所以，那個暑假留在學校沒有歸家，只是為了享受一枕蟬詠，半窗斜陽，但卻挨了餓。暑假宿舍人口流動頻繁，伙食費五天一繳，雖然為數不多，但錢已被我用罄，而且庭訓有示，出門在外，最忌向人借貸，於是，我就挨餓了。

　　餓是啥滋味，我過去曾在課堂上問過學生，他們瞠目以對，然後我說我們那年月都挨過餓。他們竟說我運乖，沒有遇到個好爸爸。的確，挨餓的經驗我是有過的。少年隨家人在敵人的砲火下，倉皇逃難，一兩天沒飯吃是常事，喝一口山澗水，就一口蒜瓣就頂過去了。人說生蒜瓣可以解毒。

　　後來因事被捕入獄，其實我被捕也不是犯了什麼大案，只是在課堂上寫「致前方將士書」，出了岔子，當時我的確犯了嚴重的

左傾幼稚病。小小十六歲的年紀就唱了「男起解」，從嘉義遞解臺北，在裡面蹲了三個月，尤在臺北號子裡的那段日子，真正嘗到餓的滋味。

當年大家都在穿拖屐的日子，生活都過得艱窘，但監獄的牢飯更差。不過，嘉義的牢飯大概還保留日治時代的遺風，是一木製的小飯盒，人各一份，是雜加著蕃薯簽的糙米飯，飯上有塊鹹魚和一撮菜脯，或醬黃瓜之類。最初常被提審，往往誤了飯頓，同室難友憐我年幼，把飯盒留下，等我受審回來吃。他們圍坐我身旁，關心地摸摸我，問我受刑了沒有，我扒著滿嘴的冷飯，搖搖頭，眼淚落在飯盒裡。

發誓不再吃黃蘿蔔

臺北的牢飯不如嘉義的，一日兩餐，糙米飯一碗，倒是一菜一湯。菜是薄薄的黃蘿蔔兩片，貼在飯上，湯是白水煮鹹菜，無油無鹽，幾片褐色的鹹菜葉子浮沉在白水中，入口一股腥臭，早上八時，下午四時送進柵欄內，無油無鹽，飯入飢腸，很快就餓了。餓了就睡，醒了就扶鐵欄外望，鐵欄外是條走廊，走廊外的牆上僅有一扇窗子，窗子被鐵柵釘死，透過窗子空隙，可以看到一小片天空，那時正是十二月的天氣，天灰濛濛的，而且常落雨，窗外有枝枯枝，在風裡搖曳，串串雨珠自枯枝滴下來。

一日，父親託人輾轉送來兩個山東大饅頭。山東大饅頭白淨圓潤，抓在手裡沉甸甸的，除了充滿親情的溫暖，更可以解餓，立即就與難友分食了一個，另一個放在枕邊，準備次日大家再分食。沒有想到睡到夜半，枕邊蠕蠕蠢動，待我驚起，饅頭已被老

鼠叼到走廊上去了。獄裡鼠輩橫行，老鼠壯碩似貓，且不避人。
那畜生雙爪扶著饅頭，歪著頭雙目圓睜瞪著我，和我日後行走江
湖所見，鼠輩都在暗地裡索索，完全不同。這畜生明目張膽對著
我，我們隔著鐵欄對望，最後牠唧地一聲，拖著饅頭跑開了。夜
已深沉，偶爾鄰號傳來受刑後痛苦的呻吟，和有冤難伸沉重的嘆
息或囈語。

在那裡蹲了兩個多月，出來後，我發誓不再吃黃蘿蔔那種東
西，不過，卻練得無菜乾吞白飯的工夫。

現在我真的挨餓了，而且沒有任何逼迫，自由自在挨餓，真
是一錢逼死英雄漢。想到孔子當年在陳絕糧，竟歌絃不輟，老夫
子真有一套挨餓的工夫。於是整衣端坐，掀書而讀，但讀了不到
兩頁，但覺字行搖晃。前胸貼後心，腹內油煎火燎，一個字也讀
不下去。心想肚子是盤磨，睡倒不渴也不餓。不過，睡前還得填
填胃，於是拿了漱口杯，到隔壁洗澡房，對著水龍頭，灌了幾杯
自來水，回到寢室，立即上床睡覺。雖說水可壓餓，但喝多了也
不好受，水在肚子裡晃盪，平躺也不是，側臥也不行。室外蟬鳴
聲噪，反覆難眠，突然想起今天是我自己的生日，於是一躍而起，
想到早晨買新樂園，還剩下五毛錢，出得校門，買了張公車票，
到小南門。我女朋友在小南門醫院實習。見了她就說：「今天是我
生日，妳得請我吃碗麵。」 她一聽笑了說：「怎麼，又花冒頭
了？」於是，她換了工作服，陪我到醫院門口的麵攤吃麵。

那個小麵攤開在小南門旁的榕樹下，依偎著榕樹搭建的違章
建築，是對福州夫婦開的，賣的是乾拌麵和福州魚丸湯。雖然這
小麵攤不起眼，日後流行的福州傻瓜乾拌麵便源於此。但福州傻
瓜麵和這小攤子的乾拌麵相較，是不可以道里計的。福州乾拌麵

的好與否，就在麵出鍋時的一甩，將麵湯甩盡，然後以豬油蔥花蝦油拌之，臨上桌時滴烏醋數滴，然後和拌之，麵條互不黏連，條條入味，軟硬恰到好處，入口爽滑香膩，且有蝦油鮮味，烏醋更能提味。現在的傻瓜麵採現代化經營，雖然麵也是臨吃下鍋，鍋內的湯混濁如漿，鍋旁的麵碗堆得像金字塔，麵出鍋那裡還有工夫一甩，我在灶上看過，也在堂裡吃過，真的是恨不見替人了。

　　我連扒了兩碗到第三碗時，才喝了口魚丸湯。抬起頭來看見坐在對面微笑的她，說了句：「大概可以了。」後來她成了我太太，四十多年來相持相伴，生活雖然清平，卻沒有再餓著。太太是湖南人，在西安長大，習慣各種麵食，但卻不喜吃麵條。我豐沛子弟，自幼飄泊四方，對於飲食不忌不挑，不過自此後，就歡喜這種福州乾拌麵了。

好吃的福州魚丸難尋

　　三十八年逃難到福州，在那裡住了快半年，並且還混了個初中畢業文憑。當時兵荒馬亂，幣值一日數貶，後來不用紙幣改用袁大頭，或以物易物。拉黃包車的早晨出門帶把秤，車價以米計，拉到天黑就回家，車上堆了大包小包的米。我當時住校，每週回家，返校時母親就給我一枚金戒指，作為一週的食用。我記得當時一斤肉七厘金，一碗麵是三厘，有各種不同澆頭的福州麵，有鴨、蚵仔（蚵仔是現剝的）、黃（瓜）魚、螃蟹等等，麵用意麵，下蝦油與麵湯共煮，味極鮮美。不過，我更佩服老闆剪金子的工夫，一剪刀下去恰恰三厘，不多不少。後來來臺灣一直懷念福州麵的味道，早年勝利的海鮮米粉尚有幾分餘韻，現在已經沒有了。

不僅臺北，我曾兩下福州，也沒有吃到那種風味的福州麵。不過，在福州卻沒有吃過福州的乾拌麵。不知臺灣的福州乾拌麵，是否像川味牛肉麵一樣，是在地經過融合以後，出現的一種福州味的乾拌麵。

臺灣是個移民社會，當年從唐山過臺灣的福州移民並不多，但福州的三把刀：裁縫的剪刀、理髮的剃刀、廚師的菜刀對當年臺灣社會生活影響很大。現在三把刀已失去其原有的社會功能，只剩下乾拌麵和魚丸湯，融於人民的日常生活之中。臺灣流行的乾麵，除福州乾拌麵外，還有鹽水的乾拌意麵、切仔乾拌麵及炸醬麵。這三種拌麵用的麵料各有不同，意麵來自福州，切仔麵的油麵，傳自泉漳與廈門的閩南地區，炸醬麵用的是機製的山東拉麵，很少用手擀的切麵。我曾在廈門一個市場，吃過下水切仔拌麵，用的就是油麵，味極佳，麵中也以韭菜綠豆芽相拌。福州乾拌麵用的是細麵，現在稱陽春麵，陽春麵名傳自江南，取陽春白雪之意，即所謂的光麵。

福州乾拌麵雖平常之物，但真正可口的卻難覓。後來在寧波西街南昌路橫巷中尋得一檔，是對中年福州夫婦經營的麵攤，由婦人當爐，別看她是個婦道人家，臂力甚強，麵出鍋一甩，麵湯盡消，清爽，十分可口。男的蹲在地上攪拌魚丸漿，是新鮮海鰻身上刮下來的，然後填餡浮於水中，他家的魚丸完全手工打成，爽嫩，餡鮮而有汁，吃福州乾拌麵應配福州魚丸湯，但好的福州魚丸也難尋。我在這家麵攤吃了多年，從老闆的孩子圍著攤子轉跑，到孩子長大娶妻生子，後來老闆得病，攤子也收了。

日前，太太去法國旅行，夜裡打電話回來報平安，並問我早上吃什麼。我說去市場吃碗乾拌麵。我家附近的小菜市場有家賣

乾拌麵的店，老闆矮矮胖胖的，五十來歲的福州伯，後來得急病死了，麵店由兒子接手，經過五六年才練得他父親下麵的工夫。每次我去，他都說聲照舊。所謂照舊，是一碗乾拌麵，配一碗餛飩湯另加一個嫩荷包蛋，麵來，將荷包蛋移至麵碗中。與麵同拌，蛋黃滲於麵內，又是另一種味道。

吸煙室懷想

自航機禁煙，不再遠遊，後來更擴大機場全面禁煙，真是舉步維艱。所幸法外施情，機場闢了吸煙室，使我們吸煙的有了個仰天長嘯的空間。

一

吸煙是損人不利己的惡習，何時染上，已不復記憶，只是由來已久，積習難返了。

當年初到臺灣，暫時無書可讀，青黃不接，隨表哥在嘉義噴水池敲「袁大頭」。所謂敲，是兩枚銀圓置於手心中敲弄，叮叮作響向人兜售，警察來時，脫了木屐，光著腳丫子奔竄。敲大頭生意不惡，但貨要到臺南去販。到臺南販貨，宿於小旅館中，坐在榻榻米上倚窗外望，窗外燈火燦然，薰風習習，伴著木屐聲響，偶爾傳來按摩斷續的悽惋笛韻……這時表哥會燃著一支煙深深吸一口，然後再點一支遞給我說：「乖兄弟，呼一口。」我接過煙緩

緩地吸一口，噴出的煙氛，在昏黃的燈光下沉浮，似已身陷在另一個江湖中了。

後來考上學校，卻因案入獄，先在嘉義，然後遞解臺北，我真的墜入江湖了。在嘉義拘留所的時候，晚上值夜的是個五十來歲，矮矮胖胖的巡佐，皮帶繫在肚臍下，笑起來露出兩顆金牙，他來接班時已經微醺，從腰裡掏出一包老樂園，每個號子分四五支，他一面分煙一面說：「白天絕對不可，現在聽到外面鐵門響，馬上熄掉，查夜的來了。」說罷，回到自己位子抽起煙來，我們號子的四五個難友立即聚起來開始吸煙。最初我不參加，但難友中有個臂刺青龍的老大，是民族路的角頭，二二八時的突擊小隊長，殺過人。他看我年紀細細就犯案，有出息，將來出去後找他，一定有前途。如果說出來後去找大哥，說不定真有前途，甚於日後的青燈黃卷。他要我也來吸煙，於是你一嘴我一嘴輪番吸著，不分彼此，有同舟共濟的感覺。

後來遞解臺北，同號難友有個博愛路布莊的伙計，白白淨淨的高䠷，斯斯文文的，但說起話來一口濃濃的衛海腔，當時博愛路的布莊多是山東人開的。他因老闆「犯案」被株連進來。所謂「犯案」就是後來所說的白色，而且多是內地人。這也是我在大學住宿舍，很少和內地同學共住一室的原因。那伙計既然被株連進來，他老闆就在隔壁號子裡，每週店裡給老闆送兩次飯，他也同等待遇。每次送飯必有銀絲卷兩條，撕開銀絲卷內藏小錫紙一個，內裏香煙五六支，火柴十餘根，磷片一塊，自火柴盒取下的，設想非常周全，想是買通了才走得進來的。

夜深更靜時，我們擠在監房的馬桶邊吸起煙來，當時的馬桶倒是抽水的，我們將馬桶洗刷得非常乾淨，因為大家從那裡接水

喝。但吸食的方法和嘉義不同，是將吸進的煙，吐在一個美麗牌香煙的鐵罐裡，將蓋子蓋緊後，再輪到第二個人吸。因為這樣免得煙味擴散，而且白天煙癮大的還可以啟開蓋子再深深吸一口。我們沉默地吸著，不時發出不出聲的淺笑，共享著一個短暫歡愉的祕密。

蹲號子沒有什麼好想的，沒有期盼，只有等待。倒是釋放後，卻被一種無形的恐懼緊裹著，有時在教室上課，走廊上有陌生人走過，就會有一陣心悸。走在路上突然回頭，看看後面是否有人跟監。所以那年暑假有段很長時間，我定時定點到蘭潭去游泳，那裡的藍天碧水，山林鬱鬱，給我一個喘息的機會。我在家的居室四疊，臨街。每當夜深人靜時，有磨石燈的腳踏車從窗前經過，我就會從榻榻米上驚起，啟開窗子一線外窺，長街寂寂，慘白的街燈下，有條拖著尾巴的狗走過。於是，我燃著一支煙在黑暗裡吸起來。

事實上，這份黑資料一直跟著我，我在軍中服役與初到社會工作，我的長官和上司曾用這份黑資料威脅我，做他們的爪牙，監視我的同袍或同事。但被我斷然拒絕了，心想，我豈是背後放冷箭的人！

二

我吸煙也開始買煙了。

當時煙分五等，最上者為雙喜，依次是新樂園、（老）樂園、珍珠和香蕉。我吸的是香蕉，這種煙葉梗細切捲成的香煙，既嗆且辣，卻是當時外銷中南美賺外匯的香煙。事實上，當時經濟窘

困，菸酒公賣局卻是歲收最豐的機構，公教人員的薪俸由此而出。所以吸煙的人，對臺灣經濟發展也曾作過貢獻的。

從零用錢省下來，買包香蕉，還可湊合，但藏煙不易。父親將監督權交給母親，母親執法甚嚴，隨時搜查衣袋和書包。一次臨廁，母親突然將廁門推開，罵道：「死鬼，又吸煙！」我辯說沒有，煙卻從口中噴出，母親說：「沒有？嘴裡還冒煙。」我說是嘴裡吐的熱氣。母親說：「胡說，大熱天嘴裡哪能吐熱氣！」有晚夜遊歸來，叼著香煙回家，家門前的路燈壞了，等我走到家門，父親剛好站在黑影裡，我立即轉身回頭就走，等我在外面轉了幾個圈再回家，剛進家門，母親站在玄關上，劈頭就是一巴掌，罵道：「不學好，不上進，學吸煙！」

我的確不學好，不上進，高中臨畢業終於留級了。留級雖然平常，卻損了我年少英雄的顏面，而且父母的嘆息，親友的白眼，我似乎真的不堪造就了。因此頗能知恥，晚上和同病相憐的同學混了回來，就悄悄挑燈夜戰，一盞昏黃的燈，一本翻來覆去的破書，一支香蕉相伴到黎明，我的夜讀連住在樓上的父母也不知道，後來我僥倖考上學校，而且能考上「大學」，不僅許多人，包括我自己都感到非常的意外。因為我們的姓少，報上放榜時只有名字沒有姓，直到接到學校的通知，才肯定自己錄取了。塵世功名雖然獲得，但我卻吸煙成癮了。

到臺北上大學，有更寬廣的吸煙空間，但卻遭遇新的限制。我談戀愛了，女朋友非常反對我吸煙，常為這區區小事爭吵。有晚漫步椰林大道，又起了爭執。心想何必呢！於是將剛買的一包新樂園從口袋掏出來，決絕地丟棄了。並且說不抽了，不抽了。但等送她回學校，我又回到棄煙的原地，在黑暗中摸索，夜已深，

除了小草上沾滿涼涼的露水，什麼也沒有，我默默坐在石階上悵
悵良久。後來我們結了婚，她漸漸容忍我這種不良的嗜好，前些
日子，她還說：「想想也是，這些年你除了讀書，嘴饞，也沒有什
麼嗜好，只有這個壞習慣。」只是在她清理房間時，對我掉在地
上的煙灰，仍有煩言。不過，我卻感到深深抱歉，這些年她吸了
不少我的二手煙。

畢業後服役，分發到馬公海軍軍區服務。當時八二三砲戰爆
發，馬公軍區是海軍的前線，運補備戰，刁斗森嚴。我們部隊的
任務特殊，弟兄派到各艦艇服勤，留在岸上的都是老弱病號。我
到任就代理指導官，上任指導官被弟兄們趕回左營了。所以在隊
上隊長是老大，我是老二，當時吸的是軍煙，軍煙分為「八一四」
和「七七」兩種，我們吸「七七」，往往配量不足，還須外購。但
季風來臨，海上風浪過大，後方補給不到，我們就斷了糧。於是，
隊長和我就將搜羅的煙蒂剖開，燃一小炭爐烘焙煙絲，然後加麻
油數滴，捲而吸之，也是一樂。

所以，最初吸煙不拘品牌，當年在香港新亞研究所讀書，後
來又留所研究，有位學長不吸煙卻搜集煙盒，常常晚飯後逛街，
他指著煙攤的煙盒說：「這個盒子我還沒有。」於是我就買來抽，
抽完將盒子給他，香港華洋雜處，世界各地的煙都有，最貴的和
最便宜的雞尾煙都抽過，所謂雞尾煙是用不同的煙蒂混合捲成。
吸煙是習慣，日子長了，變成生活的必需。那年我到日本京都人
文研究所掛單，到達的第二天早晨出得學寮，獨自到附近小街蹓
躂，竟用學得的僅有幾句日語，買到了一包煙，心中大樂，這一
年在異國，一半的生活解決了。

雖然，我抽香煙，但卻不希望年輕的孩子誤入歧途學抽煙，

退役後我在臺北鄉下一個初中教書，不久又兼了訓導主任，管理學生要務之一，就是嚴查學生抽煙。一次到福利社突查，抓到一個班上的學生抽煙，我將他帶回來，吩咐班長到街上買兩包雙喜煙，並將兩張課桌排在講臺前，我們相對而坐，教他抽煙，並向全班示範。我教他吸一口吞一口，這樣三數口下肚，他就暈了，眼淚鼻涕橫流。於是，他說：「老師，我這一輩子不再抽了！」然後，我微笑走上講臺說：「煙也不是這麼好抽的。我不學好，不長進，染上這種壞習慣，才流落在這裡，真的沒出息。所以，希望你們絕不要走上這條路！」

真的是言教不如身教了。後來在大學濫竽充數，最初比較緊張，日夜備課，腸胃不適，日漸消瘦，體力不支，於是去看醫生。醫生說可能得了十二指腸潰瘍，並且警告我說：「不能抽煙。」說罷，他給了我支煙，我豫疑，他笑著說：「剛剛醫生講的，現在是朋友給的。」我們很熟，他當住院醫師時，我在他宿舍裡抽著煙你追我起地看武俠小說。後來他成了名醫，濟人無數。

因為得了腸胃病，有大半年的時間喝流質，到校上課，背著個太太沖妥牛奶的小暖瓶。在課上講一段就坐下歇歇，喝一杯牛奶抽一支煙。自此我在課堂上也抽煙了。有次我正坐下來抽煙，突然發現階梯教室後端在冒煙，有個小子竟然也在抽煙。寒假考試看過他的卷子，條理清晰，可教。所以開學後要他準備研究所。那時他還是大三的學生。後來他接受我的「薰陶」，三十多年一直維持著親密的師生情誼，那年我退休，他集合幾個被我薰陶過的弟子出了論文集，名曰《結網編》。其中一個弟子說：「每個星期一早上，老師上中國近代史學，下午上研究實習，往往是師徒相對，老師沉默吸煙，對話總斷斷續續。午後的文學院，老師在研

究室抽煙的側影，窗外天井的大榕樹稀疏的影子和麻雀啁啁，成了我研究所三年深刻的記憶。」噫！香煙誤我，我又誤人。真是是非到此難梳理了。

三

年少不識愁，稱煙是藍色的悠悠，常有吐出煙圈，又吹散煙圈的惆悵，感嘆人生如夢，夢似煙。後來走慣了風霜路，人生豈僅如夢似煙，更有盈缺炎涼，酸甜辣苦，行到此時，就想吸支煙。因為煙可遣憂抑鬱，解乏去困，抗憤止憂，即使百無聊賴，一煙在手，任煙灰散落滿懷，也是一種排遣。尤其人在長亭更短亭的逆旅之中。現在交通快捷，雖去天涯，也是朝發晝至，早已沒有楊柳岸曉風殘月的離情別緒了。但時空轉換，人事難料，仍會有幾許閒愁，這時更須一支煙了。前些時臺北嘈雜，去了香江避靜。歸時機場候機，我又去了吸煙室。香港機場有大小不等的吸煙室散在各處，專為吸煙人準備的，我都去過，非常熟悉。

不過，我歡喜去的還是底層近咖啡座那個大吸煙室。吸煙室門向內開，很隱蔽，有幅巨大的落地窗，面向停機坪，可以看到藍天白雲和飛機的起降。室內很寬敞，散列著二十幾張椅子，幾張椅子前豎著一個煙灰缸，巨大抽煙機隆隆作響，不停地抽送室內繚繞的煙霧。我進得門來，雖然有被逐放被隔離的感覺，等坐下來吸一口煙，心情就平和下來。默默吸著煙，靜靜觀察著四周。

吸煙室人來人往，川流不息，這些吸煙人風塵滿臉走進屋來，有著前程未卜的焦躁和不安，等他們找個位子坐下，燃著一支煙深深吸一口，又緩緩吐出，情緒就漸漸安定下來。他們不分男女

老少，膚色深淺，衣著華麗或簡便，都比肩而坐。默默吸著煙，雖然有的結伴而來，同夥談話也是低聲淺笑，室內除了抽煙機聲，與牆外的喧囂相較，是寧靜的一隅。這些吸煙人都是匆忙的過客，來自山南海北，各人心裡都有自己的一片江湖，但卻在這裡蜻蜓點水似地暫時留住了。我看見一個年輕的老外，一頭蓬亂的金髮，滿臉落腮鬍鬚，背負著沉重的行囊匆匆而來，坐下後從身上掏出支煙，竟沒有帶打火機，坐在他旁邊的一位中國老者立即將自己的打火機遞給他，他微笑著接過來，點著煙又微笑地還給那老者，真的同是天涯淪落人，相逢何必曾相識了。

　　臺北機場也有間吸煙室，很小，只有六七個位子，後來者只有倚壁而立，甚至站在門邊吸起來。而且有落地玻璃窗向著走道，坐在落地玻璃屋裡吸煙，過往者側目，吸煙人似關在動物園的獸欄裡。我們低頭吸煙，抬起頭來就看到對牆一幅禁煙廣告，上寫著「禁煙者赤，近煙者黑」，下面畫四個紅到黑的大嘴唇，吸煙人惟一一點尊嚴也被剝奪了。不知我們生活的這裡，何時變得這麼官派而且刻薄了。

出得門來人半醉

我「糊塗齋」壁上懸有立軸一幅：

萊茵佳釀水晶厄，
耳熱酒酣共論詩，
我致君歌同快意，
相逢轉恨十年遲；
祕方煮酒滿庭香，
袋鼠尾肥燉作湯，
出得門來人半醉，
柏林郊外月如霜。

字是沈剛伯先生寫的，詩是民國五十四年他到德國柏林自由
大學講學時寫的。字和詩同樣瀟灑，我尤其歡喜最後兩句：「出得
門來人半醉，柏林郊外月如霜」。剛伯先生在自由大學講學一年，
講的是「中國文化史」，並寫有講稿。這可能是剛伯先生教書近一

甲子，唯一寫講稿的一次。他上課沒有講稿，作學術講演也沒講
稿，如黃河之水天上來，滔滔不絕。胡適就說：「沈剛伯了得，演
講不帶稿。」

這份講稿是英文寫的，歸國後於篋中被白蟻吞蝕殆盡，的確
非常可惜。因為剛伯先生不設文字障，甚少著墨，晚年他開白內
障，我接他出院，他坐在輪椅上說：「現在眼睛整好了，可以述先
聖之遺意，整百家的不齊了。」他準備寫三本書，「中國文化」、
「西洋文化史」和「中國史學史」，說到這裡他哈哈一笑，說：
「最後可能一張稿紙也沒有。」的確，最後誠如所言，沒有留下
一張稿紙。

德國講學的講稿被蝕，卻留下這首詩，沒有想到剛伯先生在
萬里之外的異域，竟然遇到這樣一位雅士，煮酒論詩，酒逢知己，
就覺得相見恨晚了。酒罷辭出，也許那是個秋夜，一輪皓月當空，
西風吹著剛伯先生佇立的華髮和他的衣衫，此情此景不僅可以入
詩，也可以入畫。

剛伯先生是我的業師，那年臺大歷史研究所博士班初創，僥
倖錄取我一人。我的論文由剛伯先生、李玄伯先生、姚從吾先生
共同指導，後來姚先生遽歸道山，玄伯先生臥病在床，只剩下剛
伯先生了。所幸這時剛伯先生卸下了二十一年文學院長的職務，
少了俗務瑣事，我有更多問道的時間，及和他共飲的機會。

剛伯先生善飲，深識酒中之趣，但卻不過量，一天他說：「昨
天和沈宗瀚開了一瓶黑走路，兩個人分著吃完了。」這時兩人都
是近八十的人了，真是酒興不淺。剛伯先生自幼就飲酒，辛亥革
命之時，武漢時局動盪，剛伯先生隨家避居宜昌，歲盡年偪寒風
凜冽的早晨，隨他父親買舟西上，入峽返鄉度歲，剛伯先生在他

的〈辛亥武昌起義前後的見聞及其經歷〉說：

> 剛走到寇萊公遇難處的黃魔峽，便遇大雪，時已小年，來往川鄂商運早停，本地人出外的也很少，我們走了大半天，竟未遇著一隻別的帆船，好像整個峽江為我父子獨有。真令人感到寂寞的偉大。轉念一想，偉大似乎避不了寂寞，人若臻「前不見古人，後不見來者」的境界，也就非愴然下淚不可了。

> 舟過鯉魚潭，見有一小艇下椗灘頭，一披簑戴笠的漁翁正在船頭「獨釣寒江雪」，那種詩意畫境使人俗念盡蠲。尤其有趣的是我們方過其旁，恰巧看到釣起一條重約兩斤的鯿魚，我們馬上買來，催舟前進，至蝦涪下，停舟取水，供炊晚飯。

> 在「千山鳥飛絕，萬徑人蹤滅」，長江帆檣歇的時候，我們駕一葉之扁舟攜鉋尊以自隨，汲亙古之名泉（蝦蟆的水曾經陸羽品為天下第四泉）。享縮項之細鱗，更佐以剛採自葛洲壩落地即碎之黃芽崧，與新得諸城內之陳年「蓮花白」，把酒嘗魚，真快朵頤。

> 飯後，依舷品茗，賞雪色，聽灘聲，遠望三朝如故之黃牛似一旦突變之白犀；悟逝者之未往，知真體之永存，別有會心，怡然自得，殆飄飄乎若神仙中人矣。

這是篇充滿著詩情畫意，溢蘊著酒趣的文章，意境逸雅脫俗，我讀過不少古人詩酒的文章，卻很少有這樣的境界。這境界只有在中國山水畫中尋覓，而且這種孤寂的寧靜的境界，卻在漫天風

雪和悠悠逝水中悄悄轉換著，面對此情此景，唯有杜康了。

後來剛伯先生遵醫囑戒了菸，但酒還是喝的，家裡壁櫥中貯酒甚豐，有時興起，坐在客廳裡，一杯在手，慢慢啜飲起來，我在旁陪著也飲幾杯。他一面啜飲著酒，以低沉的聲音，緩緩地說些學林的軼事趣聞。有次他說到當年他們有個猴會，參加的都是臺大全人，皆屬猴，老猴大猴小猴一群，常聚會在一起喝酒。剛伯先生說：「你別看錢校長（思亮）說話慢，喝起酒來很爽快，還有李濟，他喝酒太理性，後來得了糖尿病，吃東西都要用秤來秤，就不喝了。魏火曜能喝，有趣，但是最後總喝醉……」剛伯先生說魏火曜喝醉酒坐三輪車回家，卻說不清家的詳細地址，三輪車拉來拉去，拉了一晚上，只好將他拉到附近的派出所去，派出所值班警員認得他是臺大醫院的魏院長，才把他送回家去。

剛伯先生說到這裡，使我想起翁廷樞來。翁廷樞比我高一屆，是當年政壇名人翁鈐的侄子。外文系畢業，留系任講師，中英文俱佳，且有才情，兼剛伯先生的英文秘書。翁廷樞是個好人，不知什麼時候染上酒癮，到最後每日必喝，每喝必醉，醉了就出言不遜罵座，我和他喝過幾次酒，就是這樣。

老翁因酗酒，幹了多年講師也沒升等，朋友勸他到美國進修，但必須立下軍狀，到美國不能再喝酒。老翁到美國倒能修身養性，沒事就釣釣魚，卻沒有喝酒，不巧遇上我們退出聯合國，他一怒拍桌子說：「媽的，美國人沒搞頭。」於是大喝一場，立即收拾行李回國，在紐約登機，海關說他行李過重，他指著兩個箱子說你要哪一個？就拎一個箱子回國，回到家按門鈴，太太啟門大驚：「怎麼不說一聲，就回來了！」

翁廷樞回來喝得比過去更厲害。有次他請剛伯先生夫婦，並

約我們夫婦作陪，我們五人在雲和園吃飯。雲和園是家雲南館子，吃到最後一道是沙鍋家常鱔魚，喝到這時，老翁已喝得把持不住，開始說酒話，我立即起身送剛伯先生夫婦下樓叫車，請他們上車回家。然後趕上樓與妻扶持老翁下樓。送他回家，車到他家附近，我問：「幾巷？」老翁笑道：「嘿嘿，不告訴你。」車在他家的那條巷子來回好幾趟，他不是說還沒到，就是說過了，最後終於找到他家，送到樓上他家。後來，老翁死了，可能是喝酒傷身，在一個淒風苦雨的上午，我去參加他的告別式，老翁瀟灑有才情，沒有想到走得那麼孤寂悲涼。

　　後來，王家小館開了，在過去羽毛球館後面一家賓館的樓下。是四十四兵工廠的員工出來開的。四十四兵工廠，員工多湖北鄉親。四十四兵工廠的舊址，就是現在寸土寸金的信義計畫區。王家小館是家道地的湖北館，其魚雜豆腐、簑衣牛肉、臭三鮮、珍珠丸子、剁魚丸和其他蒸菜，還有豆絲、麵窩、粑粑等小吃，都是剛伯先生的家鄉俚味，陪沈先生出外小酌，又多了個去處。

　　一次在王家小館，剛伯先生一面手撕著主人送的煙薰鹹魚，一面啜著樽中的陳紹說：「一樣的酒有不同的喝法。但不能落俗。當年初到臺灣，大家生活艱困，但卻能苦中作樂，臺靜農他們就喝『花酒』，以花生米下酒。有時我經過他的研究室，也進去喝幾杯。在座的除臺靜農外，還有屈翼鵬（萬里）、孔德成、鄭騫。鄭騫喝不多，只陪著聊天，他們都是中文系的，歷史系的夏德儀也常去討酒吃。他們淺酌細語低笑，聲不出屋外，雖是苦中作樂，其樂也融融。」

　　剛伯先生又說：「當然，一樣的酒，也可以喝出不同的人來。如果到飯店吃飯，就像小孩子一樣鬧起來了。臺靜農酒品好，酒

量好，不爭不吵笑瞇瞇的，可算是個酒仙，屈翼鵬酒量也好，但要大家磨半天，才一杯下肚，所以大家稱他是酒棍。孔德成有意思，先是彬彬有禮，到後來站起身，一手扠腰，一手指著對方，喊著：『你喝，你喝，你得喝！』頗有霸氣，稱為酒霸，我們的夏德儀坐下來就找酒喝討菸抽，大家都叫他酒丐……」剛伯先生一面飲酒一面說著，真的是煮酒論英雄了。「還有個酒俠呢？」我問。剛伯先生哈哈一笑，飲下一杯酒，卻沒有答我。「誰的酒量最好？」我又問。「不在臺大，是梅貽琦（曾任教育部長，清華大學校長），他只喝酒，不鬧酒，不論誰敬他酒，他都一飲而盡，真的是千杯不醉，可稱酒聖。」日後我有機會得敬陪末座侍諸先生飲，誠如剛伯先生所言，但他們鬧酒卻不逞強，戲謔亦風雅，不似日後的那些後生喝得那麼粗俗。

　　記得那年暑假，侍剛伯先生在福隆小憩，晚飯時，他興致甚高，飲了些酒，黃昏時分，在海濱扶杖踏沙而行。後來他說這是他此生第一次赤足走路——也是一生唯一的一次。西天彩霞燦然，漁舟紛紛出海，海濤輕輕拍著沙岸，激起浪花朵朵，碧波深處，有數點漁火沉浮，海風習習，拂起剛伯先生蕭蕭白髮，他御風而立，眺望海天，若有所思，真像他自己說的：「悟逝者之未往，知真體之永存，別有會心，怡然自得，殆飄飄乎若神仙中人矣。」

糊塗有齋

　　電影裡常見的一個場景，鏡頭由近拉遠，人在鏡頭裡，由大變小，由小而模糊，留下一片空寂，狀似蒼涼，行話說是淡出。但淡出不是消逝，而是演員演罷一場戲，走下臺來，變成觀眾，端看後來的人，如何接著演下去。

　　人生亦復如此，不論做什營生，幹得如何紅火，最後都必淡出。人生的淡出，就是退休。常言道「酒店打烊我就走」。酒店打烊，即使不知明日酒醒何處，楊柳岸曉風殘月，縱有柳絲千條，也繫不得行人住，走，終歸要走的。怕的是該走卻不走。走了，又硬要回頭，醉囈連連，使人生厭。

　　我們教書營生的人，走下講臺，不再誤人，就是淡出。記得我教罷最後一堂課，對學生說：「現在我教書生涯就要畫下最後一個句點，就走下講臺了，雖然這個句點不怎麼完美，但還是要畫下的。」學生乍聽，一臉錯愕，然後響起一陣掌聲，我向他們一鞠躬，感謝他們的不棄，竟能容忍我這麼久。然後我轉身擦黑板，似雪的粉筆灰，紛紛飄落在我滿頭似雪的白髮上，等我再轉過身

來，偌大的教室，已空無一人，只剩下站在講臺上的我。窗外日照正明，蟬囂斷續。是的，現在我真的淡出了。

教書就是這樣，寂寞的獨白，孤獨的往來，單調平靜平常，很難興起波瀾的。於是，我下得樓來，拎了個便當回研究室，和往日一樣扒食起來。然後回家。回到家後告訴太太，從此不再誤人了。太太聞言，笑道：「也好，既不出外誤人，就在家自娛吧。」

在家自娛，我們教書營生的人，家裡還有幾卷破書，一如酒徒瓶中留有殘酒，是可以在家自娛的。而且教書的人，平日歡喜講給人家聽，很少有時間反省自問的。講給人聽，美其名曰傳道、授業、解惑。由於自己根底淺，何能傳道。至於授業，也是知音少，絃斷有誰聽。不過，疑惑倒是有些。卻不是為學生講課解惑，而存在自己心中。因為教書必須備課，備課就得讀書。雖然讀來讀去就是那幾頁，但每次讀起來，都有不同的感受，興起不同的疑惑。就像我當年剛進大學，魯實先生要我讀《史記》，屈指算來，已經半個世紀了。以後教書每年都得讀這部書，尤其這幾年為了寫《抑鬱與超越——司馬遷與漢武帝時代》，仔細再讀。前幾個月因為探索司馬遷所謂六藝和六經之異，差一點墜入經學的漩渦，爬不出來。

這些年讀書，心裡的確存有許多疑惑，日積月累在胸中結了些繭，有時也想抽絲剝繭一番。但生性疏懶，想想就過去了。雖然每隔一段時間，又再想起，悔恨一番，甚至請太太的篆刻老師，刻了一方圖章：「恨不十年讀書」，作為座右。圖章刻了快二十年，該讀的書，還是沒有讀。當年錢賓四先生隱居蘇州耦園，耦園有個「補讀舊書樓」。賓四先生就在樓上讀書著述，我每次去蘇州，

都會去那裡低迴。「補讀舊書樓」，的確是非常有意義的名字，舊書還沒有補讀完，如何能醞釀新知。而且所有的問題都從書中來，不是憑空的假設。在家自娛，就是青燈黃卷補讀舊書，這樣胸中結的那幾個繭，不待抽剖，也該化蝶而出了。

於是，我的「糊塗齋」又在臺北新開張了。「糊塗齋」是我書房的名字。當年初到香港，寄居於窩打老道山的高樓上，也有書房，面對另一大廈的外牆。我面壁八年以後，遷入學校新建的宿舍。宿處背山面海，書房外望是個寧靜的內海灣，有碧海青山藍空。入夜之後，環海灣快速公路的霧燈燃起，黃色的燈影映在海裡，伴著碧波中浮沉的點點漁火，的確是個可入漁樵閒話的所在。我擁書而坐，左顧右盼，覺得該附庸風雅，為書房取個名字。望著牆上懸掛的鄭板橋「難得糊塗」的拓片，對在外面正在整理雜物的太太說：「取名難得糊塗齋，如何？」太太聞言大笑：「難得糊塗？你幾時清醒過！」於是抹去難得，剩下糊塗，我便成了「糊塗齋主人」。

回到臺北後，居處尚稱寬敞，只是隔間太小，書房實在侷促，難以周旋。許多書沒有開封，束置高閣，等學校的書撤退回來，就更擁擠了。太太見狀說：「難為你在這裡一窩十年，都窩出病來了。不如另外找個房子當書房，你天天到那裡上班，退而不休。」於是在居處附近賃得一公寓二樓，作為糊塗齋的所在。糊塗齋離家不遠，出門不到三分鐘，即有風雨也不必撐傘。但屋子非常殘舊，租金卻不低，不過委屈多年的書和資料，都可以羅列上架了。於是，不論風雨晴陰，我每天都到糊塗齋裡坐坐，摸摸索索，或整理舊稿，或另撰新篇。三四年下來，出版了四本《糊塗齋史學論稿》、五本《糊塗齋文稿》，尤其論飲食的《肚大能容》，頗膽人

口，更得三聯青睞，去年（二〇〇二年）十月在大陸發行，至今十周，竟繼續列於北京暢銷書榜的前茅。而且錢賓四先生舊書新印的《論語新解》、顧頡剛先生的《中國史學入門》，一度也沉浮其中，北京人讀書口味真的與他處不同。不過，後學竟能與前賢並駕，是以往不敢企望的。這都是「在家自娛」，老牛拉破車的成果，也是某種程度的自我肯定，說實在的，我的確比以往認真了。

　　所謂自我肯定，從我當歷史的學徒開始，就在史學領域裡拾荒，也快半個世紀了。現在驀然回首，發現走過的舊時的蹊徑，卻留下新的腳跡。而且在前人豐收的土地上，撿拾了許多他們遺留的穗粒，現在該將這些穗粒穿成串了。但在穿引的過程中，卻發現其中有我個人對歷史的考察與體驗。這些考察與體驗形成的體系，經歷長久時間的積累，而且幾經轉折逐漸形成的。其間雖然也曾作過某種程度的修正，但在修正過程中，卻獲得更多的自我肯定，所以對最初的基本的觀念，並沒有改變。作為一個歷史工作者，從開始就學會對歷史獨立與尊嚴的肯定，也學會對個人獨立思考與判斷的堅持，以及對個人尊嚴與自我的肯定。因此在舉世滔滔之中，一路行來沒有改變，一如陳寅恪先生所說，沒有「曲學阿世」。

　　一日糊塗齋閒坐，突接太太的電話，說要去看房子。我問幹啥？她說：「你也有年紀了，該有個自己固定的書房，不能老寄人籬下。對路面巷子的新大廈建妥，我們去選一層，算送給你的生日禮物。」於是我欣然前往，選了十樓的一個單位，套句香港賣房子的廣告，邊邊向陽，甚是「光猛」，不似現在的書房那麼幽暗。

　　簽約後，太太開始忙碌了，由她設計監工，修整起來。三房

兩廳的房子不住人，以置書為主，四壁都是書架，主臥房是我的工作室，另置和室一間，客來飲茶，平時我可休息，但一面牆壁也是書架，準備放置飲食書籍及資料之用，到時我真的可以臥食天下美味了。

工竣，吉日遷入。我的存書本來不多，搬來百箱，很快就分類上架了。客廳書架空白的牆壁上，懸有沈剛伯先生和錢賓四先生的條幅，我從剛伯先生處習得「量才適性」，賓四先生教我對歷史應懷有溫情和敬意。兩位先生對我做人處世和治學，都有很大的影響。還有太太畫的國畫「臨流獨釣」。當然，鄭板橋的「難得糊塗」，掛在當中，客廳布飾倒也雅致。在書架羅列書籍間，放置著我蒐羅的鍾馗小擺件，泥塑、木刻、石雕皆有，其中有幅鍾馗酒醉持劍的小畫片，畫雖不佳，畫旁有題款：「酒醉還有三分醒，各路小鬼勿亂來」。

我書桌臨窗而設，對面牆上懸有傅抱石木板水印小品「桃林泛舟」一幅，淡淡幾筆疏枝，上染桃紅點點，人在舟中，舟在中流，頗有陶淵明的詩趣。畫旁留白甚多，有很多可以想像的空間。工作室窗外不遠有郁鬱的小丘，青山上是藍天，藍天裡有閒雲。在山巒延伸處，有新建大廈數幢，入夜後燈火燦然，頗似香江某處，我在香港飄泊十四年，寄居於塵市之中，自逐於紛紜之外。現在已經淡出，更在紛紜外了。於是，我自言道：「噫！糊塗終於有『齋』了。」

飄零之味

　　近年有關飲食文學的著作不少，但多是飲饌箚記，真正的飲食文學創作卻少見。飲饌箚記或憶舊時味，或記坊間途中偶遇，或寫個人廚下工夫，或抄錄綴舊聞，拉雜成篇。飲食文學創作不同，首先必是個知味者，以飲食為主體，透過文學的表現形式，向讀者傳遞某種思緒或意念，寫來不易。所以自陸文夫的《美食家》後，久不見替，今得又見徐國能的《第九味》。

　　徐國能年紀輕輕，知道的玩意真不少。他說他寫作「總希望記下被磨損的自己」與「大多數的時候想留住某些情況裡難以言喻的憐憫」，這些「被磨損的」、「難以言喻的憐憫」來自何處？書中〈第九味〉、〈刀工〉、〈食髓〉的場景都擺在健樂園。

　　健樂園是家湘菜館子，傳的是祖庵菜。祖庵是譚延闓的字。譚延闓是陳履安外祖父，湖南茶陵人，晚清翰林，開國元勳，曾任湖南都督與省長、國府主席、行政院長。譚延闓精食道，死後，其家廚曹敬臣從南京回到長沙，在坡子橫街創設健樂園，專以祖庵菜為號召。臺北的健樂園最初似在中山北路，是否由徐家經營？

　　若是,徐國能少年時,在健樂園堂裡灶上穿梭,耳濡目染累積了
不少食道知識,也是可能的。

　　徐國能的三篇飲食文學創作〈第九味〉、〈刀工〉、〈食髓〉都
發生在健樂園。在這三篇文章中分別創造了落拓江湖載酒行的大
廚曾先生,三代詩禮傳家、獨承絕藝的周師傅,還有以刀工入書
法的他父親。他們都身懷絕技,從廚下油煎火燎中超越出來,像
行走江湖的高人,已臻於手中無劍、胸中有劍境界。將廚藝提升
到入玄出釋的意境。陸文夫的《美食家》透過姑蘇美食,表現了
經過天翻地覆的社會主義革命,竟然還有小資產的殘餘,懷緬與
享受舊時味,也就是新舊之間是不能一刀兩斷的。那麼徐國能一
系列的飲食文學創作又表現什麼?

　　不過,徐國能沒有說明,只在〈第九味〉最後留下一個謎題。
徐國能說:「曾先生一直沒有告訴我那第九味的意義是什麼。」曾
先生說:「味味有根,本無調理。」味要入,而不能調,能入才是
真,調就是假。材料、火候與調味,在烹煮時有其天地玄黃,自
有其玄妙。

　　味分八種,辣、甜、鹹、苦是主味,屬正;酸澀腥沖是賓味,
屬偏。偏不能勝正,而賓不能奪主,主菜必須以正味出之,而小
菜多屬偏味。所以好的酒席應以正奇相生始,正奇相剋終。正偏
八味,卻沒道出第九味是什麼。或謂辛棄疾的「味無味處求吾樂,
材不材間過此生」的「味無味處」,就是曾先生所說的第九味。
「味無味處」正是周師父所說純取天然,故又淡極、鮮極,正好
剋化之前之所嘗之百味,返歸自然本源,在大開大闔的調理之後,
轉變專主淡泊清逸,近於無味,這樣的由有返無,近於老莊了。

　　無味之味,是從有歸於無,不能成味。因此,所謂的第九味,

可能是由苦衍生出的飄零之味。曾先生說鹹最俗而苦最高，常人日不可無鹹，但苦不可兼日，況且其苦味要等眾味散盡，方才知覺，是味之隱逸者，如晚秋之菊、冬雪之梅。鹹最易化舌，入口便覺，鹹到極致反而是苦。所以，在尋常處往往最不尋常之處，舊時王謝堂前燕，就看你怎麼嘗它了。

　　所謂「舊時王謝堂前燕，飛入尋常百姓家」，就是飄零了。曾先生自健樂園飄然而去後，多年不見蹤跡，後來作者在澎湖服兵役，在他開的「九味牛肉麵館」相遇，然後再去，曾先生不知又飄泊何處。除了曾先生，周師父的隱、徐國能父親的退，〈雪地芭蕉〉的廟裡方丈的去，說到最後都是飄零，尤其時至今日國不成國，添多了幾分遺民心緒，這種飄零之味就更深沉了。只是徐國能青春年少，何來雙溪舴艋舟載不動的許多愁？也許是他少年時在健樂園看多了筵開筵散、燈明燈滅，因而興起「那逝去的像流水，像雲煙，多少繁華的盛宴聚了又散散了又聚，多少人事在其中，而沒有一樣是留得住的」。

　　《第九味》中包括〈雪地芭蕉〉在內，都是為參加徵文而寫，雖多列前茅，但為有所為弄筆，字裡行間就多了刀斧痕跡，反不如他的〈石榴街巷〉、〈媽媽的竹葉舟〉，似澗水潺潺於林間，自然、清新、流暢。

有品味的吃

　　劉心武一九七七年，發表了他的短篇小說〈班主任〉，觸破了那個時代人們心底隱藏的「傷痕」。自此以後的四分之一世紀，他馳騁在喧囂的文壇，現在卻由喧囂回復平淡，出版了清新恬淡的散文集《藤蘿花餅》，而且是談吃的。

　　劉心武說他近年寫散文，無論自覺或不自覺，竟有許多直接間接涉及飲食。而且對於這些寫吃的文章，他說是用比口舌更知味的心舌寫的。所謂心舌又叫靈舌。靈舌上頭的味蕾，能感受微妙的滋味，用心舌的味蕾寫作，應成他越來越自覺的追求。

　　劉心武用心舌的味蕾寫作，就是用味蕾品嘗滋味，以心靈體會滋味的酸甜苦辣。然後寫出一系列有品味的飲食文章。劉心武好以「品」字論飲食，頗有魏晉的遺韻。魏晉六朝士人好援飲食的滋味論學，名士談玄最重言味，評文品詩以品味為先。鍾嶸《詩品》即以品味定詩人的高下，他評詩以五言為主，因為他認為五言詩是「眾作之有滋味者」，〈詩品序〉說作詩以興、比、賦為先，若能「幹之以風力，潤之以丹彩，使味之者無極」。不過，他不歡

喜永嘉時期的詩，因為那個時期重貴黃老。「於時篇什，理過其辭，淡乎寡味。」鍾嶸以滋味論詩，自此以後，飲饌的滋味進入人文領域，成為文學的品味。明清文人最重品味，將飲饌的品味融於日常生活之中，形成一種雅趣，文人食譜與飲饌的著作備增，張岱《陶庵夢憶》、李漁《閒情偶寄》談的是有品味的吃，也是明清小品的佳作。近世以後，吃與生活情趣分成兩厥，飲食品味的文學傳統，幾成絕唱，沒有想到竟見到劉心武的《藤蘿花餅》，又談有品味的吃，真是難得。

　　劉心武說他的《藤蘿花餅》，直接或間接都涉及吃。所謂直接，是他個人飲食生活的體驗；至於間接，則是在日常生活中，對周遭人與事物的觀察。不論直接或間接，他所談的食物，不是珍饈美味，都是些日常生活的平常飲食，以及平常飲食中的日常瑣事。但寫平常飲食與平淡的日常瑣事，最難。不過，劉心武是說故事的能手，這些平常飲食與平淡的日常瑣事，經他予以一個場景的襯托，於是，在每一種平常飲食背後，都出現了一個感人的故事。因此，當年鄰居的老奶奶，送給他的藤蘿花餅，他社區的清潔工人朋友老羅送給他的一塊五花鹹肉，那小女孩為感冒鄰居老奶奶買的一塊棒冰，還有那個被父母牽著手逛公園的孩子，長大後請父母在園旁小食店，吃兒時常吃的豆腐砂鍋等等，都進入了他的寫作。

　　尤其劉心武的〈炸醬麵〉是一篇非常感人的飲食文章。他說一九七八年在美國訪問，時間過了一個月後，開始想家，心裡頭越想家裡的飯，想來想去是家裡的那碗炸醬麵，他說：「美的事物，給予人最持久的享受的，還是常態美，炸醬麵於我飽蘊著生活的常態之美。」炸醬麵是北京人家庭一年四季的快餐。劉心武

在文革初期，在北京附近密雲縣的山區勞改，認識一位貧農小伙張連芳，父子相依為命。他們相處得很好，有天傍晚張連芳把他叫到僻靜處，跟他說：「你那點問題算不上反革命，俺爹跟俺不怕。」忽然張連芳湊近他耳朵說：「俺爹給俺倆做好吃的哩，你知道吃啥嗎？吃麵條兒哩，吃炸醬麵哩。你吃過麵條兒嗎？吃過炸醬麵嗎？」劉心武說：「我緊緊攥住他粗大皺裂的手，抬眼一望，他臉兒紅紅的放著光，鼻子一酸，我撲簌簌簌落下了淚。」

　　食物只是一個客觀存在的物體，經過不同人在不同環境吃過以後，才有其意義與價值，而且這些飲食再經文學的描述，就更生趣盎然了。談吃文章不易寫，必須先有枝好筆，所以梁實秋的《雅舍談吃》、周作人的《知堂回想錄》、汪曾祺《五味》、唐振常的《中國飲食文化散論》、林文月的《飲膳札記》、唐魯孫的《南北看》讀起來皆有情趣。至於將飲食作為一種文學創作，陸文夫的《美食家》，以及全國大專學生文學獎散文獎的〈第九味〉都是佳作，所謂第九味，在五味之外，更多了一種飄零之味。近讀趙珩《老饕漫筆》，記近五十年北京飲饌的轉變，社會的變遷亦在其中，較鄧雲鄉談燕京飲食掌故，更上層樓。

　　劉心武談吃，既有文人談吃的雅趣，又是文學家對飲食的文學創作，不同的平常飲食，與不同的人物結合，就出現了一個感人的故事，充滿濃濃的人情味。這種濃濃的人情味，透過飲食發散出來，是中國數千年文化積累孕育而成。即使經過天翻地覆的社會變動，也是無法斬斷的。

西遊記與中國古代政治

薩孟武／著

孫行者攪混了龍宮，掘開了地府，打遍天界無敵手，觔斗雲一翻便十萬八千里；如此通天徹地之能，卻仍須臣服於不辨奸邪、思想迂腐、卻只會唸緊箍咒的唐僧——這便透露出政治隱微奧妙之處。政治不過「力」而已，要防止「力」之濫用，必須用「法」。薩孟武先生援引歷史實例與諸子政治思想來解讀《西遊記》，於奇光幻景中攫取出意想不到的玄妙趣味。

水滸傳與中國社會

薩孟武／著

你知道嗎？這些水滸好漢，大多是出身低微、在社會底層討生活的「流氓分子」。秀才出身的王倫，何以不配作梁山泊領袖？草料場的火，為何燒不死林沖？快活酒店的所有權有什麼問題？……且看薩孟武先生從政治、經濟、文化等不同的角度，精采的分析、詮釋《水滸》故事，及由此中所投射、反映出來的古代中國社會。

紅樓夢與中國舊家庭

薩孟武／著

當賈府恣意揮霍、繁華落盡之後，在前方等待的又是什麼呢？究竟是誰的情意流竄在《紅樓夢》的字裡行間呢？薩孟武先生以社會文化研究的角度，徵引多方史料，帶領讀者清晰認識舊時代下從賈府反映出來的那些事。

琦君說童年

琦　君／著

每個人都有童年，不管是苦是樂，回憶起來都是甜美的。善於說故事的琦君，與您一起分享她魂牽夢縈的故鄉與童年。書中有她家鄉的人物、生活和風光，也有好聽的神話和歷史故事。篇篇真摯感人，字裡行間充滿了愛心與情義，在欣賞琦君的散文之餘，更別有一番溫馨感受。

紅紗燈

琦　君／著

記憶中一盞古樸的紅紗燈，那是紮紮實實的希望暖光，綿綿溫暖之中的淡淡苦澀有著鄉愁氤氳。年光流逝，歲月不再重來，但過往值得細細回味，那些故人舊事、歡樂哀傷，都被琦君的有情之筆轉化為溫馨的文字，成為最暖心的回憶。邀請您一同踏入琦君的世界。

兩　地

林海音／著

本書為林海音最早期，也是最重要的作品之一，寫她自小成長的心靈故鄉北平(北京)和實質故鄉臺灣——這是她一生最喜歡的兩個地方。早年住在北平時，她常常遙想海島故鄉的人和事，戰後回到臺灣，又懷念北平的一切。北平栽培了林海音，臺灣則成就了林海音。她以一枝充滿感情的筆，寫下了她生命中的「兩地」。

世界、華夏、臺灣
——平行、交纏和分合的過程

許倬雲／著

「立足臺灣，放眼中國，關心世界」是一句你我
熟悉的口號，然而這樣的境界該如何做到？該從
何處著手？遠自西亞、埃及、中國、印度古文
明，近至你我身邊的大小事，都是歷史。歷史從
來就不是獨立發展，而是互相牽連糾纏，世界各
國的歷史有如一股股浪潮，在史海中彼此激盪、
交流，如果能夠了解歷史發展的軌跡，也許你會
對自身所處的環境，有一番新的體悟。

國家圖書館出版品預行編目資料

肚大能容：中國飲食文化散記／逯耀東著.－－修訂
三版二刷.－－臺北市：三民，2022
　　　面；　　公分.－－（品味經典/美）

　ISBN 978-957-14-6430-5　（平裝）
　1.飲食風俗 2.中國

538.782　　　　　　　　　　　　　107008083

肚大能容──中國飲食文化散記

作　　　者	逯耀東
封面繪圖	蔡采穎
內文繪圖	蔡采穎
發 行 人	劉振強
出 版 者	三民書局股份有限公司
地　　　址	臺北市復興北路 386 號 (復北門市)
	臺北市重慶南路一段 61 號 (重南門市)
電　　　話	(02)25006600
網　　　址	三民網路書店 https://www.sanmin.com.tw
出版日期	初版一刷 2001 年 8 月
	修訂三版一刷 2018 年 6 月
	修訂三版二刷 2022 年 1 月
書籍編號	S420140
I S B N	978-957-14-6430-5

三民書局